乱世の天皇

観応の擾乱から応仁の乱まで

秦野裕介
Hatano Yusuke

東京堂出版

はしがき

天皇はなぜ今まで続いてきたのか。

この問いへの答えは簡単でもあり難解でもある。簡単に答えるならば、断絶させようという動きがなかったから、としか言いようがない。しかし「なぜ誰も天皇を断絶させようとしなかったのか」という問いに至ると、急に難しい問題になる。なぜならその答えは一つではないからである。

天皇という制度と向き合った権力者は多くいた。しかし、彼らの誰一人として天皇を積極的に断絶させ、その地位を奪い取ることはなかったのである。その理由については一つでは述べられない。断絶させようとしてできなかったのか、それともそもそも断絶させようという意思自体がなかったのか。断絶させることを諦めたのであれば、なぜ諦めざるを得なかったのか。断絶させる意思がないのであれば、なぜ断絶させる意思すら持たなかったのか。その答えは天皇と向き合った権力者一人一人違うだろう。

そもそも「天皇」という地位の内実は、ずっと不変のものではない。その内実は大きく変容している。むしろ柔軟に変容してきたからこそ続いてきた、と言えなくもない。現在の象徴としての天皇という形はアジア・太平洋戦争後、日本国憲法と共に誕生し、大日本帝国における元首・大元帥としての天皇は大日本帝国憲法と共に誕生した。「天皇制」という言葉は、狭義ではこの時期の天皇を頂点とした君主制のことを指している。

では、天皇の影が最も薄くなり、いつ断絶しても不思議でなかった時期はいつか、と問われれば、室町・戦国時代である、ということには異論が少ないだろう。禁中並公家諸法度によって守られ、経済的に安定し、朝廷の最高責任者としての役割を明確に与えられていた江戸時代と異なり、室町時代には経済的にも苦しみ、またその役割は不明確となっていた。さらに戦国時代に入って経済がいよいよ覚束なくなっていったにもかかわらず、天皇という地位は惰性的に続いていた、とすら言える。このような中で、天皇という地位はなぜ続いたのだろうか。

本書では、この謎を解くキーパーソンとして百二代天皇であった後花園天皇を取り上げる。後花園天皇を含めた室町時代の天皇、中でも北朝とその末裔の評価は甚だ低い。光厳天皇から後円融天皇までの北朝四代の天皇は皇統譜から抹消され、現在でも歴代には入れられていない。また、評価としては武士の操り人形、幕府の必要性によってのみつくられた皇統という評価に甘んじている。しかしそれでも続いてきたのである。

室町時代には天皇はいつ断絶しても不思議ではなかった。ただし、天皇に対する外部からの攻撃によって室町時代の天皇が弱体化したのではない。この時期、天皇家は内部から崩壊していったのである。特に室町時代前半の天皇家の頽廃ぶりは天皇史上最大の危機であった、と言ってよい。特に天皇本人が天皇制を続けるモチベーションを保てなくなったため、天皇家は最大の危機を迎えることになったのである。後継者がいなくなったのに、自分の思いを優先して皇位を継承させることを怠れば、当然皇位は続かない。このように内部から崩壊していく危機に天皇家はあった。

この絶望的とも言える状況が、どのように変わり、どのように天皇という地位が保たれ、今日まで続くことになったのか。天皇家の頽廃とそこからの奇跡の再生の軌跡を、本書では見ていきたい。もちろん本書の記述では「天皇がなぜ続いてきたのか」という問いへの回答としては甚だ不十分であるが、とりあえず歩みを進めたい。

第七章　戦う後花園天皇

第八章　後花園天皇の時代の海域アジア　234

第四部 後花園院政

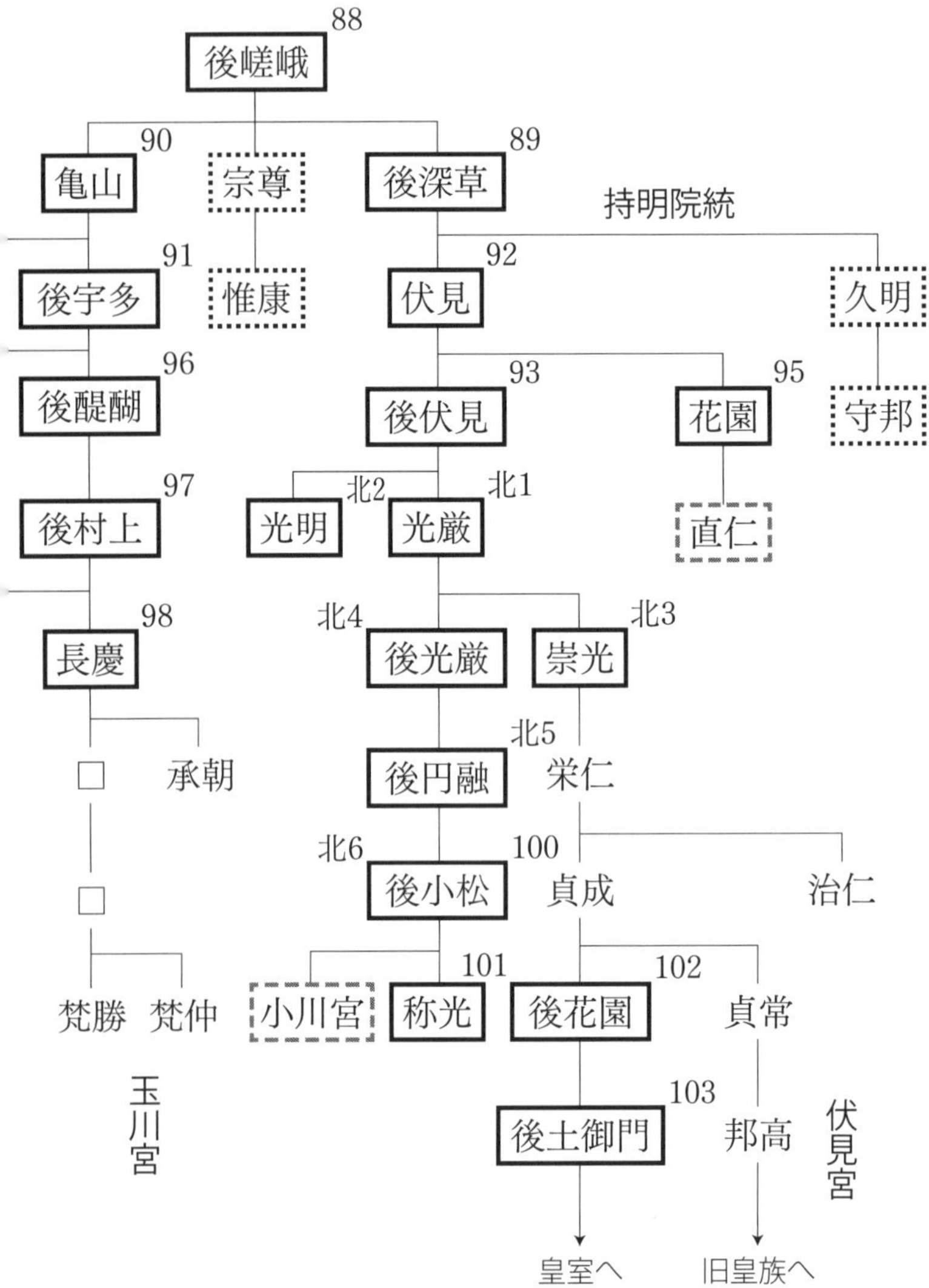
88 後嵯峨
90 亀山
宗尊
89 後深草
持明院統
91 後宇多
惟康
92 伏見
久明
96 後醍醐
93 後伏見
95 花園
守邦
97 後村上
北2 光明
北1 光厳
直仁
98 長慶
北4 後光厳
北3 崇光
承朝
北5 後円融
栄仁
北6 後小松
100 貞成
治仁
梵勝
梵仲
小川宮
101 称光
102 後花園
貞常
玉川宮
103 後土御門
邦高
伏見宮
皇室へ
旧皇族へ

天皇家系図

天皇　皇太子　将軍

（代数は宮内庁に従う）

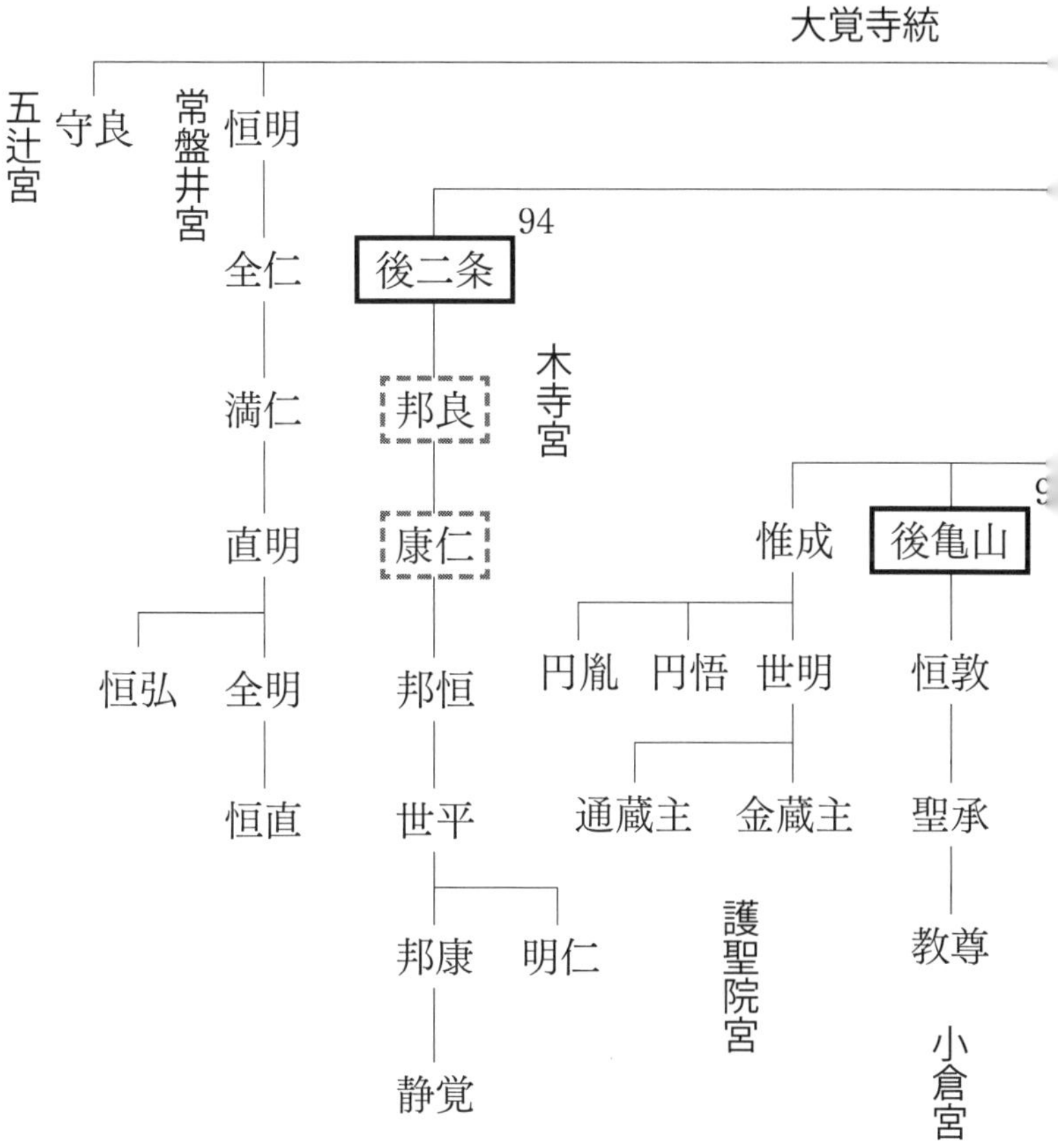

日野家と天皇家・将軍家

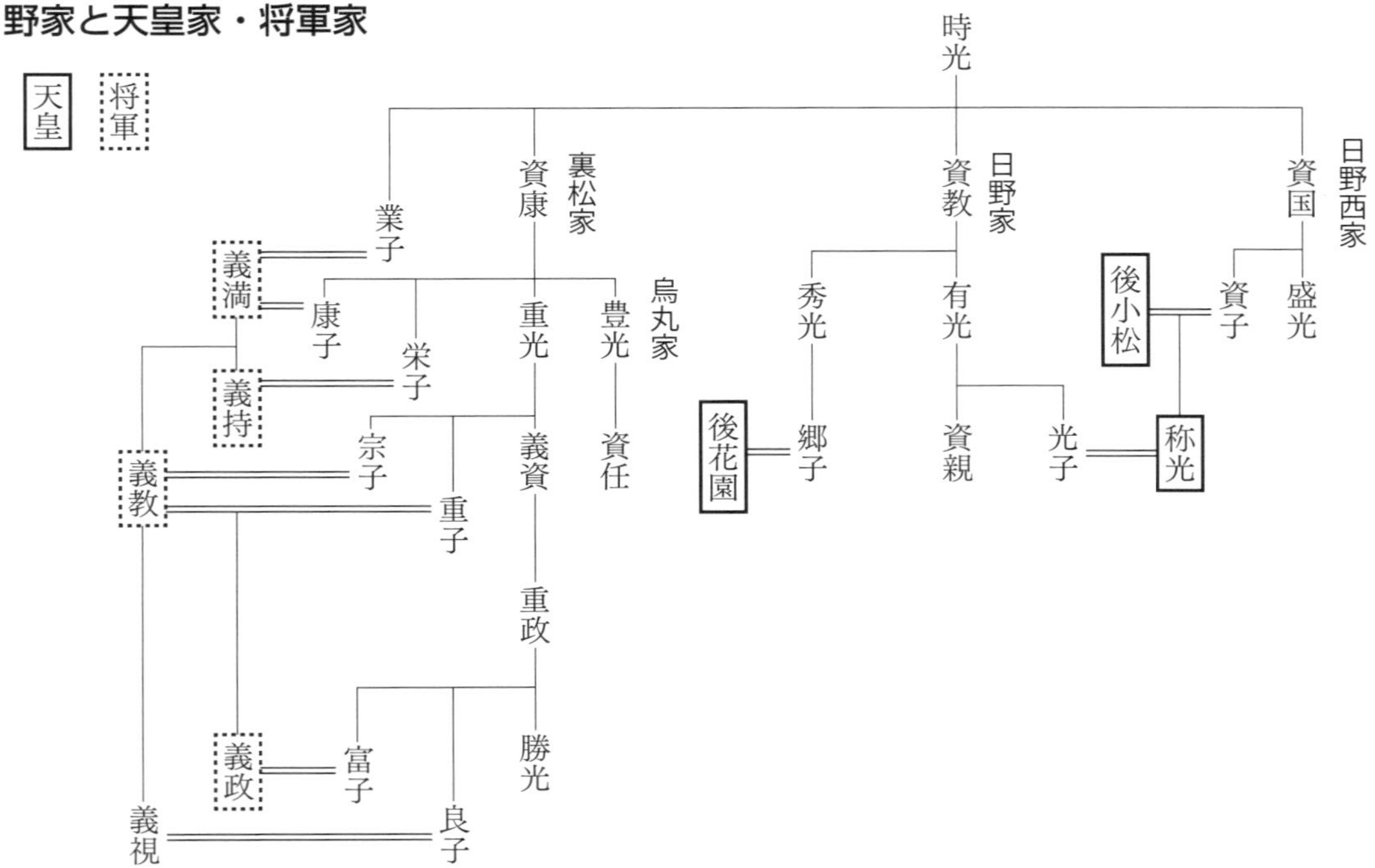
天皇
将軍
時光
資康
裏松家
資教
日野家
資国
日野西家
業子
義満
康子
栄子
重光
豊光
烏丸家
秀光
有光
資子
盛光
後小松
義持
宗子
義資
資任
後花園
郷子
資親
光子
称光
義教
重子
重政
義政
富子
勝光
義視
良子

足利氏系図

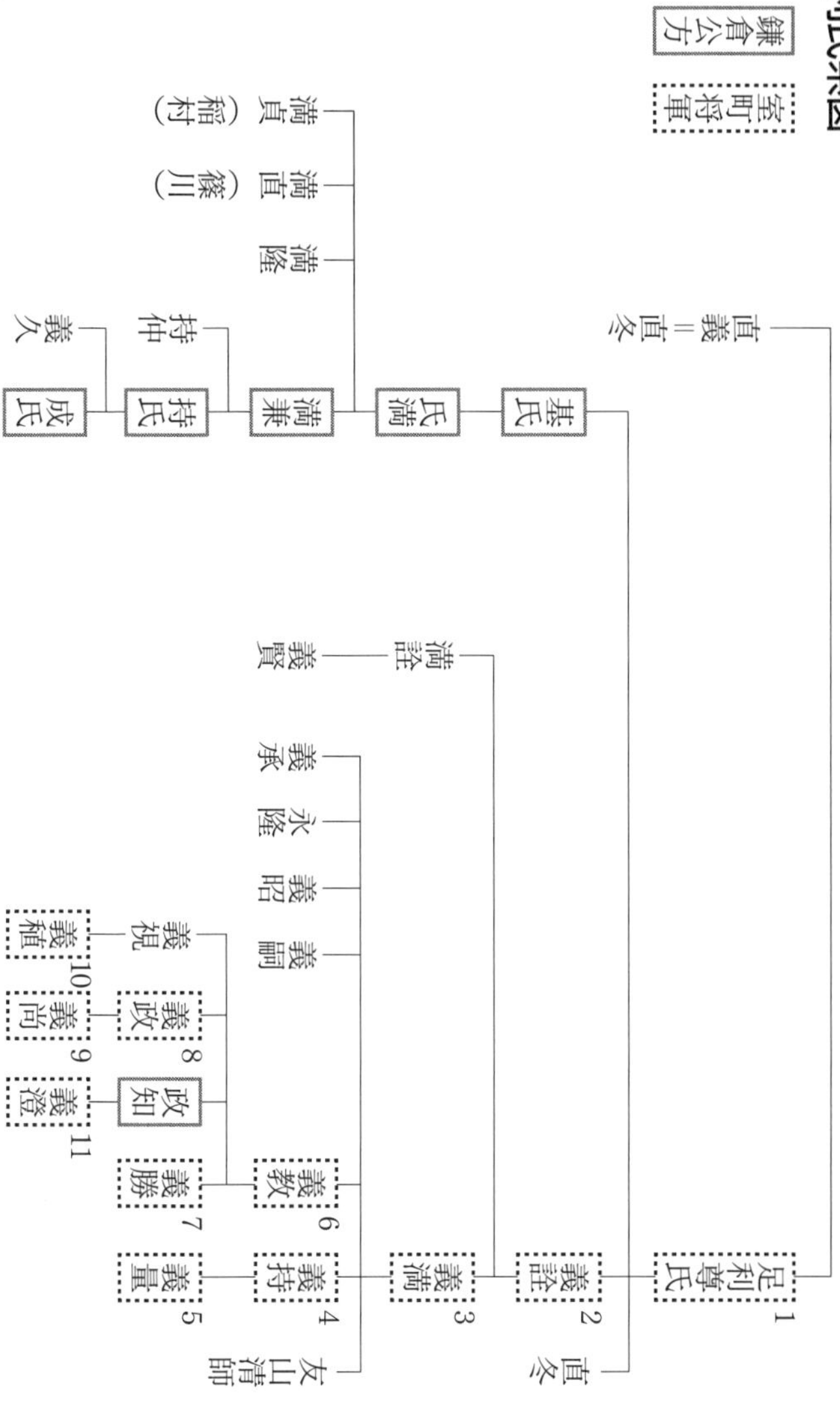

鎌倉公方
室町将軍
足利尊氏 1
直義＝直冬
基氏
氏満
満兼
満貞（稲村）
満直（篠川）
満隆
持氏
持仲
成氏
義久
義詮 2
直冬
義満 3
満詮
義賢
義持 4
義量 5
義嗣
義昭
永隆
義承
友山清師
義教 6
義勝 7
義政 8
義尚 9
政知
義澄 11
義視
義稙 10

序章❖天皇存続のキーパーソン後花園天皇

1　天皇にまつわる二つの逸話

まずは、本書の一番の主人公である後花園《ごはなぞの》天皇にまつわる逸話を見てみよう。

寛正二年（一四六一）正月と二月で十万人近い餓死者が賀茂川の河原を埋め尽くした、といわれる飢饉が起きた。その飢饉は数年前から起こっており、この年に破滅的な被害が出たのである。いわゆる長禄・寛正の飢饉である。その時、室町幕府八代将軍の足利義政は民衆の被害などどこ吹く風で御所の造営を止めなかった。それどころか、御所が完成したばかりというのに、さらに新たな御所の造営を始めた。飢饉に加えてその御所の造営のための税負担で、人々の生活はまさに崩壊の危機に瀕していた。

そのような中、百二代天皇であった後花園天皇が義政に漢詩を贈呈した。その漢詩は次のようなものである。

残民争ひて首陽の薇《び》を採る（生き残った人々が餓死者のいる場所の薇《ぜんまい》を採り）
処々序《じょ》を閉じ竹扉を鎖《とざ》す（至るところで序が閉じられ、家《かき》の門《ね》も閉ざされている）
詩興吟は酸なり春二月《じげつ》（詩興に任せて詩を詠もうにも痛ましい春の盛り）
満城の紅緑誰《た》が為にか肥ゆる（京都の花や緑は誰のために生い茂っているのか）

飢えた人々をよそに遊興にふける義政の姿勢を厳しく叱責した後花園天皇の漢詩を見たことで、さすがの義政も恥じ入って御所の造営を止めた。人々は後花園天皇と義政の両者を褒め称えた、という。いい話である。自分の欲望に忠実で、民衆の生活に無頓着で邪悪な指導者も、天皇の知性と教養によって感化され、立派な政治家となる。そうあって欲しいものだ。誰しもがそう思うだろう。

実際にこの話があったのかどうかについては、少し留保が必要である。なぜならこれは、後花園天皇歿後ほどなく書かれた『新撰長禄寛正記』という書物に載せられた逸話だからである。どこまでが本当かわからない。

そもそも実際の義政は、ここに描かれたような人物ではない。まず義政は恥じて造営を止める、という殊勝なことはしていない（！）。彼はその翌年にも造営を平然と続けている。後花園が仮に本当に漢詩で諌めたとすれば、義政は後花園の諫言など歯牙にもかけていないのである。あとでもう少し詳しく述べるが、義政の造営は飢饉対策の公共事業だったという見方すら存在する。そうだとすれば、後花園の諫言は全く的外れで、義政が後花園を何もわかっていない、と軽蔑することすら想定できる。

さらにもう一つ、義政は何もしていなかったわけではない。迅速な飢饉対策を打ち出し、実行している。さらに勧進聖《かんじんひじり》の願阿弥《がんあみ》による救済事業が動き出すと、その財政的バックアップに回る、という機動的な支援活動を開始している。世上で言われているような無責任かつ無能な為政者では決してなかった。

『新撰長禄寛正記』の義政像が実像とかけ離れているのは、あくまでも義政が後花園を引き立てるための人物造形だからであろう。では、漢詩という高尚な方法で為政者を叱責する天皇とはどういう存在なのか。

天皇自身が為政者ではない、という点が重要である。眼前の飢饉に対して政治的責任を問われない存在であるからこそ、為政者を叱責し、そのことによって人々から尊敬されるのである。政治的実権を失っても、いや、失ったからこそ浮上した天皇の権威とは何だろうか。

もちろん、実権を失ったことがそのまま権威の浮上に繋がるはずもない。次に見るのは、後花園天皇の逸話より百年ほど前の逸話である。

康永元年（一三四二）、光厳《こうごん》上皇の御幸《ごこう》の列と行き合った美濃国守護の土岐頼遠《ときよりとお》は下馬を求められ、逆上して上皇の行列に矢を射かけたのみならず、上皇の車を破壊した。頼遠はそれが原因で処刑されたが、それを聞いた室町幕府の執事高師直《こうのもろなお》は「都に院とか王とかがいていちいち下馬するのも面倒なことだ。そんなに王が必要ならば木や金で作って、本物の院や国王をどこぞにでも流し捨てたいものだ」とうそぶいた、と言われる。

この逸話では、頼遠は婆娑羅《ばさら》、乱暴狼藉のイメージが強いが、彼の死後、『新千載和歌集《しんせんざい》』『新拾遺和歌集《しんしゅうい》』『新後拾遺和歌集《しんごしゅうい》』の三つの勅撰集に入集《にっしゅう》している。また高師直も生前に勅撰集の『風雅和歌集《ふうが》』に入集している。『風雅和歌集』は光厳の親撰である。

頼遠の話は実話だが、師直の放言については『太平記』の中に記された師直を讒言《ざんげん》する僧侶の言葉として出てくるものなので、実際に師直がそう言っていたかどうかについては疑問である。

これらはあくまでも逸話であり、その真偽は明らかでない。しかし、百年の時を隔てた二つの逸話に現れる天皇観には大きな断絶がある。この百年間に何があったのだろうか。

それを見ていく準備として以下、後花園天皇の抱えていた課題をいくつか挙げておきたい。

2 戦う天皇、後花園

後花園天皇はそれほど知名度のある天皇ではないが、彼の事績としてまず想起されるのは嘉吉の乱における赤松満祐《あかまつみつすけ》治罰綸旨《じばつのりんじ》であろう。治罰綸旨とは「朝敵を討伐せよ」という天皇の命令書のことである。将軍が家臣に弑逆《しいぎゃく》されるという前代未聞の事件に際し、幕府から綸旨を奏請された後花園天皇が綸旨を下し、赤松満祐討伐が成功したことで失墜していた天皇の権威は復活した、とする議論である。今谷明氏が『室町の王権』で、後円融《ごえんゆう》天皇における天皇権威の失墜と、足利義満による王権簒奪《さんだつ》計画の遂行とその頓挫のあとに天皇の権威が上昇するきっかけとして取り上げて、天皇の存続をめぐる議論に一石を投じることになった。

後花園天皇の時期の治罰綸旨発給については、今谷明氏に代表される天皇権威の復活という見方が現在も主流ではあるが、幕府の要求に応じて唯々諾々と出している、という側面もあり、どの程度後花園の自律性を認めるか、ということに関しては議論の余地がある。

少なくとも、後花園がその生涯の最後に至る応仁の乱の初めの頃まで治罰の綸旨・院宣《いんぜん》およびその赦免の綸旨・院宣を出していたことは事実であり、室町幕府が遂行していた戦争の最高指揮官として、戦争を始める権限と、戦争を終結させる権限を行使していたことは認められてよいだろう。

彼は永享の乱に始まり、多くの治罰綸旨を出していることから、しばしば「戦う天皇」とも呼ばれる。そういう彼の事績を見る限り、後花園に関しては政治的実権を奪われていた、という見方は成り立たない。問題は彼がどういう権限で、どの程度の自立性を持って綸旨を発給していたのか、というところが問題となるだろう。

在位中の事績

後花園の有名なエピソードと言えば、冒頭で紹介した寛正の大飢饉の間、奢侈にふけり御所の造営を続けた足利義政に対して漢詩を以て諷諌《ふうかん》した、という賢主としてのそれであろう。

実際、後花園は漢詩だけでなく和歌、絵画、笙《しょう》や箏《そう》などの管弦、儒学、蹴鞠などの学芸に長じ、闘鶏や猿楽《さるがく》、松囃《まつばやし》などの文化にも関心を示したことは事実である。後花園の学識や文化的な素質は、失墜していた天皇権威を回復させ、そのために「中興の英主」「近来の聖主」と呼ばれることとなった、とされる。これについても、そこで後花園が回復させた「天皇権威」とは何だったのか、果たしてそれは「回復」なのか、「権威」と言ってよいものなのか、という問題は存在する。当然、学芸は天皇家が代々修めてきたものである。後花園の学芸は歴代の天皇と違うのか、それとも同じものでしかなかったのか。後花園はどういう学問、どういう芸能を修めてきたのか。そういうところが明らかにされなければならない。

後花園の在位年数が、当時としては非常に長期間にわたっていたことも特徴の一つである。後花園が在位していた当時は、神武天皇以降のすべての天皇の事績が事実と考えられていたので、後花園の在位年数はクローズアップされることもなかったが、実は後花園の在位年数は一番長かったのである。後花園は三十五年十一ヶ月にわたって在位しているが、これは推古《すいこ》天皇の在位三十五年二ヶ月を超えて当時第一位であった。もっとも、当時在位年数が最も長い天皇と考えられていたのは在位百二年の孝安《こうあん》天皇である（ただし、実在性が疑われる天皇を除けば後花園が一位である）。なお、百代の後小松天皇も在位三十年四ヶ月なので長期在位の天皇であった。後花園の記録は次の百三代後土御門《ごつちみかど》天皇の在位三十六年二ヶ月によって破られるが、後土御門は五回も退位を企図しており、後土御門にとっては不本意な在位年数だったに違いない。後花園は現在でも第五位の在位年数である。ちなみに在位年数ベスト五は第一位が昭和天皇、第二位が明治天皇と近代以降の天皇が占め、第三位が光格《こうかく》天皇、第四位が後土御門、第五位が後花園と、第四位・五位は親子で占めている。

分裂する皇統

後花園を考える際に外せないのは、当時の皇統が分裂していたことである。もっとも、皇統の分裂はしばしば起こることではあった。

皇統が分裂し、統一されないまま双方の皇統から交互に天皇が出た最初の例は冷泉《れいぜい》天皇の子孫の冷泉皇統と円融《えんゆう》天皇の子孫の円融皇統から交互に天皇を出していた十世紀末のことになる。こういう両方の皇統から交互に天皇を出すことを「両統迭立《りょうとうてつりつ》」と呼ぶ。この時の両統迭立は冷泉天皇の曾孫の敦明《あつあきら》親王が藤原道長によって皇太子辞退に追い込まれ、小一条院《こいちじょういん》の院号を与えられ、上皇待遇となって藤原道長の庇護下に入るまで続いた。

皇統の分裂で最も有名であり、長期間続き、天皇制に大きな打撃を与えたのは大覚寺《だいかくじ》統と持明院《じみょういん》統の分裂である。百五十年続いたこの分裂は、天皇制自体の危機を招いたのみならず、鎌倉幕府を倒壊させ、日本全体を戦乱に巻き込み、最後は「迭立」どころか二人天皇の南北朝時代を生み出し、その後も百年にわたって社会の不安定要因となり続けた。

その端緒は鎌倉時代半ば、院政を敷いていた後嵯峨《ごさが》上皇が皇位にあった後深草《ごふかくさ》天皇を退位させ、弟の亀山《かめやま》天皇を皇位に就けたことに始まる。さらに後嵯峨は皇太子に亀山天皇の皇子世仁《よひと》親王を皇太子に据えた。それに不満を持った後深草が幕府に訴え、幕府の斡旋によって後深草の子孫の持明院統と大覚寺統という二つの皇統が分立することになり、それは南北朝合一まで続く戦乱の原因となった。

南北朝の内乱における観応《かんのう》の擾乱《じょうらん》の中で足利尊氏が北朝を見捨て、南朝の後村上《ごむらかみ》天皇を擁立したことがあった。その結果、当時北朝の天皇であった崇光《すこう》天皇は皇位を取り消され、皇統は、一旦は大覚寺統の後村上天皇に統一される。しかしすぐに両者の協調は破綻し、後村上天皇は再び京都を逃れたが、その時に崇光上皇・光厳上皇・光明《こうみょう》上皇の三人が拉致され、幕府は崇光天皇の弟の後光厳《ごこうごん》天皇を皇位に就けてとりあえず北朝の再建を果たす。しかしこの幕府、というよりも当時京都にいた足利義詮《よしあきら》の独断で行われた後光厳の擁立は、禍根を残すことになった。

崇光上皇が帰還した時、後光厳の次の皇位が問題になった。結果は後光厳の要求が通り、崇光の子孫は皇位継承から外されることとなった。しかし称光《しょうこう》天皇が後継者のいない状態で死去したことで、崇光の曾孫である後花園天皇が登極することとなった。ただし、あくまでも後小松の猶子《ゆうし》として登極したのであり、崇光皇統が復活したわけではなかった。後花園の父親である伏見宮貞成《さだふさ》親王は後光厳皇統から崇光皇統への皇統の変更を望んでおり、皇統の変更を拒否する後小松の遺臣との綱引きが激化する。後花園にとって自らの皇統を定めることは、自らの権威の源泉を定めるうえで非常に重要な問題であった。後花園はこの問題にどのように向き合い、どのような影響を被りながら自らの皇統と権威を定めていくのか、という問題もここで取り上げなければならないだろう。

太上天皇号

後花園天皇を考える際に重要なもう一つのトピックは、実父の伏見宮貞成親王への太上《だいじょう》天皇尊号をめぐる問題である。

太上天皇とは省略して上皇とも言い、本来は天皇が譲位したあとに天皇大権を保持しつつ天皇を後見するシステムであった。文武《もんむ》天皇の時の持統《じとう》太上天皇に始まり、元明《げんめい》太上天皇・元正《げんしょう》太上天皇・聖武《しょうむ》太上天皇・孝謙《こうけん》太上天皇・光仁《こうにん》太上天皇・平城《へいぜい》太上天皇と続くが、平城太上天皇と嵯峨《さが》天皇の対立に端を発した薬子《くすこ》の変の反省を受けて、嵯峨太上天皇は天皇大権を保持することを中止し、さらに太上天皇号を天皇から贈られる形にした。

のちに天皇家が確立すると、「治天《ちてん》の君《きみ》」略して「治天」と言われる天皇家の家督者が天皇家の財産や天皇家に関わる貴族の官職や所領の管理などを行うようになる。それがいわゆる院政である。したがって、院政は上皇としての権限ではなく、天皇家の家督者である治天の君、省略して治天として国政に関わる点が太上天皇制とは異なる。上皇になってから出家すると太上法皇《ほうおう》、省略して法皇と呼ばれるようになる。

貞成親王は皇位に就いたことはないが、天皇の父親としての待遇、つまり太上天皇号を要求した。つまり上皇として自らを遇して欲しい、というのである。先例としては、承久の乱後に急遽皇位に就いた後堀河《ごほりかわ》天皇の父行助入道親王《ぎょうじょ》に太上法皇を贈呈した、というのがある。それに倣う形で貞成親王も太上天皇号を要求した。これは最終的に実現するが、それまでに非常に長い対立と議論が存在した。これは皇統をどのように続けていくか、ということについての綱引きである。本書ではその点も見ていきたい。

後南朝

後花園天皇が生きた時代は、まだ南北朝時代の余波が残っていた。後小松天皇の時代に南北朝合体がなされ、そこでは正統は南朝であり、南朝の後亀山《ごかめやま》天皇から後小松天皇に譲位すること、以後の皇位は南朝と北朝が交代で出すことが決められた。しかし、義満の死去と共にそれらの条件はすべて反故にされ、後亀山天皇の子孫は反発するようになる。これを後南朝と呼ぶ。後南朝の抵抗は合体後も九十年以上にわたって続けられるのである。北朝を継承した後花園天皇は後南朝からの攻撃にもさらされ、また自らもライフワークとして後南朝と戦うことになる。

以上、後花園の背負っていた課題を並べたが、これを述べようとすればどうしても皇統の分裂の始まりから話をしなければならない。そして、彼の人生最後の課題であった応仁の乱までの時代を見ていくことになる。その期間には「応永の平和」と呼ばれる時代があったものの、全体としては戦乱が相次ぎ、最後には応仁の乱に至る時代でもある。このような動乱の時代の中で、天皇は力を失いながらも生き抜いていくのである。これから天皇家の没落と再生の歴史を見ていこう。

第一部❖分裂する天皇家

第一章❖天皇家の分立

応永二十六年（一四一九）六月十七日寅の刻、現在の言い方では十八日未明、世襲宮家の一つである伏見宮家に待望の嫡男が生まれた。当主の貞成《さだふさ》王を父とし、二条局《にじょうのつぼね》を母とする。貞成王は四十八歳、二条局は三十歳であった。

当時の伏見宮家はその祖の崇光《すこう》天皇の孫の世代になっており、四代目当主（兄の急死によって急遽継承）の貞成王はもはや親王宣下の望みも失いつつある、没落する宮家の一つでしかなかった。

ここで「親王宣下」について少し説明しておこう。皇族は「王」「女王」の称号を得る。それを諱《いみな》の後ろに付ける。その中でも天皇と血縁の近い皇族は「親王」「内親王」という称号を得る。現在は規定に即して称号を与えられるが、室町時代は「親王宣下」という形で天皇から与えられることになっていた。したがって、「親王宣下」を受けられない場合は「王」のままであった。有名なところでは後白河《ごしらかわ》天皇の皇子以仁王《もちひとおう》は後白河と折り合わずに「王」のままであった。ちなみに出家してから親王宣下があった場合は「法親王」、親王宣下後に出家した場合は「入道親王」という。

このように没落する宮家は当時も数家存在したが、没落しながらもそれらが存続したのは、宮家を支える家臣団が、宮家の所領を媒介として存続したからである。伏見宮家を支えたのは主として綾小路《あやのこうじ》家・庭田《にわた》家・田向《たむけ》家といった宇多源氏《うだげんじ》の貴族であった。二条局は右近衛少将《うこんえのしょうしょう》庭田経有《つねあり》の息女である。

そのような没落する世襲宮家に生まれた若宮が、やがて天皇の位に上り詰め、さらには日本の歴史に大きく関わっていくことになろうとは、当時の人々は知る由もない。

では伏見宮家の若宮、本書の主人公である後花園天皇が生まれた伏見宮家の成立過程を見てみよう。そのためには当時の分裂する皇統を理解する必要がある。

1　分裂する皇統

皇統の分裂の端緒

ごく簡単に当時の皇統の分裂の経緯について見ておきたい。周知の通り、皇統の分裂が起きたのは天皇の権威が低下していったことと無関係ではない。後鳥羽《ごとば》上皇による承久の乱で朝廷はほぼ武装解除され、皇位の継承や天皇家領の管理などに幕府の介入が必要になってしまった。

鎌倉幕府は後鳥羽上皇とその子孫を皇位から外すことに決定し、後鳥羽の兄である行助入道親王《ぎょうじょ》を治天の君（後高倉院《ごたかくら》）に、その皇子茂仁王《とよひと》を天皇に据えた。後堀河天皇《ごほりかわ》である。しかし治天の君の行助入道親王はやがて死去し、後堀河天皇は貞永元年（一二三二）に秀仁親王《みつひと》、四条天皇《しじょう》に譲位して院政を開始するも、二年後に二十三歳で死去した。四条天皇は在位十年、十二歳で不慮の事故により死去し、後堀河皇統は断絶してしまった。

朝廷の最高実力者であり、鎌倉幕府四代目将軍藤原頼経《よりつね》の父でもある九条道家《みちいえ》は順徳《じゅんとく》天皇の皇子忠成王《ただなりおう》を推したが、幕府はそれを拒否し、土御門《つちみかど》天皇の皇子である邦仁王《くにひとおう》を推した。結局幕府の言い分に従って邦仁王が即位することとなった。後嵯峨《ごさが》天皇である。ちなみに「後嵯峨」や「四条」というような天皇の名称を「追号《ついごう》」と言い、後嵯峨や後堀河のように「後」がつく場合を特に「加後号《かごごう》」と言う。

後嵯峨天皇は仁治三年（一二四二）に践祚《せんそ》し、寛元四年（一二四六）に数え四歳の皇太子久仁《ひさひと》親王に譲位した。後深草《ごふかくさ》天皇である。そして後嵯峨上皇による院政が開始されることとなった。

正嘉二年（一二五八）、後深草の弟恒仁《つねひと》親王が立太子、翌年には践祚する。亀山《かめやま》天皇である。

ここで践祚と即位について簡単に説明しておこう。天皇の位を継承することを践祚と言い、それを広めることを即位と言う。その間にはタイムラグがあり、例えば亀山天皇の場合、正元元年（一二五八）十一月二十六日に践祚、同年十二月二十八日に即位礼が行われた。有名な事例では戦国時代の後柏《ごかしわ》原《ば》天皇は践祚から即位まで二十一年のタイムラグがある。本書では践祚の時期で天皇の代替わりを述べることとする。また、譲位を受けて践祚することを厳密には受禅《じゅぜん》もしくは受禅践祚といい、先帝の「崩御」（死去）を受けて践祚する場合を諒闇《りょうあん》践祚もしくは単に践祚と言う。本書では践祚で統一する。

文永二年（一二六五）、後深草上皇に第二皇子熈仁《ひろひと》親王が生誕する（第一皇子は夭逝）。文永四年（一二六七）、亀山天皇に第二皇子世仁《よひと》親王が生誕する（第一皇子は夭逝）。この二人の天皇およびその皇子が皇統を二つに分裂させ、二百年にわたって天皇の地位そのものを揺るがすのである。

天皇家の家長を「治天の君」、もしくは「治天」と言い、治天が上皇・法皇の場合を院政、治天が天皇の場合を親政と言う。この場合、治天は後嵯峨上皇なので後嵯峨院政と言う。治天の後嵯峨は次期天皇として亀山天皇の皇子世仁親王を立太子させた。これが話をややこしくさせた一因である。

文永九年（一二七二）、後嵯峨法皇が死去する。当然、後嵯峨の治天の地位を誰が引き継ぐのかが問題となった。普通は治天の地位の継承は治天の指名によって決まるのであるが、後嵯峨は指名しなかったのである。彼が鎌倉幕府によって天皇になったことは前述した通りである。その践祚・即位の経緯から朝廷内で孤立していたが、鎌倉幕府による援助で後嵯峨はその治天としての地位を確立することができた。その意味では、後嵯峨は自らの後継者を鎌倉幕府に委ねることにして鎌倉幕府への恩返しとしたのであろう。しかしこの後嵯峨の決断は、鎌倉幕府にとってはありがた迷惑でしかなかった。

いきなり治天の地位を決めろと丸投げされた鎌倉幕府は困惑して、後嵯峨の中宮《ちゅうぐう》・皇太后で後深草・亀山両者の生母である大宮院《おおみやいん》西園寺姞子《さいおんじきつこ》（西園寺実氏《さねうじ》娘）に意向を尋ねた。ここで大宮院が出した結論が亀山親政であった。これはすでに皇太子であった世仁親王に皇位を継承させるのが自然だったからだろうが、同時に亀山の子孫に皇位が継承されていくことを意味していた。

文永十一年(一二七四)、世仁親王が践祚する。後宇多《ごうだ》天皇である。ここに亀山院政がスタートした。これは後深草にとっては耐えられないことであった。というのは、このまま亀山から後宇多、そしてその子孫へと皇位が継承されていくことになると、後深草とその子孫にとっては死活問題となるからである。

後深草は太上天皇の尊号を辞退し、出家遁世する意向を漏らした。それに対して鎌倉幕府からの申し入れがあり、後深草皇子の煕仁親王を立太子させることで後深草の鬱憤をなだめることとなった。

持明院統と大覚寺統の成立

ここに皇統は完全に二つに分裂した。すなわち亀山の子孫と後深草の子孫である。この両者共に皇位を継承する皇統を形成することとなった。後深草の子孫を伏見《ふしみ》天皇以降代々の内裏・仙洞御所とした持明院《じみょういん》殿にちなんで持明院統と言い、亀山の子孫を後宇多法皇の仙洞御所であった大覚寺《だいかくじ》にちなんで大覚寺統と言う。

弘安八年(一二八七)、前年の北条時宗《ときむね》死後に起きた幕府の主導権争いの結果、時宗の外戚である安《あ》達泰盛《だちやすもり》が滅ぼされ、得宗御内人《とくそうみうちびと》であった平頼綱《よりつな》が実権を掌握する。この事件を霜月騒動と言うが、これは両者にとって大きな意味を持った。

安達泰盛は亀山とも親しく、また亀山は関東申次の西園寺実兼《さねかね》と不和であった。そのため弘安十年（一二八七）には幕府の申し入れで後宇多から熙仁親王への譲位が決まった。伏見天皇である。それに伴い亀山は治天の地位を追われ、治天は後深草となった。これは大覚寺統没落の始まりであった。

翌年、鎌倉幕府では異変が起きた。七代目将軍の惟康《これやす》親王が突如解任され、京都に送還されたのである。代わりに将軍となったのは後深草第七皇子の久明《ひさあきら》親王であった。ここに後深草は天皇と鎌倉幕府将軍の父となったのである。

さらに亀山に追い打ちをかけたのは、伏見天皇の皇太子として伏見第一皇子の胤仁《たねひと》親王が立てられたことである。これで大覚寺統は完全に皇統から脱落することとなった。

失意の亀山は南禅寺で出家し、法皇となった。法名を金剛源《こんごうげん》という。しかしここで亀山は精一杯の抵抗を見せたようである。

正応三年（一二九〇）、伏見の二条富小路内裏に三名の武士が乱入した。首謀者は浅原為頼《あさはらためより》という。為頼は甲斐源氏の一流で、霜月騒動において安達泰盛に従ったため所領を失ったという。彼らは女房に天皇の寝床を訪ねたが、女房はとっさに違う場所を教え、その隙に伏見と皇太子胤仁は間一髪脱出し、計画は未遂に終わった。

これだけであればさしたる問題もなく、現状に不満を持つ武士の暴発として処理されたであろう。現に為頼の所持していた弓矢には「太政大臣源為頼」と記されているなど、やや不審なことが見受けられた。

しかし為頼の持っていた刀が、亀山の側近の三条実盛《さねもり》のものであることが判明し、一気に政局となった。伏見と関東申次の西園寺公衡《きんひら》は亀山の関与を主張したが、事態の深刻化を回避したい後深草はそれを退け、亀山も起請文《きしょうもん》を幕府に提出したことで幕府も深入りせず、真相は闇に葬られた。

永仁六年（一二九八）、胤仁親王は践祚した。後伏見《ごふしみ》天皇である。二代続けての皇位継承は持明院統に皇統が固定されたことを意味するのか、と思われたが、同時に後宇多第一皇子の邦治《くにはる》親王が立太子した。これは、最終的に鎌倉幕府が両統の存続を決意したことを意味する。

さらに言えば、伏見は朝廷の刷新に取り組む中で、幕府による両統迭立方針に不満を抱いていたようである。伏見の側近京極為兼《きょうごくためかね》が二度も流罪になったのは幕府による牽制ではないか、と見られている。京極為兼とその和歌についてはあとで述べる。

その路線に従い、正安三年（一三〇一）、邦治親王は践祚する。後二条《ごにじょう》天皇である。そして皇太子には伏見第四皇子、つまり後伏見の弟富仁《とみひと》親王が立てられた。

新たに皇太子となった富仁には、たとえ皇位を継承しても自分の子孫に皇位を継承させる資格はなかった。富仁立太子の事情は以下の通りである。十四歳の後伏見にはまだ皇子がいない。そこで富仁を挟んで後伏見の皇子の生誕を待つ、という戦略であった。つまり富仁に課せられた役割はワンポイントリリーフである。このように自分の子孫に皇位を継承しない中継ぎの天皇を「一代主《いちだいしゅ》」と言った。一代主の存在は皇統の存続のためには止むを得ないことではあったが、皇統の不安定要素ともなりかねない諸刃の剣でもあった。実際、その後の歴史では一代主の存在が皇統を大きく揺るがすのである。

乾元二年（一三〇三）、亀山は西園寺実兼の娘の昭訓門院《しょうくんもんいん》西園寺瑛子《えいこ》との間に恒明《つねあきら》親王をもうけた。実兼とはこの頃には関係が修復され、むしろ実兼は伏見側近の京極為兼と対立し、亀山に接近していたのである。

亀山は特に恒明を可愛がり、伏見や実兼まで巻き込んで後二条天皇の後継者として育てようとした。しかし、大覚寺統の分裂を嫌った幕府からは色よい返事のないまま、亀山は嘉元三年（一三〇五）に死去する。後深草も前年に死去しており、ここに両統迭立の立役者二人が相次いで世を去り、第二世代・第三世代の時代となった。

後宇多の大勝負

延慶元年（一三〇八）、後二条天皇が急死し、皇太子富仁親王が践祚した。花園《はなぞの》天皇である。

ここで後宇多は大勝負に出た。当時十一歳だった花園天皇の皇太子に二十一歳の第二皇子尊治《たかはる》親王を立てたのである。天皇よりも皇太子が年長であることがすでに異常である。このような異常な立太子はなぜなされたのであろうか。

尊治立太子は後宇多の打った勝負手であった。後宇多にとっての本命は後二条天皇皇子の邦良《くによし》親王である。邦良践祚までには、まずは恒明親王の問題があった。亀山に愛された恒明には西園寺家の支援があった。その縁を通じて恒明には持明院統の支持もあった。恒明に皇位を渡すわけにはいかない。後宇多は自分の子孫から皇位継承者を出さねばならなかった。後宇多には皇子の尊治と後二条天皇の皇子、つまり後宇多にとっては皇孫にあたる邦良親王がいたが、邦良が後宇多にとっての本命の皇子である。

ここで邦良の立太子に踏み切らなかったのは、一説には後宇多が持明院統に皇位を渡さないために天皇と皇太子を独占しようとしたからである、という（河内：二〇一七）。幕府の意向が大覚寺統に有利に働いていたこの時期、その動きに乗じた後宇多は本命の邦良を温存し、尊治を皇太子としていったん皇位を継承させたうえで、尊治が皇位を継承した時には邦良が皇太子となって天皇と皇太子を大覚寺統が独占する、という構想である。この場合、尊治の子孫は皇位を継承する望みはなくなる。大覚寺統における一代主の出現である。

しかし後宇多の目論見は完全に裏目に出た。後宇多の過ちは、自分の死後、尊治が自分の遺詔を守る、と単純に信じ込んだことだろう。後宇多の目論見の崩壊は、尊治践祚後に明らかとなる。

文保元年（一三一七）に伏見天皇が死去し、第二世代の退場が始まった。これまで花園の尊治への譲位を拒んでこられたのは伏見がいたからであった。しかし伏見の死去によって残されたのは、まだ若い後伏見と花園の兄弟である。

結局花園は翌年に退位し、尊治が践祚する。著名な後醍醐《ごだいご》天皇である。そして邦良親王が皇太子となった。大覚寺統が皇位と皇太子を独占したのである。後宇多の目論見は成功したかのように見えた。

なおこの時、持明院統と大覚寺統との間で両統迭立を明文化した「文保の和談」が行われたとされてきたが、近年の研究では話し合いは行われたものの、合意は行われていない、というのが通説となっている。実際、両統迭立が明文化されているわりには後醍醐の皇太子もまた大覚寺統から出ている。両統迭立の明文化どころか、大覚寺統は皇位を独占し、持明院統は皇統から外される危機にあったのである。

後宇多構想の破綻

後宇多の構想の要諦は後醍醐が素直に邦良親王に皇位を継承し、邦良の子孫が代々皇位を継承することであった。しかし邦良親王には健康に不安があった、と伝えられる。北畠《きたばたけ》親房《ちかふさ》は『神皇正統記《じんのうしょうとうき》』に「鶴膝《かくしつ》」の病を患っていたと記しており、邦良の健康不安は後宇多構想の行く末に暗い影を投げかけていた。

後醍醐は自らの皇子に皇位継承を望むが、邦良が康仁親王をもうけるとその可能性は極めて少なくなった。ただ邦良の健康不安に考慮して、後宇多は後醍醐とその皇子までは皇位を継承する可能性を考慮していた。第三世代の後醍醐、第四世代は邦良か後醍醐皇子、第五世代は康仁、という構想を描いていたと考えられる。しかし後醍醐は自らの子孫への皇位継承にこだわり、後宇多と後醍醐の関係はギクシャクし始める。

元亨元年(一三二一)、後宇多院政が停止された。これは後宇多が後醍醐に政務を譲って和解を求めたものか、後醍醐が後宇多の院政を停止させたのか、議論が分かれるところである。

一代主の生き方

持明院統、大覚寺統双方に一代主が出てきた。皇位を相互に継承するために比較的短期間での譲位を繰り返した結果、直系相続ができなくなってきたのである。花園と後醍醐は相次いで一代主となった。

同じ境遇を持つ両者は引き合い、特に花園が後醍醐を高く評価していることに注目する論者は多い。網野善彦氏の「異形の王権」論における一代主の危機感の論はまさにそれである(網野:一九九三)。それに対して、当時の花園が経済的苦境から出家隠棲を望んでいたこととの関係を主張する考えもある(市沢:二〇一一)。

ともあれ、その後の二人は対照的な道を歩んだ。花園は生まれてきた甥の量仁《かずひと》親王の君徳涵養《くんとくかんよう》に心血を注ぎ、後醍醐は甥の邦良を排除しようと考えたのである。

2　倒幕への道

正中の変

一般的には、後醍醐はかなり早くから倒幕を志していたとされる。そして後宇多の死去によってそれを実行に移そうとしたと考えられている。いわゆる正中《しょうちゅう》の変である。

元亨四年（一三二四、正中元）に後宇多が死去し、慌ただしい中で「当今御謀反」という言葉が飛び交い、土岐頼貞《よりさだ》、多治見国長《たじみくになが》、足助貞親《あすけさだちか》らが討たれ、後醍醐の側近日野資朝《ひのすけとも》・日野俊基《としもと》が捕縛された。後醍醐は鎌倉幕府に告文《こうもん》（誓詞）を送り、陰謀に無関係であることを誓い、何とか見逃された、とされている。

この一連の動きは『太平記』に詳しく記され、また謀議の場となった無礼講については『花園天皇日記』にも記されていることから、これらは後醍醐による倒幕計画の始まりとされてきた。

近年、河内祥輔氏や呉座勇一氏によってこの図式の見直しが提唱されている（河内：二〇一七、呉座：二〇一八）。

両氏は、後醍醐にはこの時点では倒幕の動機がないことなどから、むしろ後宇多死去による大覚寺統の弱体化を見越して持明院統が仕掛けたのではないか、としている。つまり後醍醐の「謀反」をでっち上げ、鎌倉幕府の手で後醍醐を引きずり降ろそうとした、というのである。私もこの説に従いたい。

というのは、やはりこの段階で後醍醐が退位しないどころか、即位後十年を経てもなお譲位の動きが見られないのは、鎌倉幕府が後醍醐にかなり遠慮をしているように見えるからであり、もしここで鎌倉幕府が後醍醐に借りを作っていなければ、ほかの天皇と同様に在位十年目で譲位を要請していても不思議ではないからである。

さらに、後醍醐の倒幕計画が終了したあとで上洛してきた新たな六波羅探題《ろくはらたんだい》の金沢貞将《かねさわさだゆき》が異例の兵五千を具して上洛してきたこと、貞将の父貞顕《さだあき》は後宇多寄りの姿勢を示し、花園から「貞顕が出しゃばっている（貞顕張行）」と罵られている点も見逃せない。

現代では、大覚寺統が幕府に背き、持明院統が幕府の庇護を受けた、というイメージが強く見える。というのは、後醍醐が最終的に倒幕を実行し、その時に幕府が擁立したのが持明院統だったからである。極論になると、大覚寺統を抑え込みたいために幕府が持明院統を育てた、という見解まで存在する。

しかし細かく見ると、その姿勢が一貫していたとは限らないことがわかる。また、鎌倉幕府が一貫して持明院統支持だとは限らない。特に安達泰盛が亀山と親しく、その関係で泰盛の縁に連なる金沢貞顕が後宇多と親しかったことは、もっと注目されていいだろう。鎌倉幕府も持明院統一筋ではなかった（でなければ両統迭立にここまでこだわらなかったであろう）し、大覚寺統や持明院統も幕府との距離はケースバイケースであった、と考えたほうが実情に合うだろう。

そう考えれば、『花園天皇日記』に残る、後醍醐が鎌倉幕府に対して出した勅書が「鎌倉幕府は所詮野蛮人だ（関東は戎夷）」「天下を治める資格がないのではないか（天下管領然るべからず）」と高姿勢であったことも裏づけられる。『花園天皇日記』と『太平記』のどちらを信じるか、である。しかも幕府に対して面罵しているにもかかわらず、幕府に対して「謀反人については処断せよ」と自分の部下の処分を幕府に命じているのは、人格破綻しているとしか思えないが、この「謀反人」が後醍醐の側近ではなく持明院統である、とすれば筋が通る。つまり、持明院統による謀反のでっち上げに加担した幕府を責め、その代償として自分を罪に陥れようとした持明院統の処分を命じている、と考えるべきである。幕府は後醍醐の退位を見送るどころか、それ以降に皇位の交代を申し入れることは一切なかった。最終的に幕府は、後醍醐の言い分を基本的には受け入れたのである。

しかし、ここで後醍醐の言い分を完全に受け入れると、今度は持明院統の伏見らを捕縛せざるを得ない。邦良の動きもある。この両者は後醍醐退位で足並みを揃えている可能性もある。下手に動けば鎌倉幕府まで火の粉を浴びかねない難しい情勢である。

連署《れんしょ》として事実上の幕府の最高責任者であった金沢貞顕は、息子の貞将を六波羅探題北方として送り込み、圧倒的な軍勢を以て京都の治安の維持を図ったのであろう。そして、日野資朝を流罪として処理することで、ほかの問題をすべてうやむやにしたのではないだろうか。

そうだとすれば、幕府は後醍醐に大きな借りを作ったことになる。幕府が後醍醐の退位に極めて消極的であったのは、この時の借りが大きいのではないだろうか。一方で後醍醐は、この一件から幕府に対して自分の皇子を即位させ、邦良や持明院統を皇統から外すように訴えたのではないだろうか。それが叶わなくなったのは、皮肉なことに邦良の死がきっかけであった。

邦良親王の死と皇統の行方

正中三年（一三二六）、かねてより病弱だった皇太子邦良が死去した。二十七歳であった。後醍醐は自らの皇子の立太子を求めるが、持明院統からの要望もあり、幕府は後伏見皇子の量仁親王の立太子を決定した。

そうなると後醍醐の子孫が皇統を継承することは考え難い。邦良の遺児の康仁親王がいるので、量仁の次は康仁、という路線はほぼ既定となった。

量仁が皇太子となって張り切り始めたのは花園上皇であった。かねてより儒学、中でも宋学《そう》に傾倒していたと言われる花園は、皇太子となった量仁の学問の師を買って出た。量仁のために著されたのが、今上《きんじょう》天皇が皇太子時代に感銘を受けた書として名前を挙げたことで著名な『誡太子書《かいたいしのしょ》』である。

『誡太子書』は、学問に長じた花園が来たるべき戦乱を予見していたとして有名な史料であるが、花園自身は将来戦乱がやって来るとは思っていなかっただろう。彼はアジア地域において普遍的な天人相関思想に基づき、君徳が欠ければ天命が革《あらた》まり、戦乱が起こるという革命思想を通じて君徳涵養の必要性を説いていたにすぎない。

その始まりは「徳もなく頂点に立ち、功績もないのに庶民に支配者として君臨する。どうして自らを省みて恥じないことがあろうか（徳無くして謬《あやま》りて王侯の上に託し、功無くして苟《いやしく》も庶民の間に莅《のぞ》む、豈《あに》自ら慚《は》じざらんや）」という、極めて厳しい問いかけから始まる。さらに『誡太子書』の大きな特色は「媚びへつらうしか能のない馬鹿者どもが主張するには、日本は万世一系で天皇の地位は変わることなく引き継がれており、外国では徳によって王位が変わり、力によって権力を握る体制とは異なる。そこにこそ日本の素晴らしい点がある、ということである。人々の無知ぶりは、この話を聞いてみんな賛同してしまっているところに現れている。私が考えるにそれは完全に間違いである、と考える（諛諛《てんゆ》の愚人おもえらく、吾が朝は皇胤一統、彼の外国の徳を以て鼎《かなえ》を遷し、勢によりて鹿を逐うに同じからず。故に徳、微なりと雖も、隣国窺覦《きゆ》の危無く、政乱るると雖も、異姓簒奪《さんだつ》の恐《おそれ》無し。是れ其の宗廟社稷《そうびょうしゃしょく》の助け、余国に卓礫《たくれき》する者なり（中略）士女の無知、此の語を聞いて皆以て然りと為す。愚惟《おも》うに、深く以て謬《あやまり》と為す）」と万世一系論に基づく日本の特殊性を一刀両断に断って捨てているところである。彼はむしろ、アジアにおいて普遍的な思惟様式に基づいて自らの思想を打ち立てていたのである。

また花園は、幕府によって朝廷が制約されていることを嘆いている。この点は後醍醐の側近であった北畠親房が『神皇正統記』で鎌倉幕府を高く評価していることとは好対照である。持明院統＝親幕府、大覚寺統＝反幕府という固定観念に囚われていては、花園の考えは理解できないであろう。

後醍醐の倒幕計画

元徳二年（一三三〇）には倒幕計画が具体化していたと見られている。ところが後醍醐の側近であった吉田定房《さだふさ》が元徳三年四月に六波羅探題に後醍醐の倒幕計画を密告、日野俊基らが捕らえられ、処刑された。さらに佐渡島にいた日野資朝も処刑された。

後醍醐は九月に元弘改元を強行、その後は京都を脱出して笠置山《かさぎやま》に立て籠り、後醍醐皇子の天台座《てんだいざ》主《す》も務めた尊雲《そんうん》法親王（還俗して護良《もりよし》親王）らと挙兵した。河内国では楠木正成《まさしげ》も呼応し、赤坂城（大阪府千早赤阪村）に挙兵した。

幕府は東国から大仏貞直《おさらぎさだなお》・足利高氏《たかうじ》（のちの足利尊氏）ら有力武将を派遣し、笠置山を陥落させて後醍醐や後醍醐皇子の尊良《たかよし》親王を捕縛、護良と正成は逃亡した。後醍醐は隠岐国に流され、第一皇子の尊良親王は土佐国へ、宗良《むねよし》親王は讃岐国に流された。後醍醐の倒幕計画は失敗したかに見えた。

第二章 南北朝内乱

1 鎌倉幕府倒壊と建武の新政

光厳天皇の苦難

後醍醐の倒幕計画が失敗に終わり、隠岐島に遷された後醍醐に代わって鎌倉幕府から天皇に擁立されたのは量仁《かずひと》であった。光厳《こうごん》天皇である。そして皇太子は康仁《やすひと》に決定した。持明院《じみょういん》統と大覚寺《だいかくじ》統による両統迭立《りょうとうてつりつ》が維持されると思われた。

しかし時代の流れは鎌倉幕府滅亡に向かっていった。鎌倉幕府の得宗《とくそう》（北条家家督）とその御内人《みうちびと》中心の政治に対する不満が有力御家人の間に渦巻き、また得宗内部でもここまで連携してきた長崎高資《たかすけ》を中心とする御内人と、安達時顕《あだちときあき》を中心とする得宗の外戚との間にも得宗北条高時《たかとき》の後継者をめぐる争いが尾を引いており、いつ瓦解しても不思議ではなかった。

後醍醐が隠岐島を脱出し、伯耆国の船上山《せんじょうさん》（鳥取県琴浦町）で挙兵すると鎌倉幕府に対する不満は一気に広がり、各所で挙兵が相次いだ。

三月には播磨国の赤松円心《あかまつえんしん》らが京都に迫り、光厳天皇と光厳の父で治天の君（院政の主宰者）の後伏見《ごふしみ》上皇、天皇の叔父の花園《はなぞの》上皇の三人を安全のために六波羅へ遷した。

鎌倉では防戦に追われる六波羅探題のために一門の名越高家《なごえたかいえ》と執権赤橋守時《あかはしもりとき》の義弟にあたる足利高氏を送り込んだ。しかし高家は赤松円心と戦って戦死、高氏は後醍醐に応じて六波羅探題を攻撃し、京都を制圧してしまった。

六波羅探題の北条仲時《なかとき》と北条時益《ときます》は光厳天皇と後伏見上皇、花園上皇の三人を連れて鎌倉に逃れようとした。しかし京都の東山で時益は野伏《のぶし》（落ち武者狩り）に狙撃されて戦死、逢坂山《おうさかやま》に差し掛かった時に光厳天皇も同じく野伏に肘《ひじ》を射られて負傷した。天皇であろうと、いったん武運に見放されれば野伏による襲撃の対象となった。しかし古代はいざ知らず、天皇というシステムが完成してから戦場で負傷した天皇は光厳一人である。

近江国に入ったあたりで光厳の一行はまたも野伏に取り囲まれ、警護の中吉弥八が「天皇が関東に臨幸あそばされるところである。無礼者」と一喝しても「通りたかったら金目のものを置いていけ」と言われる始末であった。当時の価値観がよくわかる。天皇といえども運が尽きれば落ち武者狩りの対象だったのである。この時は弥八の機転で光厳らは危機を脱した。

しかし、伊吹山《いぶきやま》の麓の番場《ばんば》の宿（滋賀県米原市）で野伏に再び阻まれた。彼らはそれまでの野伏とはレベルが違った。彼らは用意周到にも亀山天皇の皇子の五辻宮守良《いつつじのみやもりよし》親王を擁立し、さらに近江源氏佐々木氏の庶流で北条高時の相伴衆《しょうばんしゅう》を務めていた京極導誉《きょうごくどうよ》とも連携していた。ここに仲時らの運命は窮まった。仲時以下、六波羅探題関係者四百三十二人は切腹して果て、天皇・上皇らは五辻宮の軍勢に捕らわれて、近江国の太平護国寺《たいへいごこくじ》（滋賀県米原市）に監禁された。

後醍醐は、自らは退位していないという建前で臨み、光厳の即位を無効とし、光厳らを京都に連行させて持明院殿に入れた。そして、京都に「還幸」した後醍醐は光厳の事績をすべて無効とした。つまり正慶の年号は元弘に戻され、光厳践祚以降の叙位任官はすべてなかったことにされた。つまり、後醍醐は光厳の事績を完全に抹殺したのである。光厳の地位は元皇太子とされた。

十二月に入り、後醍醐は光厳が皇太子を辞退したことに対する報いとして、光厳に太上天皇の尊号を贈呈することとした。かつて藤原道長の圧迫によって後一条《ごいちじょう》天皇の皇太子を辞退した小一条院《こいちじょういん》（三条《さんじょう》天皇皇子）の先例に準じたのである。

康仁親王も皇太子の地位を廃され、代わりに皇太子には後醍醐の皇子の恒良《つねよし》親王を立てた。つまり後醍醐は、自らの皇統のみを残し、持明院統のみならず大覚寺統のほかの皇統をも排除したのである。ただし、光厳には自らの皇女の懽子《きんし》内親王を嫁がせ、自らの姻戚として完全に保護下に組み込み、独立した皇統としては存在しないようにしてしまった。これも小一条院に対して藤原道長が行った手法である。

後伏見上皇は今回の件で大きな衝撃を受けたのか、帰京後ほどなく出家し、法皇となった。後伏見は光厳にも出家を勧めたが、光厳はこれを拒否した。二十三歳の光厳にはまだ期するところがあったのだろう。

翌年、後醍醐は年号を建武と改元し、建武の新政が始まった。

光厳皇子誕生

建武元年（一三三四）四月二十二日、光厳に待望の男子が生まれた。興仁《おきひと》親王、のちの崇光《すこう》天皇である。母は正親町《おおぎまち》三条公秀《きんひで》の女秀子《ひでこ》（陽禄門院《ようろくもんいん》）である。翌二年、光厳上皇は花園上皇の後宮《こうきゅう》の正親町実子《まちさねこ》（宣光門院《せんこうもんいん》）との間に直仁《なおひと》親王を得る。しかし直仁は花園上皇の皇子として育てられた。

建武二年六月、鎌倉幕府の再興を目指す陰謀が謀られた。西園寺公宗《きんむね》は関東申次の職に就任していたが、鎌倉幕府の滅亡でその職務は失われた。もっとも、公宗の大叔母の禧子《よしこ》（後京極院）が後醍醐の中宮《ちゅうぐう》であったことで彼はほどなく権大納言に復帰できたが、鎌倉幕府復興を願う公宗は北条高時の弟泰家《やすいえ》を匿い、諸国に散らばった北条氏残党と連絡を取っていた。彼らは後醍醐を北山の山荘（現在の鹿苑寺《ろくおんじ》）に招いて暗殺し、「上皇」を擁立して鎌倉幕府を再興させようとした。この「上皇」については後伏見法皇と見られてきたが、失意の出家を遂げた後伏見や傍系の花園ではなく、まだ若く直系で、後伏見による出家の勧めをはねつけた光厳であろうという見方がある（家永：二〇一六）。

計画は公宗の弟公重《きんしげ》の密告で露見し、公宗は出雲国に配流されることになっていたが、途中で名和《なわ》長年《ながとし》によって処刑された。

その一方、信濃国で挙兵した北条時行《ときゆき》らの軍勢は鎌倉を守護していた足利直義《ただよし》を撃破し、直義は鎌倉を退いた。後醍醐の制止を振り切って直義救援に赴いた尊氏だったが、これをきっかけに尊氏と後醍醐は袂を分かつこととなった。ここに南北朝の動乱が幕を開けた。

この頃、花園は出家しているが、このタイミングでの出家は「年来の素懐を遂げた」というような呑気なものではないだろう。何らかの圧力、もしくは自ら身の安全を守るために出家するよりなかったのではないだろうか。しかし光厳は頑として出家しなかった。よほど期すところがあったのだろう。

後醍醐が尊氏討伐のために差し向けた新田義貞《よしさだ》を撃破した尊氏は、その余勢を駆って京都に進撃し、後醍醐らをいったんは京都から追い落とすが、後醍醐方の北畠《きたばたけ》顕家《あきいえ》の攻撃を受けて九州に落ち延びることとなった。やはり賊軍では勝てなかったのである。

九州に落ち延びる時に、尊氏は後醍醐に変わる天皇家の権威を求め、光厳に接触した。接触してきた尊氏に対して光厳は院宣《いんぜん》を下し、九州で後醍醐方の菊池《きくち》武敏《たけとし》を撃破した尊氏は光厳の院宣を奉じて東上、摂津国の湊川《みなとがわ》（兵庫県神戸市）で楠木正成《まさしげ》を破ると京都を占拠し、光厳の弟の豊仁《ゆたひと》親王を天皇に擁立した。光明《こうみょう》天皇である。

建武五年（八月に暦応と改元、南朝年号延元三年、一三三八年）三月二日には興仁の同母弟の弥仁王《いやひとおう》、のちの後光厳《ごこうごん》天皇が生まれる。その後の天皇家の分裂の当事者がここに出揃った。

光明天皇と光厳院政

光明天皇は兄とは七年違いである。光明が即位した時、三種の神器は手元になかった。そこで光明は光厳上皇の院宣で皇位を継承した。これを「譲国の儀《じょうこく》」と言い、後鳥羽《ごとば》天皇が後白河《ごしらかわ》法皇の院宣で践祚《せんそ》した先例を踏襲している。

三種の神器とは「八尺瓊勾玉《やさかにのまがたま》」「八咫鏡《やたのかがみ》（神鏡）」「草薙剣《くさなぎのつるぎ》（宝剣）」の三種で、皇位を象徴するレガリア（王権を象徴する物品）である。この三種の神器は後醍醐が建武三年（延元元、一三三六）十月、後醍醐が尊氏と和睦して京都に戻ってきた時に後醍醐から光明へ引き渡されたものである。ここに神器も揃い、光明は体裁が整ったかに思われた。

皇太子には後醍醐の皇子成良《なりよし》親王が立てられた。少なくとも尊氏サイドは両統迭立の実行を望んでいた。成良は直義と共に鎌倉にいたことがあり、かつ尊氏の手元で養育されてきたことから、尊氏・直義兄弟にとっては親しみの持てる皇子であった。

後醍醐には太上天皇の尊号が奉られ、後醍醐の皇子が次の天皇になることが決まった。光厳からすれば不満足かもしれないが、後醍醐にとっても不満足だったのだろう。

光厳は持明院に、光明は一条室町《いちじょうむろまち》に、そして後醍醐は花山院《かざんいん》にそれぞれ御所を構えたが、十二月末、後醍醐は花山院を脱走し、大和国吉野へ奔ってしまった。

実は、後醍醐は尊氏と和睦する時に、皇太子の恒良親王に三種の神器を渡し、譲位して北陸に向かわせていたようだ。新田義貞がそれに付き従っていた。そして京都に戻ってきた時に、光明天皇に神器を引き渡していたはずである。この時点で三種の神器は二つあることになる。後醍醐は、それらは偽物であり、本物の三種の神器を持つ自分こそが正しい天皇である、と主張した。後醍醐の言い分を信じるならば、後醍醐は偽物の神器を二つも作り、引き渡していたことになる。

一方、後醍醐に逃げられた尊氏は、後醍醐が脱出するとは思っていなかった、と考えられている(呉座：二〇一四)。確かに後醍醐は鎌倉幕府末期、自らの子孫に皇位を継承できないことを不満に思い、挙兵に踏み切った。とすれば、今回自分の子孫に皇位が継承されることが決まったのであるから、尊氏にしてみれば後醍醐に対して最大限厚遇していたはずである。後醍醐の帰還と成良親王の立太子で一番割を食ったのは本来ならば皇位に就けるはずだった康仁親王だろう。しかし、尊氏にとっては後醍醐への報恩の思いが勝り、康仁親王に配慮する必然性などなかったのだろう。康仁親王の子孫は木《き》寺宮《でらのみや》という世襲宮家となるが、室町時代を通じて振るわなかった。

後醍醐の逃亡で運命を狂わされたのは成良だろう。彼は後醍醐の出奔後に皇太子の地位を廃され、その後の運命については、『太平記』によれば、北陸から捕らわれの身となって京都に送られてきた恒良親王と共に鴆毒《ちんどく》という鳥の羽を使った毒で暗殺された、とされている。

しかし『師守記《もろもりき》』の康永三年(一三四四)一月六日条に「後醍醐院皇子の元皇太子が近衛基嗣邸《このえもとつぐ》で死去した」という記述があり、成良の毒殺説は成り立たない(森：一九八八)。恒良については京都に帰還してからの運命は不明である。

光明の即位式は軍事的情勢の問題もあって翌年に行われ、さらに建武五年（暦応元、一三三八）には興仁が皇太子に立てられた。大覚寺統には一時皇太子にもなった康仁親王がまだ京都にいたにもかかわらず、全く無視された。持明院統も両統迭立を守る気はさらさらなかったのである。

もちろん光明天皇も、子孫に皇位継承の可能性のない一代主であった。そして治天は七年違いの同母の兄光厳であった。

後醍醐の死去

暦応二年（延元三、一三三九）、後醍醐は吉野で死去した。『太平記』によると「たとえ肉体は吉野に埋もれるとも魂はつねに京都を睨んでいる。これに背くものは天皇とも臣下とも認めない（玉骨はたとひ南山の苔に埋まると雖も、魂魄は常に北闕の天を臨まんと思ふ。もし命を背き、義を軽んぜば、君も継体の君にあらず、臣も忠烈の臣にあらず）」（『太平記』巻二十一）と最後の言葉を残すと、左手には法華経五の巻、右手には剣を持って死去したという。五の巻には生きながら無限地獄に落ちた提婆達多《でいばだった》について記した提婆達多品《でいばだったぼん》を収めている。後醍醐は地獄に落ちる覚悟を決めていたのだろう。そして後醍醐は、臨終の姿のまま座った姿勢で北向きに葬られた。

この後醍醐の凄まじいまでの執念は、尊氏らに怨霊の恐怖を植えつけたであろう。尊氏は後醍醐の怨霊を封じるために、後醍醐ゆかりの亀山殿を禅寺に造り変えた。天龍寺である。しかし、後醍醐の怨霊に室町幕府は終始悩まされることとなる。

光厳院政の虚実

光厳にはどういうイメージがあるだろうか。やはり冒頭で挙げた、『太平記』における土岐頼遠の説話が有名である。『太平記』によれば美濃国守護で歴戦の勇士である土岐頼遠《ときよりとお》は、光厳の行列に行き合った時に下馬を求められ「この頼遠に下馬を命じる者はいないはずだ。どんな馬鹿者だ。あいつらに矢を射かけてやれ」と命じ、「院の御幸に出会って狼藉をするな」と叱責を受けた時に「インというのか、イヌならば射てしまえ」と言いがかりをつけて光厳の牛車を破壊した、とされる（『太平記』巻二十三）。さすがに頼遠は足利直義の命で処刑された。また『太平記』によれば、足利家の家宰《かさい》の高師直《こうのもろなお》が「都に院とか王とかがいて少しばかりの所領を所有して、内裏・院の御所というところでいちいち下馬することの面倒なことよ。そんなに王が必要ならば木や金で作って、本物の院や国王をどこぞにでも流し捨てたいものだ（都に王と云ふ人のましまして、若干の所領をふさげ、内裏・院の御所と云ふ所のありて、馬より下るるむつかしさよ。もし王なくて叶ふまじき道理あらば、木を以て作るか、金を以て鋳るかして、生きたる院・国王をば、いづくへも皆流し捨てばや）」と発言したとされる（『太平記』巻二十七）。双方とも下馬がポイントになっているところを見ると、土岐頼遠誅殺の一件がこのような発言に繋がっていることは注目に値する。頼遠と師直の一連の言動は光厳の権威の低下の象徴として描かれている。もっとも、師直のこの発言については、師直に評価されなかったことを逆恨みした妙吉《みょうきつ》という禅僧が「讒し申さるる」と『太平記』自体に書かれており、亀田俊和氏は「どうしてこんな代物が「史実」と認定されてきたのか」と疑問を呈している（亀田：二〇一七）。むしろ戦勝の記念に読んだ和歌の中に「天くだる　あら人神の　しるしあれば　世に高き名は　あらはれにけり」と天皇のことを讃える言葉が出てくるところを見ると、実際の師直は十分に天皇に対する敬意を持っていた、と思われる。

光厳院政の実態については近年研究が進み、院宣を活発に発給し、院評定《いんのひょうじょう》が開かれ、法的な整備も行われた（飯倉：二〇〇二、深津二〇一四）。光厳院政が幕府の庇護下に成立しているのは事実だが、それは後嵯峨院政以来の朝廷の生き方であり、実際に土岐頼遠が処刑されたように、朝廷の権威を正面切って踏みにじることは幕府にとっても看過できないことだったのである。

『風雅和歌集』の編纂

和歌、といえば藤原定家が有名であるが、定家の子孫は二条《にじょう》家、京極《きょうごく》家、冷泉《れいぜい》家に分かれた。嫡流が二条家で、定家の孫の二条為氏《ためうじ》に始まる。為氏は弟の為教《ためのり》、為相《ためすけ》と不和になり、為相との訴訟は為相の継母の阿仏尼《あぶつに》との争いになり、『十六夜日記《いざよいにっき》』に残ることとなる。

為教は京極家を興し、為相は冷泉家の祖となる。為氏とその子孫は大覚寺統に仕え、京極家は持明院統に仕えることとなった。京極派は当時沈滞化していた和歌に疑問を持ち、「心」の尊重と言葉の自由な使い方を主張した（『為兼卿和歌抄』）。

京極派と二条派の争いは皇統の争いも絡み、激化する。言葉で心を詠むという伝統的な和歌のあり方を守るのか、心のままに言葉を紡いでいくべきなのか、という対立は、やがて大覚寺統と持明院統それぞれの意地となって展開していった。

伏見《ふしみ》天皇に和歌のみならず政治的にも仕えた為兼《ためかね》は、後伏見《ごふしみ》天皇が践祚した永仁六年（一二九八）、佐渡国に流罪となった。この年、大覚寺統の巻き返しによって後伏見天皇の皇太子に邦治《くにはる》親王（後二《ごに》条《じょう》天皇）が立っていた。

為兼は嘉元元年（一三〇三）、許されて京都に戻っている。

後二条天皇の急死を受けて皇太子富仁《とみひと》親王が践祚（花園天皇）すると、後伏見の院政が始まり、後伏見の下命を受けた勅撰和歌集『玉葉《ぎょくよう》和歌集』が編纂された。

しかし、政治に深入りした為兼は再び流罪の憂き目に遭い、今度は帰京を果たさず死去した。為兼は自らの和歌の道の発展を花園に託して配所に赴き、帰ってこなかった。

為兼の和歌の道を受け継いだ花園はその道を光厳に伝え、光厳の下命で光厳自身が撰者となり、花園が監修を務めるという異例の体制で作られた勅撰和歌集が『風雅《ふうが》和歌集』であった。

『風雅和歌集』は京極派の和歌集の集大成であり、京極派の和歌の道のさらなる発展を約束するはずであった。

しかしあとで述べるように、動乱の中で京極派の和歌の道は崩壊し、京極派は忘れられた存在となってしまい、さらに和歌自体が沈滞していく。そのような中にあって『玉葉和歌集』と『風雅和歌集』は異端視され、忘れ去られていった。近代に入って与謝野鉄幹《よさのてっかん》や折口信夫《おりぐちしのぶ》、土岐善麿《ぜんまろ》らによって再評価されるようになるまで、忘れられた和歌集であった。

崇光天皇の即位と直仁親王の立坊

康永二年（一三四三）四月、光厳は置文《おきぶみ》を定めた。「興仁親王は皇太子の地位にあり、やがて践祚するだろう。しかしその後を嗣ぐことは認めない。もし男子が生まれたら必ず出家させよ。それが朕《ちん》への恩である。将来の皇位は直仁親王に継承させよ。直仁親王は（花園）法皇の皇子であると人々は言うが、そうではない。実は朕の実子である。このことは朕と（直仁の）母の宣光門院以外の他人は知らないことである」。

この衝撃的な告白については、これまで真偽が論じられてきた。光厳が大恩のある叔父の花園の後宮と通じていたことになるからである。現在ではこの内容も事実である、とされている。

光厳がこのような暴露を行った背景は、花園への報恩と言われてきた。しかし家永遵嗣氏は、直仁の生母宣光門院《せんこうもんいん》の兄弟の妻が足利尊氏室の赤橋登子《あかはしとうこ》の姉妹であることに注目し、ともすれば南朝との和睦を望む尊氏の血筋に近い直仁を即位させることで幕府との連携を模索していた、という（家永：二〇一六）。さらにこの康永二年には土岐頼遠の狼藉事件があった。幕府重臣と光厳との乖離が明らかになったこともある、と家永氏は指摘する。光厳の、尊氏との結びつきを強化しようという動きの一つが直仁擁立だった、という考え方である。

光厳は貞和五年（一三四八）九月五日、花園のもとを訪れ、立太子のことを話し合った。その一ヶ月後、崇光が即位し、直仁が立太子した。花園は自らの皇子（実際には違うが）の立太子を見届け、翌月に死去した。

花園は直仁が自分の皇子ではないことを知っていたのだろうか。今日の我々は、花園が知っていたとしても知らなかったとしても花園の境遇に同情もしてしまいそうになるが、実際には花園自身はそれを知ったとしても大して衝撃を受けなかったかもしれないのである。というのは、宣光門院の姉正親町守子《もりこ》は伏見と後伏見の親子両者の寵愛を受け（『花園天皇日記』元亨二年〈一三二二〉十一月八日条）、また後宇多《ごうだ》の後宮で後醍醐の生母である談天門院《だんてんもんいん》は後宇多との間に一女三男をもうけたあとに舅の亀山の寵愛を受けている。『とはずがたり』の作者の後深草院二条が、後深草と亀山の両者のみならず、数多くの男性と関係を持ったのは周知のことである。

それを考えれば、光厳は特に花園に罪悪感を持たなかったであろうし、また花園がその事実を知ったとしてもそれほどの衝撃を受けなかった可能性も大いにあるだろう。

光厳はその死を悼み、本来は三ヶ月の服喪期間を五ヶ月に延長し、錫紵《しゃくじょ》（天皇・院の着る喪服）を着してその喪に服した。光厳の内心はいかなるものであったろうか。

ここに皇統は非公式ながらも花園の子孫に移ることとなり、崇光の子孫は皇統から外された。しかし直仁はその後も運命に翻弄され、ついに皇位を継ぐことはなく、逆に本来皇統から外れるはずだった崇光の皇統が今日まで続いたのは皮肉なことであった。

2 観応の擾乱と持明院統の分立

観応の擾乱の勃発

幕府が軌道に乗ったのは足利直義と高師直の両者のおかげであった。しかし、この両者はいつ頃から対立し始め、幕府のみならず、北朝をも引き裂く戦いとなった。

師直が貞和四年（一三四八）に楠木正行《まさつら》を四条畷《しじょうなわて》の戦いで撃破してから師直の権勢が向上し、直義との対立が目立つようになる。貞和五年（一三四九）には直義が師直を排除する計画が頓挫し、両者の対立は顕然化した。

直義は師直を政治から排除し、それに対して師直が尊氏・直義兄弟を包囲し、直義の政務引退と尊氏の嫡子足利義詮《よしあきら》への政務移譲を勝ち取った。このように有力な重臣が将軍の御所を囲んで自らの要求を受け入れさせようとすることを「御所巻《ごしょまき》」といい、室町幕府特有の現象である。その御所巻の最初の事例が、師直による尊氏邸の包囲と直義の政務引退である。

義詮は鎌倉から上洛して直義のいた三条殿に入り、直義の権限を引き継ぐこととなり、逆に直義に養育されていた義詮の同母弟の足利基氏《もとうじ》が鎌倉に下向した。直義は出家し、引退してしまった。

しかし直義派の蜂起は各地で続き、中でも観応元年（一三五〇）、九州で挙兵した直義の養子（尊氏の実子で義詮にとっては異母兄にあたる）の足利直冬《ただふゆ》が猛威を振るい、尊氏・師直は直冬を討伐するために西国に出陣するが、その隙に直義は京都を脱出し、あろうことか南朝に降伏してしまった。

観応の擾乱の展開

直義の決起に伴って諸国で直義派が蜂起し、尊氏はあっという間に追い詰められていった。観応二年（一三五一）二月、追い詰められた尊氏は直義と交渉し、師直の出家を条件に和解したが、師直は直義派によって殺害される。

直義は幕閣に復帰したが、もはや尊氏・義詮との和解は不可能だった。頼みの綱だった南朝との講和も暗礁に乗り上げ、直義はもはや主導権を握ることはできなくなっていた。

そのような中、尊氏と義詮がそれぞれ近江の京極導誉と播磨の赤松則祐《のりすけ》を討つために出陣した。これを自身への挟撃とみたか、直義は京都を脱出し、北陸経由で鎌倉に入った。

直義が鎌倉に入ったことで、尊氏は自ら東国へ出陣して直義を討つことを決意したが、南朝をどうするか、という問題が残った。京都には息子の義詮を置いて守らせるが、まだ若く心許ない。そこで尊氏は南朝への降伏という手段を講じた。直義はあくまでも両統迭立を主張し、北朝を残存させることにこだわって南朝との講和を不調に終わらせていた。一方の尊氏は南朝への統一を認め、北朝を潰すことを受け入れた。足利氏の都合で擁立された北朝は、足利氏によって廃止されたのである。

しかし、それを以て尊氏の矛盾、あるいは尊氏の謀略とは考えるべきではないだろう。もともと尊氏は後醍醐への思いが強く、北朝に対しては比較的冷淡だった。だからこそ光厳は、尊氏の妻と繋がりのある直仁を立太子させたのである。

もっとも、この南朝との講和は尊氏よりも義詮が主導したものらしい。尊氏の懸念をよそに、義詮と赤松則祐・京極導誉が「張行」（強引に行うこと）と洞院公賢《とういんきんかた》は記している。さらに公賢は、十月二十八日頃には尊氏が義詮を討とうとした、という噂を書き留めている。これを見る限り、いくら後醍醐ファンの尊氏であっても、ここまで担いできた北朝をあっさり見捨てるのは気が引けたかもしれない。

しかし現実は光厳にとって厳しいものであった。尊氏は義詮に押し切られる形で北朝の廃止に踏み切り、北朝は廃止された。崇光は廃位され、直仁も皇太子を廃された。

後顧の憂いを取り払った尊氏は直義を打ち破り、直義は観応三（一三五二）年二月二十六日、奇しくも師直の一周忌の日に死去した。『太平記』には鴆毒による毒殺と書かれていることもあって、実際そのように考えられてきたが、毒殺ではないという見解も有力である（亀田：二〇一七）。黄疸《おうだん》が出ていたという幕府の公式発表の通りに病死と見るべきであろう。

正平の一統

尊氏の南朝との和睦は、尊氏が北朝を見捨てたことを意味した。大和国賀名生《あのう》（奈良県五條市）から進駐してきた南朝軍は三種の神器を接収し、すでに天皇ではなくなった崇光に太上天皇号を奉り、せめてもの情けを示した。この時すでに崇光から太上天皇号を奉られていた光明にも太上天皇号を奉ったのは、北朝の事績を抹殺する、という意図も込められていた。

太上天皇号を贈られたその日、光明が突如落飾《らくしょく》した。北朝の抹殺が堪えたのであろうか。公賢は「不可思議」と驚愕し、光厳は「御迷惑（戸惑い）」と批判した。幾多の困難を切り抜けてきた光厳にとっては、これしきのことで出家遁世などあり得ない選択だったのである。

事実、三種の神器を引き渡した時に光厳は「昼御座御剣《ひのおましのごけん》」（清涼殿にあった天皇の昼の居場所に安置してある宝剣）と琵琶の名器「牧馬」の引き渡しを求められた時に、それらは戦乱の中で失われた、として引き渡さなかった。南北朝の虚々実々の駆け引きが始まっていたのである。義詮に見捨てられて絶望的な状況にあっても、光厳には守らなければならない矜持があった。そのような駆け引きの中で突如出家して、いわば敵前逃亡してしまった形の光明への光厳の評価は辛辣にならざるを得まい。

観応三年（一三五二）二月二日、後村上《ごむらかみ》天皇は光厳に歴代の楽器の引き渡しを要請してきた。それに対して光厳は「笙《しょう》・笛・琵琶は、一部は紛失し、一部は焼失し、箏《そう》だけは辛うじて仁和寺に預けてあります。急いで取り寄せられるべきです」と突き放している。琵琶は手放したくなかったのであろう。後村上は琵琶と箏の名手であった。箏を引き渡すことを示唆したのはせめてもの妥協点だったのだろう。光厳は尊氏・義詮に見捨てられても持明院統の誇りを守るために孤軍奮闘していた。

南朝と室町幕府の和睦もなかなかまとまらなかった。北朝の廃止は光厳の抵抗も虚しく着々と進んでいたが、後村上サイドは新補地頭《しんぽじとう》の補任権を引き渡すことを要求し、幕府の権力に制約を持ち込もうとしていた。

しかし、その交渉もどこまで実効性があったのか、わからない。南朝の軍勢は続々と入京していた。そして後村上も賀名生から住吉《すみよし》（大阪市住吉区）に入り、閏二月には男山《おとこやま》（京都府八幡市）に入り、洛中には北畠顕能《あきよし》の軍勢が満ちていた。そして男山には楠木正儀《まさのり》の軍勢が後村上を警護していた。

二十日、義詮も東寺に入り、南朝軍と向き合ったが、突如南朝が和睦を一方的に破棄して京都に攻め込み、七条大宮で細川頼春《よりはる》が戦死するなど義詮方は手痛い敗北を喫し、義詮は京都から近江国に逃亡した。その時、義詮は朝廷のことをそれほど気にかけなかった。鎌倉で長く育ってきた義詮にとっては、朝廷の持つ意味合いが切実にはわからなかったのであろう。彼は三上皇と直仁親王の身柄の安全を確保せず、南朝の中に放置し、自分だけ逃れ出たのである。天皇家の人々が相手の手に落ちた時の大変さを思い知るのはこれからだった。

義詮に見捨てられて京都に残された光厳・光明・崇光の三上皇と直仁親王のもとに後村上天皇からの勅書が届いた。男山への御幸を勧めるものであった。しかし、文面上はあくまでも穏やかに、保護のための男山への御幸の勧めであっても、北畠顕能の軍勢に囲まれていては、光厳らには選択肢は存在しなかった。これは事実上の拉致であり強制連行であった。持明院統の誇りを一人で守り抜こうとした光厳の哀しい結末であった。

義詮はすぐに態勢を整え、反撃に入った。南朝は北朝関係者を河内国東条《とうじょう》（大阪府富田林市か）に移送したが、その時に崇光の弟弥仁《いやひと》王を確保し損ねていた。これは南朝にとっては高くついた失策であった。

二ヶ月の男山での戦闘ののち、五月には後村上が男山を脱出し、その時南朝方に多くの戦死者が出た。後村上の京都没落後、義詮は早速後村上との間で三上皇と直仁の帰還交渉に入るが、南朝はそれを受け入れず、彼らを大和国賀名生に移送し、各々に一人ずつの女房を付けることとして、京都から召すことを許した。これは後村上のせめてもの温情というよりは、彼らの賀名生滞在が長期化することを意味していた。

結局、義詮は残された弥仁王を擁立して北朝の再建に踏み切るが、三種の神器を欠いた状態での践祚を余儀なくされることとなった。三種の神器を欠いた状態での践祚は後鳥羽天皇と光明天皇の例があるが、後鳥羽には祖父の後白河法皇が治天の君として「譲国詔《じょうこくのみことのり》」を出して後鳥羽の正統性を担保したし、光明は光厳が担保となった。しかし今、京都には治天の君たるべき院がいない。義詮が目をつけたのは後光厳の祖母にして光厳・光明両上皇の生母で後伏見の中宮である広義門院《こうぎもんいん》西園寺寧子《やすこ》であった。

六月に入り、義詮は広義門院との交渉を開始したが、当然彼女は治天の君への就任を渋った。彼女の言い分は両上皇が連れ去られたことに対する幕府への不満であった。それを伝奏の勧修寺《かんじゅじ》経顕《つねあき》と幕府の使者の京極導誉が何とか説得して治天の地位に据えることに成功した。

神器もなく譲国詔もない中での践祚は例がなく、結局、継体《けいたい》天皇を先例として出すことにし、八月十七日にようやく践祚した。後光厳《ごこうごん》天皇である。

室町幕府にとって北朝は必要だったのか

ここで歴史に関心のある方の中には奇異に思われる方がいらっしゃるかもしれない。「そもそも室町幕府にとって北朝は必要だったのか」と。

例えば『太平記』に記された土岐頼遠や高師直の言葉は、それが真実かどうかは別にして、当時の世間の光厳に対する視線を象徴している。天皇の権威は地に落ちているかのようである。

しかし現実問題としては、室町幕府に大功ある土岐頼遠でも、天皇に対する不敬は許されなかったことが示すように、室町幕府にとって天皇の権威は必要不可欠だったのである。また師直の発言にしても、実際に師直がそう言っていたとは限らないことは先に述べた通りである。少なくとも室町幕府は、北朝の権威を必要としたことは事実である。結局のところ、幕府を権威づけてくれる最も有効な手段が北朝の天皇の権威だったのである。

問題はその北朝の権威が崩壊した時である。後光厳は神器を持たず、天皇家の有力者である広義門院（光厳・光明両上皇の生母）や光厳の支持すら得られなかった。つまり後光厳は、手続きの正統性を欠いているために権威を獲得することができなかったのである。ここに至って、北朝が必要なのか、という問題が浮上してくる。もはや権威のない天皇を擁立することに何の意味があるのか。

広義門院が当初、後光厳の即位に消極的だったのは、南朝との交渉で光厳や崇光らを取り戻すことを想定していたからだろう。逆に言えば、その間は天皇がいない状態で持ち堪えることになる。さらに言えば、南朝に有利な条件で講和することも選択肢からは排除されない。極端な話、北朝でなくても、天皇がいれば差し支えないのである。両統迭立など、皇位回復の手段はいくらでもある。

足利尊氏はもともと後醍醐天皇を慕っていたこともあり、一時は光明天皇の皇太子に後醍醐の皇子成良親王を擁立したほどであった。尊氏が後村上との和睦という思い切った方針を選んだ背景には、尊氏の後醍醐への気持ちが残っていた可能性もあるだろう。

しかし、足利義詮が主導する室町幕府が選択したのは、権威に傷がつくことを織り込んで後光厳を擁立する方針であった。やはり天皇を頂点とする朝廷がなければ幕府も存在し得ない、と考えたからだろう。ここでは朝廷よりも幕府が天皇という存在にこだわっている様子がうかがえる。特に幕府にとっては交戦相手の南朝との拙速な講和はあり得ず、何が何でも北朝の天皇が要請されたのである。

しかし、この拙速な幕府の北朝再建策は裏目に出た。南朝では強硬派の北畠親房《ちかふさ》が死去し、穏健派の後村上天皇、楠木正儀の実権掌握の結果、光厳・崇光両上皇が帰京した。これは後光厳にとって大きな打撃となった。後光厳の権威はさらに揺らぎ、幕府は後光厳とその子孫の「正統」の地位を確立するためになりふり構わぬ動きをするのである。

我々はしばしば、室町時代における公武統一政権の成立を、幕府による朝廷の権能の接収によるものと思いがちである。公家である朝廷と武家である幕府を対立的に捉えれば、室町幕府という公武統一政権の成立は、武士という封建領主階級が、公家という古代専制体制を象徴する貴族階級を打倒し、取り込んだ結果、と見えるだろう。あるいは、武士という武力を本質とする軍人が、貴族という文弱に流れた虚弱な支配者を打倒して強力な封建社会を作り上げた、と言い換えてもいい。

しかし室町幕府の実際の動きを鑑みれば、瓦解する北朝を何とかして支えようとした幕府の取り得た最善の策が、朝廷を幕府の中に位置づける公武統一政権の樹立だったのである。その時の対象は、自らが強引に作り出した後光厳皇統であることは言うまでもない。

公武統一政権とは、崩壊しそうな後光厳皇統を幕府全体で支えた体制だったのである。この体制で割を食うのが、後光厳皇統にとって最も強敵である崇光皇統であった。

賀名生・金剛寺の日々

後光厳践祚の報を聞いた時の北畠親房の反応を、本郷和人氏は「ふふんと口を歪めて苦笑したのではないか」と想定する（本郷：二〇一〇）。親房は弥仁を探し損ねたことを後悔したであろうが、弥仁を探し損ねていた段階でこの結末をある程度親房が予測していたとしても不思議ではない。

一方、光厳にとっては苦笑で済まされる問題ではなかった。光厳は、おそらく賀名生に当時いた人物の中で一番衝撃を受けていただろう。彼は八月八日、後光厳践祚の直前に出家してしまった。三宮の践祚の準備が自分抜きで着々と進められていることを知り、自分の居場所はもはや北朝にはない、と悟ったのだろう。しかし北朝の人々は光厳の衝撃を測りかねていた。公賢は「発心か、それとも南朝を騙すためか」と怪しんでいる。公賢にとっては、光厳が衝撃で出家するものとは考えられないものであった、と思われる。

翌文和二年（一三五三）、足利直冬が南朝と結び、直義派の武将もそれに加わって南朝は力を盛り返していた。六月、南朝方は京都に侵攻し、義詮は、今回は後光厳を連れ出して美濃国まで逃亡した。天皇家を見捨てて逃げ、大変な目に遭った前回のことを教訓にしたのだろう。結局義詮は、一ヶ月後に京都を奪回した。

文和三年（一三五四）三月、光厳らは河内国の天野金剛寺（大阪府河内長野市）に移された。八月には東洞院《ひがしのとういん》御所の仙洞文庫から数点の書物を取り寄せている。

十月には後村上天皇も金剛寺に移り、南朝の廷臣も同居するようになってきた。金剛寺の経済的な負担も増しており、それだけに京都では光厳らの帰京も噂されている。

同年十二月、南朝は三度の京都奪回を図り、直冬および直義派の武将が京都に迫り、尊氏・義詮は後光厳と共に近江国へ避難し、翌文和四年正月、南朝は入京した。しかし一ヶ月後には再び京都は幕府に奪回された。

この年八月には光明法皇が許されて、金剛寺を出て伏見に入った。北畠親房がこの年四月に死去したことが大きいかもしれない。後村上から北朝へのメッセージだった可能性もある。しかしそれ以上は何の展開もなかった。

この年十月、光厳は崇光に琵琶の秘曲をすべて伝授し終わった。光厳はもともと一代主の予定であった崇光に正嫡《せいちゃく》の道を開いたのである。

これで思い残すこともなくなったのか、光厳は後村上天皇も帰依する孤峰覚明《こほうかくみょう》から禅衣を受け取り、完全に遁世することとなった。自身に仕えていた女房に暇を出し、身辺の整理も終わった。

光厳の帰京

延文二年（一三五七）二月、光厳らは帰京を許され、京都に帰ってきた。彼らは人々の参入を許さず、股肱《ここう》の臣のみに面会した。後光厳を支える廷臣との溝が顕在化していたからである。光厳は典侍《てんじ》の陽《よう》禄門院《ろくもんいん》（崇光・後光厳の生母）の父正親町三条公秀《きんひで》を呼び出した。陽禄門院は光厳が連行されてほどなくこの世を去っていた。公秀は参るべきか悩み、半月後にようやく参上している。そこでは両者は「悲喜の涙をこぼすばかり」だった、という。

ここで問題が起こった。後光厳の後継者をどうするか、という問題である。崇光の復位と直仁の皇太子への復帰は幕府に拒絶され、直仁は失意の出家を遂げ、崇光は自らの皇子の栄仁《なかひと》親王への皇位継承を主張するようになる。ここに持明院統は二つに分裂することになった。

四月、光厳は疱瘡《ほうそう》に罹患し、それが快方に向かった頃、母の広義門院が死去した。女性、しかも天皇家の出身ではないにもかかわらず、治天の君となった数奇な運命であった。

後光厳の笙始儀

後光厳皇統の大きな悩みは、光厳の支持を得られなかったことであった。足利尊氏が死去して四ヶ月後の延文三年（一三五八）八月、洞院公賢は『園太暦《えんたいりゃく》』に「（後光厳）天皇と（光厳）法皇が大変不仲となっている。勧修寺経顕が法皇を諫めて何とか仲直りさせた」と書いている。

その翌日、後光厳は笙 始 儀《しょうはじめのぎ》を行った。深津睦夫氏は、これが光厳と後光厳の不和の原因としている（深津：二〇一四）。というのは、その前年に後光厳は琵琶《びわ》始儀《はじめのぎ》を行っているが、その時も不承不承琵琶の稽古を始めたのであって、後光厳が琵琶の習得に不熱心であることは明らかだったからである。その姿勢が光厳を苛立たせたのだろう。

琵琶は持明院統の嫡流に受け継がれてきたものであって、後深草―伏見―後伏見―光厳―崇光と琵琶の芸が受け継がれてきていた。光厳は後光厳の践祚には批判的であったが、事ここに至っては後光厳を正嫡と認めたのだろう。ちなみに傍流であった花園と光明は琵琶の芸を習得せず、彼らは笛を学んでいた（豊永：二〇一七）。

しかし後光厳は琵琶の道に抵抗し、自ら笙を選び取った。後光厳が笙の道を選んだのは、足利尊氏が笙を学んでいたからである。後三年《ごさんねん》の役で活躍した源義家《よしいえ》・源義光《よしみつ》兄弟が笙を学んでいたこともあり、尊氏は義家の故実に基づいて自らも笙を学んだのであるが、足利氏による足利氏のための天皇である後光厳は、自ら足利氏に同化しようとしたのだろう。これ以降、後光厳皇統は笙の習得を伝統とするようになり、音楽の面からも公武の統一が進んでいくようになる。

京極派和歌から二条派和歌への転換

持明院統の和歌の伝統は京極派であった。伏見上皇の下命によって撰進された『玉葉和歌集』、そして光厳の下命によって花園の監修、光厳の親撰となった『風雅和歌集』は京極派の流れを汲む勅撰和歌集である。

延文元年（一三五六）、足利尊氏の執奏《しっそう》により後光厳が綸旨を下して新たな勅撰和歌集が企図された。この時、後光厳は撰者に二条派の二条為定《ためさだ》を定めた。

延文四年（一三五九）四月二十八日、尊氏執奏、後光厳下命、二条為定撰の勅撰和歌集『新千載和《しんせんざい》歌集』が完成した。近衛道嗣《みちつぐ》はこの日の『新千載和歌集』の完成の記事の中で、光厳が『新千載和歌集』への入集《にっしゅう》を拒否した、という記事を書き留めている（『後深心院関白記』）。

また、二条良基《よしもと》は『近来風体《きんらいふうてい》』の中で「後光厳院が二条派の和歌を詠んだのは、私と青蓮院宮が申し上げたからである。持明院統の伝統の伏見院の様式は捨てられた。いかにもあの変わった歌風は不吉である」と述べている。光厳のみならず、今までの持明院統の全否定である。

光厳は、自らも作り上げてきた京極派を根本から否定する後光厳およびその周辺に不快感をあらわにしていたのである。その光厳の不満を押し切ったのであろうか、光厳は『新千載和歌集』に入集している。もう一人、入集した人物に因縁の土岐頼遠がいたのは何かの運命か。

持明院統の所領と記録類の行方

中世の天皇家は所領群と歴代の記録類を引き継いでいた。持明院統は長講堂《ちょうこうどう》領・法金剛院《ほうこんごういん》領を中心とした荘園群を伝領していた。この所領について光厳は崇光に引き渡していた。光厳は置文を作成し、崇光の子孫が嫡流であることを認めている。

ちなみに長講堂領とは、保元《ほうげん》の乱で敗死した藤原頼長《よりなが》の所領を後白河天皇が引き継いだ荘園群で、法金剛院領は鳥羽天皇の中宮待賢門院《たいけんもんいん》が建立した法金剛院に付けられた荘園群である。これらが持明院統の所領の中心であった。ちなみに鳥羽法皇が娘の八条院に残した荘園を中心とした八条院領は、大覚寺統の経済基盤となった。

以下に光厳の置文の概要を示しておこう。この置文は貞成が書き記した『椿葉記《ちんようき》』に載せられている。

（一）長講堂領・法金剛院領は栄仁親王が践祚した場合はそのまま相続せよ（親王践祚あらば直ちに御相続あるべし）。

（二）もし栄仁親王が践祚しない場合は後光厳天皇が相続せよ（もし然ずんば禁裏御管領あるべし）。

（三）将来的に両者の子孫が交代で皇位に就く場合は嫡流の崇光院流が継承せよ（末代両方御治天あらば、正統につきて伏見殿の御子孫御管領あるべし）。

記録類については、ほぼすべてが伏見宮家に相続されていることが文書目録から明らかである（飯倉：二〇〇二、深津：二〇一四）。この記録類は結局、明治に至るまで伏見宮家に伝来することとなった。

光厳と後光厳の不和の原因は、光厳による所領や記録類の処分にあるのか、それとも不和であるがゆえに崇光に肩入れした処分となったのか、それはどちらともわからない。

光厳の法隆寺参詣と吉野行き伝説

後光厳と二条良基・足利尊氏・足利義詮の主導によって再建されていく朝廷に居場所がなくなった光厳は、嵯峨の小倉《おぐら》（京都市右京区）付近に住んでいたようである。

康安元年（一三六一）、幕府元執事の細川清氏《きようじ》が失脚し、南朝に降ったことを契機とした南朝の京都への攻撃があった。後光厳と義詮は近江国に避難した。後光厳の動座は通算三回目である。京都は守りにくく攻めやすいと言われるので、京都に敵を入れて叩くのは戦術的には理に適っている。事実、この時は半月と持たずに南朝軍は撤退している。しかし、天皇の権威にとっては望ましいものでもなかった。京都を守備する時の難しさはそこにある。

ただしここで注目すべきは、光厳の動向が一切出てこないことである。もはや南朝にとっても北朝にとっても、光厳は「過去の人」であり、その身柄は守護する価値も、ましてや奪取する価値もなかったのだろう。このあたりは光明・崇光についても同様である。むしろ北朝としては、彼らが連れ去られたほうがよかったのかもしれない。

康安二年（一三六二）、光厳は法隆寺に参詣した。この時の法隆寺参詣のために大和に入った光厳について、『太平記』三十九巻の最後にある「光厳院禅定法皇崩御の事」には、光厳が僧侶一人だけ連れて高野山と吉野山を訪れ、後村上と再会するシーンがある。『太平記』の掉尾《ちょうび》を飾る有名なエピソードである。

そこで光厳は木こりに山の名前を尋ね「あれこそ日本国の武士が数知れず戦死した金剛山です」と教えられ、「自分が皇統にあって天下を争ったため、多くの死者が出てしまった」と先非を悔い、また後村上と対面して自らの境遇を語り合って涙した、という話である

そこでは一禅僧として漂白の人生を送る光厳に対して後村上が「うらやましい」とこぼし、それに対して「武家が無理矢理に本主としたため、逃れ出る隙もなく、いつか出家したいと思っていました」と述べ、光厳、後村上以下、居合わせた南朝の臣下もみな涙を流していた、という（『太平記』三十九巻）。

この話については、当時の状況を考えるに、光厳が吉野まで行脚することは考えづらく、また同時代の史料で跡づけることもできないので、後村上との面会は『太平記』の虚構と考えられている。

一方、後村上に光厳が語った言葉の内容については実際に光厳の言葉なのか（飯倉：二〇〇二）、それとも光厳に仮託した『太平記』作者の思想を語っているのか（深津：二〇一四）、については議論が分かれている。

光厳の死去

光厳の健康は長年の過酷な人生によって蝕まれていた。帰京した延文二年（一三五七）には前述したように疱瘡を病み、翌延文三年九月には意識不明の重体に陥ったこともあった。

とりあえず健康を回復した光厳は法隆寺・高野山参詣に出掛けたが、翌延文四年四月、光厳は所領の処分を定めた置文を残した。そこには伏見御領を長講堂領から切り離して大光明寺に付して、崇光の子孫に引き渡すように定めた。光厳は崇光とその子孫の過酷な運命を予期していたのかもしれない。大光明寺は広義門院が後伏見天皇の菩提寺として創建した寺であり、その後、崇光の子孫にとって非常に大きな存在となった。この置文がなければ崇光の子孫はあっさり断絶していたかもしれない。詳しくはあとで述べるが、崇光の死後、所領がことごとく没収された時に、伏見御領だけは手元に残ったからである。

最後の仕事を終えた光厳は、その年のうちには丹波国山国《やまぐに》荘の成就寺という無住の寺を常照寺《じょうしょうじ》(現在の常照皇寺《じょうしょうこうじ》)と改め、そこに隠棲の場所を定めた。

現在は平成の大合併で京都市右京区に編入されているが、もともとは京都府北桑田郡京北町にあり、京都市中からは自動車で一時間以上かかる場所である。山をいくつも越えていかなければならない場所であり、現代でこそ便利になったが、天皇の住む場所にしては極めて不便なところである。

そこに落ち着いて修行に打ち込む光厳だったが、その体力は限界に達していた。

常照寺に移ったあと、貞治三年(一三六四)四月頃から病がちとなり、六月には病の床に伏すこととなった。そして七月七日丑の刻(午前二時頃)に死去した。五十二歳であった。

光厳は死去の直前に自身の葬儀などについて細々と指示を出していた。それはおおよそ次のような内容である。

第一条は葬儀を行わず、手のかからない方法で葬ること、山民や村童が小さな塔を建てることは拒まないこと、第二条では仏事を行ってはならない、仏道修行をすることが最大の供養である、ということを書き遺していた。

その中で光厳は、自分の墓の上に松や柏の樹木が自生し、そこを風が吹きわたる様子、つまり誰にも顧みられず、放置され、自然の中に帰っていく様子を想像して楽しみにしている。これが苦難の人生の末に光厳が到達した境地であった。

光厳は遺詔通りに常照寺の裏山に葬られた。山国陵《やまくにのみささぎ》という。

崇光皇統と後光厳皇統の争い

崇光は賀名生に連行される前に栄仁親王をもうけていたが、後光厳天皇にも緒仁《おひと》親王が生まれていた。両者は自らの皇子に皇位を継承させることを望み、もともと仲が良かったと言われていたこの兄弟の仲は決定的に悪化した。

崇光は、幕府が介入して栄仁に皇位を継承させるよう働きかけた。今日から見れば、なぜ幕府がわざわざ崇光のために介入しなければならないのか、と思うだろうが、崇光は足利義詮の正室渋川幸子《しぶかわゆきこ》や有力大名の斯波義将《しばよしゆき》の支持を受けていたのである。

幕府では尊氏の死後、義詮による幕府の建設が進められていたが、義詮も三十八歳で病に倒れ、その後継たる十歳の嫡男足利義満を細川頼之《よりゆき》が補佐する、という体制が取られた。しかし頼之に対する反発は斯波義将を中心に根強く存在した。

そのような状況を踏まえて栄仁は義将を頼ったのであるが、それに対して細川頼之は「皇位のことは聖断（天皇の決断）次第」として、介入を拒否した。これは細川頼之が、後光厳を何としても支持していくと決めたことを意味する。同時に、幕府内部の細川頼之派と斯波義将派の争いにも皇統の争いが巻き込まれていることも意味した。

後光厳の希望通り、緒仁が皇位に就いた。後円融《ごえんゆう》天皇である。後光厳上皇は院政を開始したが、興福寺衆徒の強訴《ごうそ》に巻き込まれた。興福寺の衆徒が強訴をすると、彼らが春日大社の神木を持ち込むため、藤原氏の公卿が朝儀に参加できず、朝廷の機能が停止してしまうのである。特に後円融の即位式を行わなければならない中での神木動座は、即位式ができるかどうかがかかる重大な事案であった。その混乱が長引く中、後光厳は応安七年（一三七四）正月、疱瘡に罹患し、急死した。三十七歳。院政が軌道に乗る前に無念の死を遂げたのである。

後光厳の死後、追号が定められるが、二条良基、近衛道嗣、正親町三条実継《おおぎまちさんじょうさねつぐ》の話し合いで「後光厳院」と決まった。彼らのうち二条良基と近衛道嗣は時の将軍足利義満に近い人物で、義満、さらに言えば幕府の意思が強く働いていた追号であると言えるだろう。それは光厳の「正統」を継承するのは「後光厳」である、という宣言である。

花の御所の成立

「室町幕府」という現代の我々が呼ぶ組織は、足利義満が北小路室町《きたのこうじむろまち》に「花の御所」と呼ばれた邸宅を造り、そこで政務を執ったことに由来する。

義満が花の御所を築造するまでの所有者の移転を桃崎有一郎氏は詳細に述べている（桃崎：二〇二〇）。桃崎氏によれば、まず西園寺公経《さいおんじきんつね》が舅の一条能保《よしやす》から引き継いだ一条西殿と今出川殿を「花亭《かてい》」と呼んだという。一条能保の妻は源頼朝の同母姉妹にあたる。

公経の子の西園寺実氏《さねうじ》は今出川殿の北の部分に邸宅を造り、そこを「菊亭《きくてい》」と呼称した。栄仁の第二皇子の貞成王はそこで長く養育されていた。その菊亭のさらに北に公経の子で実氏の弟実藤《さねふじ》が新たに邸宅を造り、そこを「花亭」と名づけ、その花亭に面した室町小路に合わせて家名を室町とした。五代目の室町季顕《すえあき》が義詮に室町の花亭を売却し、義詮の別荘として機能していた。

義詮の死後、細川頼之は花亭を崇光上皇に献上し、崇光は伏見から花亭に移った。そこから「花亭」は「花の御所」と呼ばれるようになった。しかし、皇位継承争いに敗北した崇光は再び花の御所を去り、伏見に戻っていった。

やがて花の御所を義満が取得し、さらに南に拡張して幕府をそこに定めた。この花の御所・室町殿がその後の室町幕府の名前の由来となり、また幕府トップを室町殿と呼ぶのもそれに由来する。そして室町の花の御所を離れても、足利家の家督者にして幕府の主宰者は室町殿と呼ばれ続けたのである。

足利義満による後光厳皇統の支持

後光厳歿後の混乱の中で後円融の後見を行うべきだったのは二条良基だが、若き後円融は良基の後見を喜ばず、かといってまだ若い天皇が政務を見ることも難しく、朝廷は危機的な状況に陥っていた。

後円融天皇は足利義満との関係に円滑を欠いたことから、王権簒奪《さんだつ》の危機の元凶とされる（今谷：一九九〇）が、今日の研究では王権簒奪説は概ね否定されている。むしろ後光厳院政の時に崩壊した朝廷の立て直しに足利義満が辣腕を振るい、そのことで徐々に後円融天皇との個人的な関係が悪化してきたことが、義満による朝廷の掌握に繋がる、とされる。その意味では、後円融の時期に義満との関係が悪化していったことが朝幕関係における大きな転換点となっているのは事実である。

この両者は当初は仲が良かったらしく、義満の頻繁な参内とそれに対する後円融の形式張らない歓待は早島大祐氏（早島：二〇一〇）が指摘するところであるが、やがてこの両者の蜜月関係は冷却化し、最悪の結末を迎えることとなる。両者の関係悪化の原因として挙げられるのは、義満が時間をはじめとした規範に極めて厳しい人物であったこと、それに対して後円融は自分の気分を優先し、気に食わなければ政務の遅滞も顧みずに様々な手続きを遅らせることが多かったことである。特に皇太子幹仁《もとひと》親王の即位の日程をめぐって義満と対立したのが致命的であった。天皇の即位という重大事を義満が主導したことが気に入らない、と一連の政務を放棄してしまう後円融は、南朝との交渉のために北朝を立て直したい義満にとって大きな障壁となった。この一連の義満と後円融との関係に関しては石原比伊呂氏（石原：二〇一八）が詳しく述べるところである。

後円融は幹仁親王に譲位し、院政を開始する。後小松《ごこまつ》天皇である。もはや栄仁を皇位継承者として支える者もいなかった。

しかし後円融は心配だったのだろう。桃崎氏が紹介した後円融の日記によると、後円融は義満に自分の皇子幹仁への皇位継承の支持を訴え、義満が了承しているにもかかわらずしつこく義満に尋ね、義満が「誰が贔屓《ひいき》しようとも私がいる限りご安心ください」と言って後円融を安心させた（桃崎：二〇二〇）。

義満の全面的なバックアップを得た結果、後円融院政は盤石かと思われたが、その直後、後円融は院執権《いんのしっけん》であった義満の参院を拒否し、後円融院政は機能を停止する。譲位前後から両者の関係は行き違いが多くなっていた。皇位継承をめぐる後円融のしつこい念押しもあったし、その少し前から武家執奏《しっそう》（幕府による朝廷への口添え）によって公卿の土地を安堵する事例があり、それにも後円融はかなり苛立っていた。これについてはあとで述べる重大な事件の伏線となる。

後小松天皇への譲位の費用を義満は出し渋り、しかもそれを聞こえよがしに二条良基に囁《ささや》いた、という（桃崎：二〇二〇）。このような形で義満と後円融は少しずつ疎遠になっていった。

義満と後円融の個人的な関係は修復不可能なほどにこじれ、最終的に後円融院政は完全に瓦解し、義満が事実上の院として北朝の崩壊を押しとどめる役目を背負う。

両者の関係を象徴する有名な事件としては、院政開始直後に義満の参院を拒否した一ヶ月後に起きた通陽門院《つうようもんいん》殴打事件が挙げられる。

事件の直接の契機は、義満の参院を後円融が拒否したため、義満が参院を遠慮したことに端を発した。義満に追随した公家たちも参院を遠慮し、後光厳天皇十回忌の仏事は廷臣の参列のない寂しいものとなった。

その翌々日の永徳三年（一三八三）二月一日に事件が起きた。通陽門院三条厳子《たかこ》は出産を終え、実家の三条公忠《きんただ》邸から仙洞御所に戻ってきた。その日、後円融は厳子を呼ぶが、衣服の準備が間に合わず、参上をためらっていたところに逆上した後円融が乱入してきて刀で厳子を峰打ちしたのである。厳子は重傷を負い、急を聞いて駆けつけた後円融の生母で義満の伯母崇賢門院《すうけんもんいん》広橋仲子《ひろはしなかこ》が駆けつけて後円融をなだめている間に、仲子から知らせを聞いた三条家は仙洞御所に迎えの使者を出して厳子の救出に成功した。騒ぎはさらに拡大する。二月十一日、後円融の愛妾按察《あぜちの》局《つぼね》が仙洞御所から追い出され、出家に追い込まれた。義満との密通を疑われたのである。義満は潔白を主張しようとしたが、後円融は義満の使者との面会を拒み、さらに持仏堂に立て籠って自害する、と騒ぎ立てたが、仲子が何とかなだめて事なきを得た。

この一連の事件の伏線となったのが、その前々年に起きた厳子の父三条公忠と後円融のトラブルであった。公忠は自己の所領の保全に義満の武家執奏を頼ったのであるが、それが後円融の機嫌をいたく損ねることとなった。後円融は厳子に対して「顔も見たくない」と言い放ち、結局公忠はその土地の放棄を余儀なくされる。後円融が機嫌を損ねたのは、京都の施政権は天皇に残された数少ない権限であり、公忠が自分ではなく、義満を頼ったことが気に入らなかったからだ。後円融は京都の施政権を幕府に侵食されたように感じたのである（桜井：二〇〇九）。

この一連の事件は、いったん仲子の梅町邸に御幸した後円融が仙洞御所に還幸する時に義満が同車し、三ヶ月後には義満が武家として初めての准三后《じゅさんごう》になって公武円満が強調された。しかし、その見返りとして後円融は政務から排除され、後小松を後見する義満という形が完成する。これがしばしば義満による王権簒奪、皇位簒奪への動きと解されたが、実際には後円融の暴走によって失墜した朝廷の権威を義満が必死に護持している姿である、と現在では考えられている。

後円融院政の停止と共に、義満は一時的に崇光に接近したようである。その頃しばしば伏見御所を訪れていることが『椿葉記』や関白一条経嗣の日記『荒暦《こうりゃく》』に記されているが、それは皇位継承の可能性を生むものではなかった。むしろ貞成親王が記した『椿葉記』を見る限り、義満が足を運んだのは皇位継承を放棄することの見返りだったようにも読める。南北朝合体と同じ頃、崇光上皇は出家し、法皇（太上法皇＝出家した上皇）となった。

応永三年（一三九六）、太政大臣を辞任し、出家した義満が久しぶりに伏見を訪れ、「法皇が室町殿の空けた盃を手に取って酒を飲んだ」（『荒暦』応永三年四月五日条）ということがあり、そのお礼として現在の貨幣価値に換算すると一億円相当の進物を贈ったということがあった。

盃は上位者から空ける。本来は崇光の盃を義満が受けるのであるが、崇光は義満の意向を読み取ったのだろう。事前に定められていたのではないか。それと引き換えに経済援助が行われれば双方にとってウィンウィンの関係になる。これも皇位継承権の放棄と引き換えに行われた経済援助だろう。

南北朝の合一

南朝に対する室町幕府の扱いについて、我々が常に意識しなければならないのは、南朝に厳しい政策を主導しているのは北朝朝廷であって、室町幕府ではない、ということである。逆に室町幕府は南朝に対して常に厳しい政策を主導するとは限らない。例えば観応の擾乱における正平の一統でも、北朝を取り潰して南朝への一本化を画策したのは室町幕府であって、極端な話、自分の権威となってくれるのであれば、北朝であろうと南朝であろうと構わない、と言ってもいい。

事実、足利尊氏は光明天皇の擁立時に皇太子を後醍醐天皇皇子の成良親王にしているし、大覚寺統であろうと、室町幕府に協力的であれば、皇統は問わない。皇統が分裂して相互に争うのは好ましくないが、皇統を無理やり取り潰して恨みを残すことのほうが幕府にとってはリスクが大きかったと言えるだろう。逆に当事者の持明院統からすれば、対立する皇統を幕府が取り潰してくれるほうが望ましいのである。

このことを頭に入れたうえで明徳の和約（南北朝の合体）の経緯を見てみると、色々なことが見えてくる。

明徳二年（元中八、一三九一）、義満は明徳の乱で山名《やまな》氏の勢力削減に成功すると、紀伊・和泉の守護であった大内義弘《おおうちよしひろ》の仲介で南朝との交渉を開始した。大内氏は義弘の父弘世《ひろよ》まで南朝方に付いていたこともあって南朝に対するパイプがあったのだろう。

最終的には南朝を正統として、正統の天皇の後亀山から後小松への「譲国の儀」によって三種の神器の引き渡しを実施する、皇位は後小松の次は大覚寺統から出す両統迭立、国衙《こくが》領は大覚寺統の領地である長講堂領を持明院統の領地とする、という条件で南北朝合体が成し遂げられた。これは最初から幕府側が守る気がなかったものとされるが、そうではあるまい。問題はこの和約が義満の独断でなされ、そのため北朝朝廷にとっては到底受け入れられるものではなかったであろうことである。譲国の儀の実施は、それまでの持明院統の歴史を無かったことにする暴挙であったし、両統迭立も持明院統にとって受け入れられるものではなかった。後小松は後亀山との会見を拒否し、三種の神器も公家二人を大覚寺に派遣して接収した。二年後、義満が後亀山に太上天皇尊号を宣下することを提案した時も反対意見が多く、義満は反対意見を押し切って尊号宣下を実現している。つまり義満は、大覚寺統にも皇位を継承させることにはそれほど抵抗がなかった、と考えられる。後亀山に太上天皇尊号を宣下する時の後小松の詔勅《しょうちょく》には「先例はないが、特別に尊号を奉り、太上天皇とする」としている。この場合の「先例（準的《じゅんてき》の旧蹤《きゅうしょう》）」とは二世王に太上天皇号を与える、ということである。つまり後小松は後亀山を後醍醐の孫の諸王として扱ったのである（赤坂：二〇二〇）。

義満が後亀山天皇に太上天皇の尊号を奉ったのも、皇統の取り潰しは得策ではない、と考えたからだろう。次の皇太子を大覚寺統の後醍醐皇統から出す、という南北朝合体の時の条件もソフトランディングを重視した考えと言える。しかし、これは持明院統の後光厳皇統からすれば由々しき問題でもある。後光厳皇統に配慮する限りは義満の行為が実行されるはずがない。したがって義満の死後、南北朝合体の合意条件がすべて一方的に破棄されたのは、北朝サイドの意向およびそれに全面的に沿った室町幕府第四代将軍足利義持《よしもち》によるものであった、と考えるべきである。

もう一つ我々がこの問題で考えなければならないのは、後光厳皇統にとって一番警戒すべき相手はどこか、という問題である。天皇家からはいくつかの分流が出ている。大きく分けても大覚寺統と持明院統、そして大覚寺統でも亀山流の五辻宮《いつつじのみや》・常磐井宮《ときわいのみや》、後二条流の木寺宮、後醍醐流の小倉宮《おぐらのみや》（後亀山天皇子孫）・護聖院宮《ごしょういんのみや》（長慶天皇子孫）・玉川宮《たまがわのみや》（後村上天皇子孫）があり、持明院統では崇光皇統が存在していた。このうち、大覚寺統は廷臣の数も勢力も大したことがないが、崇光皇統は後光厳皇統に対して対抗意識もその規模も一番大きい。後光厳皇統サイドから見た場合、一番警戒すべきなのが崇光皇統であることは言うまでもないだろう。

後光厳皇統の崇光皇統への警戒心は、その後も一貫して持ち続けられる。この点を抜きにして室町時代の朝廷のあり方は説明できない。

3 崇光皇統の没落

崇光法皇の死去

応永四年（一三九七）冬、崇光は病み、ほどない応永五年（一三九八）正月十三日に死去した。六十五歳であった。崇光院という追号も遺勅によるものであった。後光厳皇統への対抗意識を持ち続けた崇光としては、「光」の字を入れること、「崇」の字を入れることによる光厳への崇敬心の明示による光厳の後継者としての自己主張という面があると考えられる（村田：一九八三、初出一九五四）。

崇光の死後の扱いは理不尽であった。崇光の葬儀は崇光の出家の際の戒師であった空谷妙応《くうこくみょうおう》が務める予定であったが、その予定日に義満は自分の祈禱を命じた。そのため崇光の葬儀は遅延してしまった。これは義満によるあからさまな崇光皇統への締め付けだが、おそらくは後小松の権威確立のために崇光皇統を痛めつけたのであろう。

さらに経済的な締め付けも行われた。光厳は崇光に長講堂領、法金剛院領、熱田社領、播磨国衙領を残していたが、崇光の死去に伴ってこれらはすべて没収された。ここで謎に思うのは、長講堂領以下のところに直仁に伝領された室町院領を足すとほぼ持明院統の所領が揃う、ということである。後光厳皇統はどこから収入を得ていたのだろう。おそらく幕府の経済援助に頼るしかなかったのではないか。幕府にとっても朝廷が独立した経済基盤を持つことが望ましい。崇光の保有していた御領が接収されるのは、幕府に崇光皇統断絶の意図があろうとなかろうと当然のことであった。

しかし所領の没収は、崇光皇統には過酷なものであった。経済的に窮迫した栄仁は出家に追い込まれ、崇光皇統は断絶の危機に陥った。

一見すると崇光皇統に対して過酷な処分が行われたかのように見える一連の事態であるが、後小松サイドからすれば、光厳置文に記されていたことを履行したにすぎないことも注意を要する。

光厳置文を再掲しよう。

(一) 長講堂領・法金剛院領は栄仁親王が践祚した場合はそのまま相続せよ。

(二) もし栄仁親王が践祚しない場合は後光厳天皇が相続せよ。

(三) 将来的に両者の子孫が交代で皇位に就く場合は嫡流の崇光院流が継承せよ。

後光厳や後円融よりも崇光が長命であったことによって、この置文の内容の履行が遅れただけであり、崇光死去後に履行されるのは当然であった。

しかし問題もある。光厳置文で問題になったのはあくまでも長講堂領と法金剛院領だけで、熱田社領と播磨国衙領まで召し上げたのは、後小松および義満が崇光皇統の経済基盤を破壊しようとしたからだろう。そして崇光皇統は断絶の危機に瀕したのである。

伏見宮家の成立

崇光皇統にとって幸運だったのは元皇太子の直仁の死去である。直仁は花園から室町院領を相続していたが、光厳置文では直仁死去後は崇光皇統に返却すべきことが決められていた。義満も崇光皇統を取り潰してしまっては遺恨が残ると考えたのか、光厳置文を履行して室町院領と萩原殿という御所（現在の妙心寺付近）、そして播磨国衙領を崇光皇統に返却した。崇光皇統は義満によって辛うじて存続の基盤を確保したのである。

先に南北朝合体のところで述べたように、義満は皇統をなるべく断絶しないようにするという方針だったようである。天皇家から分かれて久しい大覚寺統の常磐井宮家（亀山天皇皇子の恒明《つねあきら》親王から始まる）の満仁王《みつひとおう》に親王宣下を取り計らうなど（それは室を義満に差し出す見返りではあったが）、大覚寺統の各宮家にもそれなりに便宜を図っている。崇光皇統も伏見宮家という一宮家として存続することがこの時点で許された、と言えよう。もはや皇位を望むべくもない一宮家に転落することで、その存続が保証された。

その交換条件だったのか、義満は伏見の御所を望み、応永二年（一三九五）、栄仁の身柄は萩原殿に移された。その代金として二万疋（現在の貨幣価値に換算して約二千万円）が支払われた。

この年には義満の新たな政庁である北山第《きたやまだい》が完成していた。北山第は現在の鹿苑寺を中心とする広大な地域で、有名な舎利殿は現在「金閣」と通称されている。金閣の完成は義満が伏見御所を欲した年と同じである。

しかし大内義弘の反乱である応永の乱が勃発したため、新たな邸宅の建設は中止になり、栄仁は伏見に帰還することができた。

しかし応永八年（一四〇一）七月四日、伏見御所は全焼し、栄仁は義満生母の紀良子《きのよしこ》の別荘である嵯峨洪恩院《こうおんいん》に寄寓することになる。一両年で今度は斯波義将の有栖川付近の別荘に引っ越し、八年間にわたって逗留している。

崇光皇統改め伏見宮家がどのような人々に支えられてきたのかを示しているだろう。

後小松と足利義満

後小松は早くに父後円融を喪っており、後ろ盾は義満であった。そのことを示す最たる例が、後小松の生母通陽門院三条厳子が死去した時の義満の対応である。

応永十三年（一四〇六）の年末に通陽門院が危篤になり、諒闇《りょうあん》（天皇が父母の死に際して一年間喪に服すこと）が問題となった。すでに後小松は十三年前に父後円融を喪っており、在位中に二度の諒闇を経験することとなる。義満は在位中二度の諒闇を経験した四条《しじょう》天皇と後醍醐天皇の先例を問題視した。四条天皇は事故で十一歳の若さで死去している。後醍醐は室町幕府にとっては不倶戴天の敵である。

義満は二度諒闇の佳例である一条《いちじょう》天皇の例を無視して四条・後醍醐両天皇の凶例を言い立て、諒闇回避を指示した。そのためには准母《じゅんぼ》（母の代理）を立てるしかない。義満は後光厳の母陽禄門院の死去にあたり、徽安門院《きあんもんいん》を准母に立てた先例を主張した。

そこでまず挙がったのが後円融の生母崇賢門院《すうけんもんいん》であった。しかし義満は「祖母は具合が悪い」と言い立てて反対し、関白の一条経嗣《つねつぐ》に諮問することを表明した。義満と協議していた日野重光《しげみつ》は、ここに至って義満の本意が自分の妻の日野康子《やすこ》であることを見抜き、経嗣に報告した。その時、重光は経嗣から義満に康子の准母冊立《さくりつ》を進言するよう根回ししていた。

経嗣は義満のもとに赴き、康子の准母冊立を進言した。その時の義満の様子は大変嬉しそうであったという。経嗣は日記に「私はひたすらゴマスリをしただけだ。悲しいことだ、悲しいことだ」と書きつけるのが精一杯の行動だった。康子は准母に冊立され、北山院の称号を与えられた。ここに義満は後小松の父に准ずる地位を公的にも手に入れたのである。

これについては今谷明氏の『室町の王権』によって義満の王権簒奪行動の重要な一階梯とされた（今谷：一九九〇）。しかし今谷氏の王権簒奪行動については様々な見解が出され、現在では多数の研究において義満の王権簒奪行動を否定する方向に向かっている。

義満の王権簒奪説

今谷氏による義満の王権簒奪構想が脚光を浴びたのは、折しも昭和から平成への代替わりにあたり、天皇制の必要性も含めて天皇についての活発な議論が戦わされていた時期と重なる。その議論に大きな一石を投じたのが今谷氏の説であった。

今谷氏の説は、義満は自分の妻を准母にし、自分の鍾愛《しょうあい》する足利義嗣《よしつぐ》を天皇にして天皇家を乗っ取り、自らは治天の君として幕府と朝廷を足利家で独占する、というものであった。義満はそのために日明貿易で「日本国王」となったとされ、外交史の面でも大きな影響を与えた。天皇の地位を簒奪し、義嗣天皇の上に君臨する義満の地位こそ「日本国王」である、という考え方である。これについては、今谷氏の見解をさらに展開した小島毅氏の研究がある（小島：二〇〇八）。

しかし近年では、様々な観点から義満の王権簒奪行動そのものへの懐疑が強くなっている。例えば桜井英治氏は、今谷氏が義満の母の先祖に順徳《じゅんとく》天皇がいたことを重視するのに対し、義満の母への扱いが極めて冷淡であったことを挙げ、その見方を否定している。また、皇統は天皇家という血統に由来しているのであって上皇の号に由来するものではない、という点から、義満が天皇家を乗っ取ろうとしたという考えを批判した（桜井：二〇〇九）。また小川剛生氏は、義満が太上天皇の尊号を要求していたことを踏まえ、准母冊立は義満の要求をそらすためであり、義満が太上天皇の尊号を欲した理由を日明関係の肩書きではないか、と想定した（小川：二〇一二）。石原比伊呂氏は当時の後光厳皇統の不安定さから、義満が後光厳皇統の保護者となろうとしたのではないか、としている（石原：二〇一八）。桃崎有一郎氏は天皇と太上天皇の関係から、義満がもう一人の天皇となり、「義嗣親王」を後小松の後継の天皇に押し込もうとしたとして、今谷説を再評価している。桃崎氏は、義満が先例にないことをやることに喜びを感じており、先例にない、というのは義満に対して有効な反論にならないことに着目している。さらに「義嗣親王」による親王将軍の実現を構想していたのではないか、とも指摘する（桃崎：二〇二〇）。

義満の政権構想については、義満が急死したこともあって実現せず、義満の構想の最終形がはっきりしないのは事実であり、その点に義満に関する議論の難しさがある。

北山行幸

応永十五年（一四〇八）二月、義満の子鶴若丸《つるわかまる》が童殿上《わらわてんじょう》を遂げた。童殿上とは元服前の童姿で内裏の清涼殿に昇殿することをいう。藤原忠実《ただざね》（保元の乱で敗死した藤原頼長の父）以来三百年ぶりの栄典であった。

鶴若丸はもともと梶井門跡（三千院）に入室して、将来的には比叡山延暦寺の天台座主《てんだいざす》に昇進し、足利家を囲む門跡寺院として足利家を支えていくはずであった。しかし義満のお眼鏡に叶い、急遽取り替えられた。

童殿上を遂げた六日後の三月四日、鶴若丸は従五位下に叙せられた。義満の嘉例に従ったのである。偶然にも同じ日に義満の子で将軍足利義持の同母の弟春寅《はるとら》が青蓮院門跡に入室するために得度《とくど》を受けた。法名を義円《ぎえん》という。この義円は、のちに歴史の表舞台に登場してくる。

三月八日、後小松が北山第に行幸した。後小松の北山行幸は義満と後小松の親密ぶりをこれでもか、とアピールする場となった。北山第に後小松を迎えた義満は、後小松の前で上皇の待遇を受け、後小松の准父としての地位をアピールしている。

この場で目を引いたのは義満が連れていた鶴若丸であった。彼は足利家と後光厳皇統の共通の楽器である笙の演奏に長けていたことを買われていた（吉田：二〇一七）。彼は後小松から「天盃」を受け、行幸中に正五位下左馬頭《さまのかみ》に任ぜられ、行幸終了日の翌日には従四位下左近衛中将《さこんえのちゅうじょう》に任ぜられた。

この行幸には伏見宮家から栄仁も出席し、三月十四日には琵琶を、十九日には笛を演奏し、行幸の場に花を添えた。もはや崇光皇統は後光厳皇統に仕え、花を添える存在でしかなくなっていた。義嗣の兄で時の将軍義持は京都の警備に回り、それゆえか、世間では「兄を押しのけ、足利家を継ぐのだろうか」と噂した、という（『椿葉記』）。

翌月には内裏で元服し、義嗣と名乗ることになった。その様式は親王と同じと言われていた。義嗣は後小松の猶子《ゆうし》となり、その呼称も「若宮」と呼ばれることとなった。元服後、義嗣は直ちに従三位参議《さんぎ》に任ぜられた。これについては義嗣の事実上の立親王と見る向きもあるが、一方で参議への任官は摂関家待遇を求めたもの（石原：二〇一五）、という見方もあり、慎重に検討する必要がある。

義満と鹿苑院太上天皇

義嗣元服の翌々日、義満は病の床に就いた。五月には重篤化し、六日に義満は死去した。義満が将来のことを明らかにしないまま死去したことで様々な憶測を呼ぶことになり、義嗣の運命も暗転する。『椿葉記』には義満の後継者は義嗣になると思われていたが、斯波義将の後押しで義持が決定した、とある。王権簒奪論の立場から今谷氏は、義嗣が皇位継承者として擬されていた、とする（今谷：一九九〇）。石原比伊呂氏は公家の役割を義嗣に担わせて義持の負担を軽減するためのものであった、とする（石原：二〇一五）。何れにせよ、義嗣には過酷な運命が待っていた。

義満の死去に伴い、朝廷では義満に太上天皇尊号宣下を行った。しかし幕府では尊号を辞退し、義満の太上天皇への夢は途絶えた。

義満の太上天皇号については、これまで様々に論じられてきた。今谷氏は朝廷よりも幕府に拒否反応が強かったことを論じ（今谷：一九九〇）、小川氏は尊号の辞退まで朝廷と幕府であらかじめ決まっていたとした（小川：二〇一二）。また『源氏物語』の光源氏に倣ったもの、という見方もあるが、小川氏は当時の尊号をめぐる議論を挙げてその見解を批判している（小川：二〇一二）

管領の斯波義重《よししげ》は長講堂領の中の伏見御領を伏見宮家に返却した。義満は崇光皇統の皇位継承の可能性を完全に断ち切るために伏見御領を接収した（桃崎：二〇二〇）が、もはや崇光皇統は安全と見なされたうえに斯波氏はもともと伏見宮家に同情的であった。そして、それまで伏見宮家のものであった萩原殿は直仁の出家した皇子に引き渡され、徳光院という寺になった。花園の子孫である萩原宮家の断絶が確定しているからこその措置だろう。

経済的に安定してきた伏見宮家では、応永十五年（一四〇八）に一宮の治仁王《はるひとおう》を元服させ、応永十八年（一四一一）には二宮の貞成王を元服させることができた。貞成王に至っては元服もできないまま、四十歳過ぎまで今出川家の菊亭で養育されてきたのである。

第三章❖後小松院政の展開

1 後小松院政

称光天皇への譲位

応永十九年（一四一二）八月二十九日、後小松《ごこまつ》天皇は儲君《ちょくん》の躬仁《みひと》親王に譲位し、院政を敷いた。しかしこれには反発も予期された。というのは、明徳の和約では両統迭立《りょうとうてつりつ》という条件が付いていたからである。

しかしそのことは、義満の後継者となった足利義持《よしもち》にとって知ったことではなかった。もちろん後小松を中心とする当時の朝廷にとっても、そのような約束事については知ったことではない。彼らがこれを反故にする必然性は非常に高い。それどころか、彼らからすれば後亀山《ごかめやま》法皇の経済援助すら必要ないと考えていたのかもしれない。そして後小松からすれば、自分の頭越しに義満と後亀山の間で定められた南北朝合体の条件など知ったことではなかった。義持も後小松も後小松皇子の擁立で動くのは目に見えていた。明徳の和約はあっさり反故にされたのである。

これについては義満自体が最初からその条件を守るつもりはなかった、という見解が圧倒的に強いが、私は義満に守る気がないわけではなかった、と考えている。後亀山への尊号問題にしても朝廷が反発し、義満が押し切っていることからも、義満は一定程度の配慮を後亀山に払っている。義満の方針に反発していた朝廷と義持がここでも義満の方針をひっくり返した、と考えた方が筋は通るのではないだろうか。

応永十七年（一四一〇）十一月二十七日、後亀山は突如嵯峨《さが》を出奔し、吉野に遷幸《せんこう》した。躬仁を皇位に擁立しようとする動きに反発したと言われるが、幕府がむしろそれを奇貨として躬仁擁立に動いたことを考えれば、この後亀山の行動は大覚寺統《だいかくじ》の皇位継承の可能性を極限まで小さくする行為であった。『看聞日記《かんもん》』には経済上の困窮に耐えかねた、と記されており、案外これが原因かもしれない。事実、八条院領と諸国の国衙領はほとんど機能しておらず、大覚寺統が困窮するのは目に見えていた。もしかしたら義満ならば後亀山への配慮で少しは出奔にも対応したかもしれないが、義持にも後小松にも後亀山への配慮をする義理はなかったし、むしろ奇貨と捉えていた可能性のほうが高い。

翌十八年十一月には躬仁の親王宣下が行われ、事実上の皇太子となる。持明院《じみょういん》統では崇光《すこう》の皇太子であった直仁《なおひと》親王を最後に立太子が行われておらず、こういう場合は厳密には皇太子とは言えない。

次期天皇のうち、皇太子になっていない場合は儲君と呼ばれる。後円融《ごえんゆう》と後小松も立太子の礼を経ずに儲君から直接登極している。この場合、親王宣下が事実上の皇太子になったことを意味する。躬仁の親王宣下は後亀山出奔のあとなので、後亀山の出奔によって実現した、と言うべきだろう。

しかし後亀山の出奔は諸国の南朝の蜂起にも繋がった。伊勢国司の北畠満雅《きたばたけみつまさ》が蜂起し、飛驒国でも姉小路尹綱《あねがこうじただつな》による飛驒の乱が勃発する。飛驒の乱は飛驒守護の京極《きょうごく》氏によって鎮圧されるが、伊勢は長引いた。結局これは後村上《ごむらかみ》天皇皇子の上野宮説成《こうずけのみやかねなり》親王の仲介で満雅は兵を収め、後亀山も広《ひろ》橋兼宣《はしかねのぶ》の仲介で応永二十三年（一四一六）に帰京することとなった。

称光天皇の即位式と大嘗会

称光《しょうこう》天皇の即位式は応永二十一年（一四一四）十二月十九日に行われたが、即位式に先行して称光は後小松の仙洞御所に方違《かたたがえ》行幸をした。この時、関白一条経嗣《つねつぐ》が不参だったのに乗じて内大臣の足利義持が天皇の裾に候する役目を務めた。義持としては、称光の擁護者は誰か、を明示する儀式だったのだろう。

義持は即位式の内弁（儀式の責任者）の人事に介入し、今出川公行《いまでがわきんゆき》に決まっていたものを九条満教《みつのり》に差し替え、大嘗会《だいじょうえ》に際しても悠紀節会《ゆきせちえ》では天皇の冠に挿す挿頭花《かざしのはな》を内弁ではなく義持が挿すように仕向けているが、主基節会《すきせちえ》ではそれを知らされていなかった内弁の久我通宣《こがみちのぶ》が挿そうとしたところ、義持が機嫌を損ねて、通宣の右大将と大納言の両官職を辞任に追い込み、失脚させてしまった。

このように、義持は自らが後小松と称光の庇護者であることを強烈にアピールしようとしていたが、その背景には義持の正室裏松栄子《うらまつひでこ》と後小松の典侍《てんじ》で称光の生母である日野西資子《ひのにしすけこ》が従姉妹であったことが大きいだろう。

後小松院政の出発

ともあれ後小松院政はスタートした。院庁《いんのちょう》のトップである院執事《いんのしつじ》はもちろん内大臣足利義持で、弟の義嗣《よしつぐ》も院司《いんのつかさ》に加えられ、裏松重光《しげみつ》が院執権《いんのしっけん》、義嗣以外には広橋兼宣や日野有光《ありみつ》らが院司であった。彼らはいずれも義持の家司、家礼であり、義持の関係者で院庁を支える形が作られたのである。

義満と後円融の関係とは異なり、義持と後小松の関係は、表面上は終始良好であったし、少なくとも後小松は義持を非常に頼りにしていたことは間違いない。また、義持も後小松をしっかり立て、公家に対しては後小松に忠節を尽くすよう求めていた。義満のように超越的な院あるいは太上《だいじょう》天皇待遇は求めていなかったし、義持の場合は義満のように事実上の院として振る舞う必要もない程度には、後小松院政は安定していた。

しかし義持には頭の痛い点があった。それは称光天皇の素行の問題である。称光天皇には病弱というイメージもあるが、同時に気性が激しく、刀や弓矢を愛好し、金の鞭《むち》を愛用して気に入らない周囲の人々を打擲するという側面も有していた。義持は自身が信頼を寄せる鹿苑院《ろくおんいん》の鄂隠慧奯《がくいんえかつ》に咨って称光の諱《いみな》の躬仁は「身に弓があるのがよろしくない」として「実仁《みひと》」と字だけを変更させている。また、禁裏小番制を強化して内裏の警護を強化しているが、これは天皇を守るというよりは天皇の行状を監視させるためのものであった。

この称光の気性については、応永二十三年（一四一六）七月一日の火事の時に周囲が避難を勧めるも、お気に入りの金の鞭を振るって消火を指示し、それに応じて義持・義嗣兄弟以下、諸大名も加わって命がけの消火活動を行い、鎮火させる、という勇ましいエピソード（『看聞日記』）も残されている。しかし、その激しい気性は一度暴走し始めると手が付けられなくなった。称光の気性の激しさは、のちに大きな災厄を天皇家にもたらすことになるのである。

後小松の仙洞御所造営

称光の奮戦で内裏は無事だったが、仙洞御所は消失してしまった。後小松は辛うじて醍醐寺三宝院門跡の満済《まんさい》のもとに避難したが、多くの記録類が消失してしまった。後小松が避難した場所については『満済准后日記』に「此坊」とあるが、これは醍醐《だいご》寺の三宝院《さんぼういん》ではなく、仙洞御所からもほど近い三宝院の里坊の法身院《ほっしんいん》のことだろう。というのも、満済は前日に京都へ出てきて当日は六条八幡宮に参っているからである。

さて、消失した仙洞御所について、義持は後円融の先例に則って勧修寺経興《かんじゅじつねおき》の小川亭《こかわてい》を仙洞御所に利用しようとした。それに対して後小松は「小川亭は思うところがあり、受け入れることはできない。しばらく三宝院のもとに滞在することにする」と異を唱えた。「内心では新造してもらえると思っていたのに、それが叶わずにお怒りなのだ」と義持に伝えられた。義持が「いずれ新造いたします。それまでの御在所が三宝院では不断護摩行が行われており、魚食に差し障りが出ます」と言うと、後小松も「新造するのであれば小川亭で問題はない」と返事をした。

以上は『看聞日記』の記述であるが、後小松が駄々をこねているように見える。石原比伊呂氏もそのような後小松を「甘え上手」と評している（石原：二〇一八）が、満済の視点から見ると少し違う側面も見えてくる。満済によれば、後小松が松木宗量《まつのきむねかず》を通じて言うには「早急に勧修寺亭に渡御しようと思っていたら、そこは荒廃がひどく、様式も上皇の御座所にふさわしくないので義持に修理を依頼したが行われていない。ここにいつまでもいて迷惑をかけるのは本意ではない」ということであった。

つまり、後小松と義持の間の意思疎通がうまくいっていなかったのだ。義持も後小松も仙洞御所を再建するところでは一致していた。そのための仮仙洞御所も小川亭で一致していた。問題はその修理をめぐるやり取りだったのだ。後小松と義持は満済の里坊で直接面会しており、一緒に飲み会もしているので、そこで解決したのだろう。

『看聞日記』によると、新造のための費用が集められたが、諸国の守護に一万疋（現在の貨幣価値に換算すると一千万円）ずつ拠出が求められている。年内には造営するように、という命令が下った。

仙洞御所は応永二十三年（一四一六）十一月十六日に上棟し、翌二十四年六月十九日には後小松の移徙《いし》があった。これは文永三年（一二六七）の富小路《とみのこうじ》内裏から五条内裏への後嵯峨《ごさが》上皇移徙の先例を踏襲している。

2 伏見宮家の代替わり

栄仁親王の死去

後小松院政のスタートの頃より、栄仁《なかひと》親王は高齢もあって健康を害することが多く、宮家の存続に向けて動かなければならないことがあった。それは現時点での伏見宮家の経済基盤である室町院領の無期限の安堵（保証）である。この安堵がなければいつでも没収される可能性が残ることになり、伏見宮家の経済基盤が不安定になる。

栄仁は、家領の安堵を後小松に願い続けていたが、安堵の院宣《いんぜん》はなかなか下されなかった。事態の打開のために、栄仁はついに伏見宮家に伝わる名笛の「柯亭《かてい》」を献上することを決意した。柯亭は天皇家に伝わる笛で、天皇家の正嫡《せいちゃく》から一宮家に没落した伏見宮家に伝わっていた。天皇家の家宝である柯亭を後小松上皇に献上する代わりに伏見宮家領を安堵してもらう、という策である。伏見宮家でも見解が割れたが、栄仁が決断して献上することに決定した。

効果はてきめんで、室町院領・播磨国衙領・伏見御領はつつがなく安堵された。

この出来事は、天皇家の嫡流に伝わる名笛が伏見宮家から後小松上皇のもとに動くことによってまた一つ、崇光皇統を形作る道具が消えていったことを示している。崇光皇統の残滓《ざんし》を消し去ることで、後光厳皇統に統一された皇統の下の一宮家として生きていくことを選択せざるを得なかったのである。柯亭が献上されることが決定した時、貞成王《さだふさおう》は声を上げて泣いた。しかしそれ以外に伏見宮家に生き残る道は残されていなかった。

伏見宮家存続のための経済基盤を築いた直後、栄仁は病んだ。室町院領と播磨国衙領、伏見御領の安堵の院宣を賜った二ヶ月後に栄仁は死去する。六十六歳であった。

栄仁のあとは一宮の治仁王《はるひとおう》が継承した。

治仁に関しては貞成の日記に享年「卅七」と記されていること、その時の貞成の年齢が四十六であることから、貞成よりも年少という意見もある。一方、「卅七」は「卌七」の誤記であるという意見もある（横井：二〇〇二）。ともあれ、治仁と貞成の関係はあまりうまくいっていなかったことは事実で、その点から見て松薗斉氏が指摘する治仁年少説は正しいかもしれない（松薗：二〇一七）。

治仁王の急死と貞成王の継承

応永二十四年（一四一七）、貞成はその日記『看聞日記』に治仁に関する話をいくつか書き留めている。所領の分割に関して貞成に秘して指示を出していること、父栄仁の死去後まもないのに博打をしばしば行っていることなどである。

二月十一日、治仁が急死した。貞成と二人きりになった瞬間「中風《ちゅうふう》」（血管系の病気）で倒れたのである。そして妊娠していた治仁の上﨟《じょうろう》が産んだのは女子。治仁はこれまで三人の王女を産ませていたが、王子には恵まれなかった。治仁最後の子が王女であった瞬間、貞成の伏見宮家継承が本格的に決まったのである。

しかし治仁死去の経緯が、当然の疑念を人々の間に引き起こした。貞成が治仁を暗殺したという噂が立ったのである。もともと治仁と不仲だったこと、治仁が倒れた時にただ一人そばにいたこと、治仁の死去によって一番利益を得た人、貞成には疑われる要素しかない、と言っていい。しかも貞成にとって放置できないのは、その噂の出所が反貞成派の伏見宮家の近臣らしいことである。

後小松はここぞとばかりに貞成に恩を売った。「この問題についてはよくよくお気をつけて」と懇ろな一言を出したうえに、周囲にとかくの噂をすることを禁じたのである。

上杉禅秀の乱と足利義嗣事件

応永二十四年（一四一七）という年は天皇家、伏見宮家、室町幕府にとって多難な年であった。前年の十月、関東では新たに鎌倉公方《くぼう》の地位に就いた足利持氏《もちうじ》と対立した上杉禅秀《ぜんしゅう》が、管領を解任されたことを恨んで持氏の叔父足利満隆《みつたか》らと挙兵する上杉禅秀の乱が勃発する。

当時の室町幕府の地方支配の体制を大雑把に説明すると、室町殿は京都を中心としたブロックを支配する。このブロックは概ね越後、駿河、信濃を東の端とし、北陸・東海・中国・四国を領域とする。関東は鎌倉殿を中心に関東地域を、東北には奥州探題と羽州探題を設置し、それぞれ斯波武衛《しばぶえい》家の分家である大崎《おおさき》斯波氏と最上《もがみ》斯波氏が世襲した。九州には一門の渋川《しぶかわ》氏を九州探題に任じ、それぞれ統治をさせていた。

しかし鎌倉府二代目の足利氏満《うじみつ》が康暦《こうりゃく》の政変で斯波義将《よしゆき》に担がれ、以降は折あらば室町殿の地位を簒奪しようと狙っていた。氏満の子満兼《みつかね》は応永の乱で大内義弘《おおうちよしひろ》と呼応するなど、代々ことごとく室町幕府に抵抗しようとしていた。

幕府は持氏に対してどう対応するかを協議したが、持氏が義持から一字を拝領していることを挙げて強硬に持氏支持を訴えたのが、義持の叔父にあたる足利満詮《みつあきら》だった。逆に言えば幕府内には持氏を見捨てる選択肢が存在したことを意味する。

この事件は、翌年には義持の命令によって駿河守護今川範政《のりまさ》、越後守護上杉房方《ふさかた》が持氏に加勢し、禅秀の乱は鎮圧されるが、その後、義持の弟義嗣が出奔する。義嗣は義持の近習富樫満成《とがしみつなり》の糾問を受け、細川満元《みつもと》以下の有力大名らの名前を仲間として挙げたが、逆に満成は満元らから義嗣与同の疑いをかけられ、義嗣も満成も殺害された。一時は親王にも擬された華やかな人生だったが、末路は哀れなものであった。

この一連の事件については伊藤喜良氏が詳しく論じているが（伊藤：一九九三）、かいつまんで言えば富樫氏を中心とする義持の近臣と細川氏などの大名の主導権をめぐる争いがあり、この決着の結果、義持のもとでは大名の合議制が定着した、とされる。

貞成王の苦闘

先にも述べた通り、後小松は応永二十四年（一四一七）六月十九日に新造なった東洞院《ひがしのとういん》仙洞御所に移徙したが、それに先立つ閏五月三日に伏見宮家に対して移徙に関する後深草院の日記を求めた。貞成はいくつか伏見宮家に残っていた日記類を書写して仙洞に送っている。

後小松の仙洞御所への引っ越しに際して、先例の記録を進上し、後小松の覚えめでたき貞成であったが、とんでもない騒ぎに巻き込まれることとなった。

応永二十五年（一四一八）七月のこと、称光天皇の女房の新内侍《しんないし》（五辻朝忠《いつつじともただ》娘）が懐妊したのである。

まだ男子が生まれず、後継者が渇望されていた後光厳皇統にとってはこのうえない慶事であったはずだが、天皇が「身に覚えがない」と言い出したのである。

後小松の調査では、新内侍は春頃に伏見の里におり、その際に懐妊したという。貞成もしくはその周辺の人物が妊娠させた、と後小松は室町殿足利義持に訴え出た。義持は伝奏（朝廷と幕府の連絡役の公家）の広橋兼宣を通じて貞成に事の次第を尋ねてきた。義持が兼宣に言ったことには、「新内侍が伏見にいる間、貞成が新内侍を呼んでたびたび酒盛りを開いていた、ということを聞いている。その間に懐妊しているのであるから貞成以外にあり得ない」（『兼宣公記《かねのぶこうき》』）いうことで、貞成にとっては絶体絶命のピンチになっていた。

しかし義持の調査で貞成の嫌疑は晴れ、それと前後して提出した貞成の起請文《きしょうもん》に、義持はすっかり恐縮して、貞成が自ら起請文を提出してきたことを後小松に「したたかに申し入れ」るよう兼宣に命じた。桜井英治氏は「義持もいい加減辟易したのであろう」「義持は後小松上皇という人間をまったく評価していなかったのだ」（桜井：二〇〇九）とする。

この話は結局、松木宗量による讒言《ざんげん》として始末がつけられた。しかも宗量は称光の生母光範門院《こうはんもんいん》との密通の疑いもかけられ、讒言と密通の罪で処罰されることとなった。

そしてこの年の八月、義持は後小松の面前で、伝奏の広橋兼宣《かねのぶ》に「仙洞（後小松）の現在の政治は調査を行わずに院宣を乱発しているのはよろしくない」と後小松の政道を批判し、「院宣の執筆を命じられた者は私（義持）に報告せよ。下々では仙洞に直言しづらいだろうから、おかしな院宣が出されたならば、私がそれを阻止する。問題なければもとより私は介入しない。これを伝奏たちに周知させよ」（『康富記《やすとみき》』）と命じている。これ以降、後小松の院宣は義持の強い管理下に置かれることとなった。

後小松と義持の関係については、義持が後小松の仙洞御所に頻繁に訪れていることから、良好な関係と表現されることが多い。しかし私は義持が後小松を全く信用していなかった、という桜井氏の見解に賛同したい。

この事件は、貞成からすれば、とんだとばっちりであったに違いない。しかし皮肉なことに、この事件を契機にそれまで疎遠であった貞成と義持の関係が深まっていくのである。それまで義持のことを悪し様に日記に書き記していたが、これ以降、義持に関して好意的な記述が目に付くようになる。また義持も、貞成がわざわざ起請文を提出したことの埋め合わせのように貞成に便宜を図るようになっていく。

この頃から称光の心身は急速に悪化していく。十月には下半身のない女の化け物を見て気を失うという事件があった。これ以降、後光厳皇統の未来にとって、義持の関心が後光厳皇統から伏見宮家に移ったことに加えて、称光の心身の状態の悪化という不安定要素が影を落としていくのである。

第二部 後花園天皇の登場

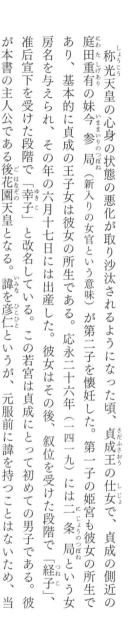

第四章❖後花園天皇の践祚まで

1　後光厳皇統の混迷

伏見若宮誕生

称光《しょうこう》天皇の心身の状態の悪化が取り沙汰されるようになった頃、貞成王《さだふさおう》の仕女《しじょ》で、貞成の側近の庭田重有《にわたしげあり》の妹今参局《いままいりのつぼね》（新入りの女官という意味）が第二子を懐妊した。第一子の姫宮も彼女の所生であり、基本的に貞成の王子女は彼女の所生である。応永二十六年（一四一九）には二条局《にじょうのつぼね》という女房名を与えられ、その年の六月十七日には出産した。彼女はその後、叙位を受けた段階で「経子《つねこ》」、准后宣下を受けた段階で「幸子《ゆきこ》」と改名している。この若宮は貞成にとって初めての男子である。彼が本書の主人公である後花園《ごはなぞの》天皇となる。諱《いみな》を彦仁《ひこひと》というが、元服前に諱を持つことはないため、当時は幼名であったはずで、公式には「伏見若宮」と呼ばれていた。しばしば「彦仁王」という表記が見られるが、本書では践祚《せんそ》までを「伏見若宮」とする。

後世の我々は、この十年後には後光厳《ごこうごん》皇統が断絶し、この若宮が皇位に登ることを知っているがゆえに、予定調和的にこの若宮の輝ける未来の可能性を過大に見積もりがちである。しかし称光の心身の状態が悪化していくとは言い条、称光はその死去の二年前にも皇女を産ませている。後光厳皇統が断絶する未来は誰も予測してはいなかった、と考えるべきである。

若宮は慣例に従い、傅役《もりやく》のもとで養育されることとなった。傅役になったのは二条局の兄庭田重有であった。もっとも、当時の伏見宮家は伏見御所が焼失したために大通寺《だいつうじ》の片隅に寄寓しており、その周りを近臣の屋敷が取り囲み、庭田邸も伏見御所の隣にあった。若宮の養育にあたったのは重有の側室賀々《がが》であった。彼女は伏見郷の地下《じげ》（貴族ではない人々）の出と考えられている。若宮の姉「あ五々」（のちの性恵女王）も彼女に養育されており、基本的に貞成の子はすべて賀々が養育している。のちに若宮が天皇になったため、賀々は天皇の乳母として「御乳人《おちのひと》」という称号を与えられ、公武から信頼を寄せられる存在になるが、そのような未来を彼女も周囲も想像すらできなかっただろう。

その年の暮れ、貞成に一つの出会いがあった。比叡山延暦寺《ひえいざんえんりゃくじ》の門跡の一つである青蓮院《しょうれんいん》門跡の義円准后《ぎえんじゅごう》（准后とは皇族待遇を受けている人のこと）が、青蓮院の庭の整備のために伏見御所の樹木を所望してきたのである。貞成は樹木を届けさせたところ、義円は大喜びで丁重に礼を言ってきた。その翌々日に義円は第百五十三代天台座主《てんだいざす》に昇進した。足利義嗣《よしつぐ》が梶井門跡から呼び戻されたその日に青蓮院門跡に入室した春寅《はるとら》は、今や仏教界の頂点に上り詰めたのである。運命のめぐり合わせは皮肉である。比叡山開闢《かいびゃく》以来の逸材と呼ばれる秀才であった義円は、室町殿足利義持《よしもち》の同母の弟である。その義円が十年後に伏見宮家にとって非常に重大な役割を果たすことになることも、貞成や義円を含めて誰一人予想していなかっただろう。

後継者を得た貞成は応永二十八年（一四二一）、石清水八幡宮に願文《がんもん》を奉った。その中で貞成は「無官無位」であることの憾《うら》みを述べ、「窮困の憂い」を訴えている。さらに自らを「正嫡《せいちゃく》」と述べ、「いとけなき緑子」の行く末のためにも自らの長寿を祈り、「父祖の怨念をやすめ」、宮家の永続を願っている。ここで注意せねばならないのは、貞成が自らの家系を天皇家の正嫡であるとしながらも、皇位を望んでいないことである。あくまでも「小児息災安泰」と「一流万代に相続」することを願っているのである。

翌二十九年（一四二二）正月、四歳になった若宮は貞成に連れられて石清水八幡宮に参詣した。これが最初で最後の彼の遠出であっただろう。その六年後、彼は伏見の里から二度と戻らない旅に出て行ったのである。

その年の八月、貞成の側近田向経良《たむけつねよし》に武家伝奏の広橋兼宣《ひろはしかねのぶ》が語ったところによると、足利義持が後《ご》小松《こまつ》上皇に若宮の年齢などをいろいろ尋ねた、とのことである。貞成は「何事なのかよくわからない」とすっとぼけているが、「禁裏の病状について世間ではいろいろ言われているので、このようなことになったのだろう」と書いている。

称光天皇はこの年の三月から体調を崩し、六月以降は重態となっており、いつ死去しても不思議ではなかった。そのような状態で伏見宮の若宮に関心を寄せたことは、あるいは義持は後光厳皇統の末来に見切りを付け始めていたのかもしれない。

称光天皇と小川宮

義持が後光厳皇統に見切りを付けたかもしれない、という想定が出てくるのは、この頃の後光厳皇統の行状が、義持にとっては看過できないものだったからである。

応永二十七年（一四二〇）九月二十日、一人の御所侍が六条河原で処刑された。この侍は後小松の覚えめでたく傍若無人の振る舞いをしていたが、女官と密通して懐妊させたことが露見して「夫婦」共に追い出された。たびたび赦免を願い出たが聞き入れられなかったので、後小松の仙洞御所に乗り込んで「お許しがなければ、この場で自害して果てる所存でございます」と申し立て、後小松の逆鱗に触れたため、仙洞御所の警備にあたっていた細川満久《みつひさ》の手勢に捕縛された。後小松は義持に処刑するよう要求した。それに対して義持は「朝廷の命令で処刑するのはいかがなものでしょうか。流罪に処すべきでしょう」と上申したが、後小松はひたすら「処刑せよ」と言うばかりであった。義持も止むを得ず処刑に決したが、「朝廷のやり方は非道だ」という世評が立ったと言う。

石原比伊呂氏は「天皇家権威の向上に心を砕く義持と、それに無頓着な後小松という構図」を指摘する（石原：二〇一八）が、そうであればこそ、義持にとっては後小松をはじめとする後光厳皇統の振る舞いは「天皇家権威の向上」の阻害要因ともなっている。義持が後光厳皇統に見切りを付け始めたのは、その点が原因かもしれない。

しかし義持がいかに後光厳皇統に見切りを付けたくとも、皇統の変更は重大事である。義持もふと関心を向けたものの、現実策としては称光天皇の弟小川宮《こかわのみや》に後光厳皇統の未来を託さなければならない。義持が伏見若宮に関心を寄せた直後、小川宮を儲君《ちょくん》に据えることが決定された。

しかし、この小川宮は後小松も持て余すほどの問題児であった。応永二十七年（一四二〇）正月三日、御薬《みくすり》の日、小川宮は妹宮の理永《りえい》女王を「蹂躙《じゅうりん》」した、という。「蹂躙」とは暴行を加えることであるが、そのきっかけが「淫事」である、というから穏やかではない。おそらくは性的暴行を同母の妹に加えたのだろう。母親の日野西資子《ひのにしすけこ》らが取り押さえたが、一同は情けなさに涙を流すしかなかったという。後小松の逆鱗に触れた小川宮は日野資教《すけのり》の屋敷に逃げ込んだ。小川宮は勧修寺経興《かんじゅじつねおき》の屋敷の小《こ》川亭《かわてい》に移され、それゆえに小川宮と呼ばれるようになった。

このような小川宮に後光厳皇統の未来を託さねばならない後小松の苦衷も察せられるが、天皇家権威の向上に心を砕く義持にとっては、小川宮の儲君擁立は非常に悩んだ末の決断だろう。

しかし、この後小松の決断が称光と後小松の父子関係をこじらせるのであるから、世の中はうまくいかない。

小川宮が儲君になって半年後の応永三十年（一四二三）二月十六日、伝奏《てんそう》を務めていた広橋兼宣のところに管領の畠山満家《はたけやまみついえ》から報告があった。内裏の四足門の警護を担当している番衆に対して、童《わらべ》か若い女房の姿をして武器を携行している者が侵入してくるので門内に入れてはいけない、しかし殴りつけたり刀で切りつけたりしてはいけない、という命令があったが困惑している、というのである。兼宣が後小松に問い合わせたところ、小川宮が武器を持って内裏か仙洞御所に突入するかもしれない、と養育先の勧修寺経興から通報があり、それへの警戒をしていた、ということであった（『兼宣公記』）。経興は小川宮から出入り禁止とされており、経興のコントロールはもはや及ばなかったようである。これも「女中事」と記されており、称光天皇の側近甘露寺忠長《かんろじただなが》との間に四辻季俊《よつつじすえとし》の妹をめぐるトラブルがあったようだ。おそらく小川宮のターゲットは忠長だったのだろう。しかしその企ては称光と後小松に阻止された。後小松は義持に小川宮へ諫言することを依頼している。小川宮と後小松の関係はもはや修復不可能で、小川宮に話をできるのが義持しかいなかったのだろう。

その十日後、小川宮が称光の愛玩していた羊を所望した。称光は弟の所望ならばと快く、かどうかはわからないが、ともあれ可愛がっていた羊を手放した。それを入手した小川宮は即座に撲殺したという。自らの企てを阻止されたことへの腹いせだろう。

応永三十一年（一四二四）五月、伊勢守護の世保持頼《よやすもちより》と後小松の女房の密通が発覚した。後小松は激怒して、仕える女房たちに起請文《きしょうもん》を提出させようとしたが、資子に関しては称光が取り成したために免除された。もう一人免除されたのが後小松と義持の両者と男女関係を有していた上臈局《じょうろうのつぼね》であった。資子の妹の廊御方《ろうのおんかた》は称光のとりなしにも関わらず免除されなかった。ちなみに、かつて資子と密通していた松木宗量《まつのきむねかず》は性懲りもなく今回も関わっており、逐電（逃亡）している。息子の宗継《むねつぐ》は閉門処分となった。世保持頼も伊勢守護を解任された。もはや後小松を中心とする後光厳皇統の権威は崩壊寸前であった。

応永三十二年（一四二五）二月、朝廷と幕府の両者に大きな事件が起きた。二月十六日に小川宮が急死したのである。病気らしい病気もしていなかっただけに毒殺の噂が流れた。預け先の勧修寺経興に疑いがかけられたが、完全な濡れ衣だろう。実際、大したこともなく経興の疑いは晴れている。

そして二月二十八日、長く病んでいた五代将軍足利義量《よしかず》が病死した。足利義嗣の怨霊と噂され、また斯波義淳《しばよしあつ》亭に「将軍」という銘の付いた兜《かぶと》が落ちてきたという噂、あるいは二羽の鳩が食い合って死んだ（鳩は将軍家の象徴である）という噂がまことしやかに流れた。

天皇家と将軍家、いずれも有力な後継者を失ってしまったのである。特に将軍家の後継者が完全に不在になったことは世間に大きな動揺を与えた。

貞成王への親王宣下と出家

応永三十二年（一四二五）四月、後円融院三十三回忌の法会が執り行われた。後小松宸筆《しんぴつ》の経典を読誦《どくじゅ》するという宸筆八講と呼ばれる仏事である。

この仏事は後小松が長講堂に特別の負担を課して費用を賄い、参列の公卿には捧物《ほうもち》として銀を強制したが、義持が捧物として銅を持ってきたため、ほかの人々も銅を持ってきた、というオチがついた。この義持の行為について醍醐寺三宝院満済《だいごじさんぼういんまんさい》は「人々は歓喜した。まったく善政である」と評した。そして「このような仏事は人々が困らないようにするのが決まりだ。それにもかかわらず仙洞が贈り物を強制するから人々が困っている」と後小松の横暴と義持の配慮を対照的に書き記している（『満済准后日記』）。

満済から見ればこの事業は馬鹿げたものであったかもしれないが、貞成にとってこの事業は自らの運命をかけた乾坤一擲《けんこんいってき》のチャンスであった。この写経の事業に後小松の助筆が宮家に要請され、伏見宮家でも阿弥陀経を担当することになった。その褒美として貞成は、自らが無品《むほん》（品位のないヒラ）の王ではのちの記録にも格好がつかないとして、親王宣下を望み、それが叶えられて後小松の猶子《ゆうし》となったうえで念願の親王宣下がなされることになった。

これで晴れて貞成親王となったのである。親王宣下がなされれば、品位《ほんい》（皇族に与えられる位階）が授けられ、中務卿などの名誉職に就任して家格を上昇させることも叶う。現時点での品位が授けられない諸王の扱いでは伏見宮家の将来も不安定だったが、少なくとも貞成の代で親王になれれば、しばらくは伏見宮家が続くことが期待できる。

六月二十八日の夜、称光が出奔未遂を起こした。女官が必死に押しとどめ、広橋兼宣が急遽北野天満宮に参籠中の足利義持を呼び出し、義持が称光の説得に乗り出した。参議《さんぎ》の中山定親《なかやまさだちか》によれば、その前日に琵琶法師を宮中に呼ぼうとして後小松に許可を求めたところ止められて、後小松の使者の万里小路時房《までのこうじときふさ》を怒鳴りつけ、興奮状態のまま逐電を企てたのである。

急遽駆けつけた義持は称光を説得して落ち着かせたのち、称光の言い分を後小松に取り次ぐなど、両者の和解に尽力した。その結果、何とか落ち着いたものの、その深層には称光の後小松に対する抜きがたい不信感があることがうかがわれた。称光の言い分は、院政の停止の要求と貞成が後小松の猶子となることへの恨みであった、という。つまりは、後小松が自分の後継者に貞成を据えようとしている、と勘違いしたのであった。貞成は後小松より五年年長の五十四歳で、実際の皇位継承は非現実的ではあったが、貞成を中継ぎとして貞成の皇子の伏見若宮に皇位を継承させる、という手段はないでもなかった。

義持と後小松は数度にわたって会談し、最終的な決断を下した。会談を受けて貞成のもとに書状が出されたが、そこには後小松からの要求が述べられていた。称光が貞成のことを疑っているので、その疑いを晴らす必要があること、そのためには貞成に出家して欲しいこと、皇位についてはふさわしい人、つまり伏見宮家の若宮がいるので、彼を将来的に後小松の猶子にして親王宣下を考えることである。

この結論を見る限りでは、後小松と義持は称光の皇子生誕を諦めているかのようである。それは称光のプライドをいたく傷つけるものであったろう。

貞成は七月五日、落飾《らくしょく》（髪の毛を剃って出家すること）した。法名は道欽《どうきん》。結局、品位を授けられることもなく、無品道欽入道親王となった。したがって、正式には道欽入道親王というべきであるが、このあとも本書では貞成親王の呼び方を用いる。

2　践祚への道

伏見若宮への期待

貞成が出家に追い込まれて二十日後、称光は便所で意識を失い、そのまま重態となった。もはや手の施しようもなく、医師も見放した。

鹿苑院主の厳中周噩《げんちゅうしゅうがく》の使者が伏見御所にやって来て「若宮のご年齢を内密に報告して欲しい」と伝えてきた。禅僧というルートを使っていることから、これが義持ルートであることは明白であるが、後小松自体すでに称光の死去を達観しており、あるいは後小松が義持に命じて伏見若宮の年齢を尋ねさせたのかもしれない。

七月二十九日、自らも死を覚悟した称光は、実母の日野西資子に光範門院《こうはんもんいん》の院号宣下を行った。これも後小松は反対したが、せめてもの親孝行を、という称光の思いを代弁した義持の説得に折れた。

八月一日、義持と後小松は称光死歿後の取り扱いについて協議を行った。中山定親が書き記すところによれば以下の通りである。本来ならば「崩御」前に次期天皇を定めるのが望ましいが、天皇がそのことで憤っているため、「崩御」直後に太上天皇の追号を決め、天皇崩御という形を取らないこと、伏見宮家の若宮を皇位継承者にすること（『薩戒記』）、である。

しかし称光は奇跡的に回復した。二日には快方に向かい、五日にはほぼ全快した。

そのような中、八月二十三日には貞成のもとに仰天するような知らせが届いた。称光の病気は「伏見殿」が呪詛《じゅそ》したからである、と禁裏に訴え出た者がいたのだ。称光は激怒し、義持に訴え出た。義持は訴え出た者の身柄を確保し、尋問したところ、「伏見殿ではなく大覚寺《だいかくじ》殿と申しました」と申告したため貞成の疑いは晴れた。

ほっとした貞成は若宮らを引き連れて栗拾いに出掛けたが、ここで大覚寺殿、つまり後亀山《ごかめやま》院の子孫の名前が出てきていることには注目を要する。後亀山院の孫の小倉宮《おぐらのみや》は皇位継承の権利を行使すべく、後花園の前に立ちふさがるのである。

この段階で称光以外に天皇家に繋がる人々を列記しておくと、以下のようになる。

まず持明院《じみょういん》統。後光厳皇統には称光とその庶兄にあたると言われる一休宗純《いっきゅうそうじゅん》。一休が皇位を継承することは考えられないので、称光に皇子が生まれなければ後光厳皇統は断絶する。崇光《すこう》皇統には若宮（のちの後花園天皇）と、この年の十二月に生まれたばかりの二宮（のちの貞常《さだつね》親王）。彼らは崇光院のあと栄仁《なかひと》・貞成と皇位から二代離れてしまっていることがネックである。

次に大覚寺統だが、こちらのほうが人材豊富である。まず亀山流が常磐井宮《ときわいのみや》。先代の満仁親王までは親王宣下を受けており、満仁親王が足利義満のお気に入りだったこともプラスだが、いかんせん、皇位から離れて相当経っているので自身も皇位への野望は持たなかっただろう。次に後二条《ごにじょう》流の木寺宮《きでらのみや》。ここは本来、大覚寺統の嫡流と目されていたが、南北朝合一以降はライバルの後醍醐《ごだいご》流に押され、大覚寺統での存在感を急速に失いつつあった。

大覚寺統後醍醐流でも幕府に協力的な護聖院宮《ごしょういんのみや》（後村上《ごむらかみ》流）の世明王《よあきらおう》は応永三十年（一四二三）、弟宮の円満院宮《えんまんいんのみや》と殺し合いを演じ、円満院宮を殺害したものの、自らも負傷するという事件を起こしている。あるいは皇位に野望があったのかもしれない。実際「大覚寺殿」の呪詛事件があった時、護聖院宮のもとに義持が捜査協力を要請してくるほど義持および後小松からの信頼は厚かった。玉川宮《たまがわのみや》（長慶《ちょうけい》流）も幕府に協力的であった。

一方、幕府に不満を募らせていたのが小倉宮（後亀山流）である。彼らは皇位を継承することを当然であると考えていた。両統迭立《りょうとうてつりつ》という明徳の和約の遵守を求める立場だったのである。しかも後亀山から一代しか離れていない。しかし、当時の幕府では明徳の和約はあくまでも足利義満と後亀山が締結したもので、義持や朝廷のあずかり知らぬところであった。もし朝廷なり幕府なりの姿勢が変化すれば、この系統はいち早く皇位継承の芽が出てくるのであり、それだけに義持や持明院統の警戒も強まるのである。

足利義持から足利義教へ

応永三十五年（一四二八）正月七日、義持は風呂場でお尻のおできを掻き破った。これが義持の運命を決した。掻き破りが悪化して数日のうちに危篤になるのだから、人の運命はわからない。

義持は後継者を指定していなかった。大名たち、具体的には当時の幕府の最高首脳陣である畠山満家、山名時熙《やまなときひろ》、細川持元《もちもと》、斯波義淳、畠山満慶《みつのり》は将軍家護持僧の醍醐寺三宝院満済に仲介を求めた。満済は義持のもとに行き、一対一で談判を行った。

義持は「ともかく皆で話し合って決定せよ」と丸投げするが、満済は「ご兄弟の中からお選びください。それも難しければ籤《くじ》を引いて決定するのはいかがでしょう」と提案した。義持は「籤で決定せよ。ただし私が生きている間は認めない。その理由は以前に男子出生の神託を石清水八幡宮で受けているので、それを信じてきたのだ。だから死後に籤を引け」と言った。

つまり義持は神託に背く決定をしたくなかったのだ。義持の神仏への信仰の傾倒は特に晩年に顕著になり、幕政にも差し支えるほどになっていた。その総仕上げが後継者決定の経緯と言えるだろう。

満済が籤を作り、山名時熙がそれを密封し、畠山満家が石清水八幡宮の門前で引くことにした。義持の意向と実際の運用を考え、生前に引いて、死去の直後に籤を開封することにしたのである。

以上の記述は満済の『満済准后日記』に依拠したものだが、万里小路時房の『建内記《けんないき》』では少し異なる。『建内記』では義持が「たとえ後継者を決めても皆が盛り立ててくれなくては意味がない。皆で話し合って決めよ」と言い、結局籤取りをすることを、重臣の話し合いで決定した、という。ここでは後継者を決めるのは合議である、という義持の意思が見える。義持自身、諸大名の合議で後継指名がなされたのであり、義持は自己の権力の源泉をよく承知していた、と言える。

どちらが正しいかということについては、平凡な結論だが、どちらも正しいのであろう。様々な理由がないまぜになって義持は自ら後継者を決定する決断を回避したのである。合議がまとまらなかったのは、意見が割れたのだろう。

正月十八日、義持は死去した。早速籤を開封したところ、「青蓮院殿」の名前が記されていた。青蓮院門跡義円は義持の同母弟で、天台座主や大僧正も務めた高僧である。頭脳明晰なことで知られていた。伏見宮家に庭木を所望したあの門跡である。さらに言えば、足利義嗣と入れ替わるように青蓮院門跡に入室した、あの春寅である。義円は還俗して義宣《よしのぶ》と名乗るが、一年後に義教《よしのり》と改名する。本書では義教で統一する。

この籤にはイカサマ説も存在する。その論拠として『建内記』では三回籤引きして三回とも義円である、というのは確率論的にはあり得ない、だから最初から義円と書いた籤を引いた出来レースである、という見解である。しかしイカサマ説は、義持と直接交渉し、籤引きにも深く携わった満済の『満済准后日記』よりも、伝聞情報をまとめた権大納言の万里小路時房の『建内記』に信を置く点で、やはり成り立たない、というのが多数説である。

そもそも大名たちが青蓮院義円を一致して推したいのであれば、義持の同母弟で、年齢も僧侶としての実績も抜群の義円で何ら問題はないはずである。すんなり義円にならなかったのは、義円に反対する人物が一定数存在したことを示唆する。桜井英治氏は、満済は同じ真言宗の大覚寺義昭《ぎしょう》を推していたと想定する（桜井：二〇〇九）が、従うべき見解と思う。

義持の死に際し、伝奏の万里小路時房は義持への准三后宣下を進言したが、後小松はそれを拒否した。二十二日に幕府から要請があってようやく太政大臣の贈官が行われたが、次いで義持の葬儀に参列した廷臣に対し、服忌の適用範囲を拡大させ、院参を停止し、籠居を命じた。

また、義持の死去を理由とした改元についても難色を示し、称光の代始改元（すでに在位十五年を超えていたが）という形で応永から正長への改元が実現した。

後小松は寺社の人事にも介入し、天王寺別当《べっとう》、石清水八幡宮検校《けんぎょう》、伊勢神宮祭主の人事も自らの意を貫こうとした。

こういう後小松の高姿勢から、幕府の弱体化を見越して朝廷の権力を取り戻そうとした、と解釈する見方（今谷：一九九〇）もあるが、吉田賢司氏が指摘するように、後小松上皇の「奔放」な振る舞いと、義持の「正論」による諫止への後小松の反発と見るべきだろう（吉田：二〇一七）。というのは、後小松が反発した相手は直接には幕府ではなく、関白の二条持基《もちもと》だったり、権大納言の万里小路時房だったりするからである。公武対立や朝廷と幕府の綱引きではなく、後小松のスタンドプレイであり、それは朝廷の支持も得られていないものであった。

義教サイドにも問題が起こっていた。義教は出家していたために髪の毛がない。これでは当時の成年男性に必須の着冠ができない。着冠ができなければ元服もできないので、将軍宣下ができないのである。着冠以前に将軍宣下を受けた例として、暗殺された鎌倉幕府三代将軍の源実朝《さねとも》がいる。先例がよくない、ということで一年後まで延期されることとなった。

将軍不在時に幕府の最高責任者となる管領の畠山満家は焦っていた。なるべく早く将軍権力を確立せねば、近くに迫っている皇位継承の問題、それに付随する後南朝の問題、足利義持の猶子となっていて、義持の後釜を狙っていた鎌倉公方《くぼう》足利持氏《もちうじ》の反発といった様々な問題に対処できない。満家は室町殿の意図を直接表示する「将軍家御判御教書《しょうぐんけごはんのみきょうじょ》」の発給を試みるが、儒学者の清原良賢《きよはらのよしかた》の反対を受けた。「将軍宣下以前に天下に号令できるのであれば、将軍ではない人間でも実力があれば天下に号令できることになる」というのである。もし朝廷からの将軍宣下が形式的なものでしかないのであれば、良賢の議論は無視してよいことになる。しかし満家や義教はそれをしなかった。良賢の意見に屈したのである。

良賢の議論に幕府が屈したのは、やはり鎌倉公方の存在が大きいだろう。持氏は将軍としてふさわしい権威を持っている。まだ将軍ではない義教が天下に号令することができるのであれば、持氏もまた天下に号令できるのである。持氏の存在は、その後の幕府と朝廷に大きな影響を及ぼすことになった。

称光天皇の死去と皇位の行方

七月五日、称光が発病したとの一報が中山定親のもとに入ってきた。六日には重態に陥ったようである。七日早朝、後亀山院の孫の小倉宮が行方をくらました。

十一日、管領の畠山満家が満済のもとを訪れ、義教の意向を満済に示した。①称光の病状如何によっては大喪の礼などの担当者をあらかじめ決めておくこと、②新帝については関白二条持基と相談すべきこと、③小倉宮の逐電先がわかり次第申し入れること、④いろいろなデマが乱れ飛んでいるが、根拠はないとは言い条、警戒しておくべきこと、である。

このうち称光の病気と新しい天皇のことは勧修寺経成《つねなり》（十一日に経興から改名）、広橋親光《ちかみつ》（のちに兼郷《かねさと》と改名）、万里小路時房の三人の伝奏を通じて関白に相談せよ、との意向が伝えられている。ご近所ということで時房一人に伝えることを満済は満家に伝えている。

どうやら朝廷側の窓口が関白二条持基、幕府側の窓口が満済、その間の仲介役が万里小路時房ら名家《めいけ》と呼ばれる中下級の貴族であったようだ。持基と満済は同じ二条家の出身ということもあり、互いの窓口として円滑に事が進んだのだろう。

十二日に満済は、義教から在京せよとの命を受け、時房・経成・親光の三人から持基の返事を受け取った。新帝については内々に定めておくことは望ましいので、まずは後小松に相談して、その結果を受けて改めて相談したいこと、称光の病状については万一のことがあれば禁中が触穢《じょくえ》（死の穢れに触れること）となるので、後二条《ごにじょう》天皇か四条《しじょう》天皇の先例に従うべきこと、の二点が示された。そして後二条天皇か四条天皇か、いずれの先例を採用するかは義教次第である、との回答が示された。

また、満済と義教の間では小倉宮と関東公方の連携が成立していること、小倉宮は伊勢国司北畠《きたばたけ》満雅《みつまさ》のもとにいるであろうこと、「京都大名」の中にも仲間がいるというデマが流れていることなどが確認されている。

その日の深夜、世尊寺《せそんじ》行豊《ゆきとよ》が満済の使者として伏見御所にやって来た。行豊は代々伏見宮家の側近であり、満済としても重要な枢機に関わることを余人には任せられないのだろう。

行豊は義教の意向として「若宮を明日京都にお連れください。まず若王子《にゃくおうじ》に入れ、警固しましょう。赤松満祐《あかまつみつすけ》に申し付けます。服などは勧修寺経成が担当します。お迎えには畠山満家が参ります」という内容を伝えてきた。

十三日の夕方、畠山満家の率いる軍勢五百人ほどが伏見御所にやって来た。言うまでもなく後南朝勢力による襲撃を警戒してのことである。しかも称光天皇がまた回復した場合も考え、とりあえず若王子に入れたのである。若王子のトップ忠意《ちゅうい》僧正《そうじょう》は聖護院《しょうごいん》道意《どうい》の弟子で、道意は持基の叔父にあたる。そして満済と懇意であった。このような伝手をとりあえず頼って若宮を隠しておいたのである。義教が直接介入するわけにもいかない。もし称光天皇が回復した場合は、あくまで私的に若宮が若王子に滞在しただけ、という形態をとらなければならない。

お供として田向経良、庭田重有、綾小路《あやのこうじ》長資《ながすけ》に重有の娘の按察殿《あぜちどの》、若宮の乳母で重有の側室賀々が付き従った。幼少期から慣れ親しんだ面々と一緒であれば、若宮の不安も少しは除かれただろうか。若王子では赤松満祐の軍勢が警固にあたった。満祐はその後、義教と若宮に大きく関わってくることになる。

十六日、小倉宮は伊勢国多気《たき》（三重県多気町）にいることが明らかになった。この日、義教は持基を通じて「新主」のことをどうするか、後小松に申し入れた。しかし後小松は「窮屈の折ふし」、つまり「しんどい」と言い張って会おうとしない。この「窮屈」をはじめとする身体の不調を理由にして会おうとしない場合、これを単純に信じてよいこともあるが、基本的には不満の表明であることが多い。特に次の天皇を決めなければならないような重大事において心身の不調を理由にするのは、よほど重病でもない限りあり得ない話であり、この場合も義教の持ってくるであろう内容が、後小松にとって愉快ならざるものである予感があったのだろう。

後小松は取次を通じての奏聞《そうもん》を許さず、書面による交渉を命じた。そして後小松の条件は「伏見宮家の若宮を猶子とする」ということであった。ここが後小松の譲れない一線だったのである。

後小松の勅書は持基から時房を通じて義教にもたらされた。そこで義教は経成を通じて後小松に返事を出した。

ここで経成を使ったのは義教の意地だろう。経成は当時「軽服《きょうぶく》（軽い服喪）」であった。したがって仙洞御所に参ることはできず、書状を通じてのやり取りしかできない。普通であるならば、わざわざ現地に行けない人物をメッセンジャーとして選ばないだろう。これは義教を今一つ信用できずに書状による交渉を選んだ後小松への義教のメッセージである。もちろん直接的なメッセージは非常に気を使ったものである。しかし両者の綱引きは激化していた。

義教から後小松へのメッセージは概ね以下の通りである。

「伏見若宮は十三日より若王子に用心のため、移し奉っています。このことは真っ先に申し入れるべきところ、新主のことをまだ仰せ出されない段階で無理やりに申し入れることについては、叡慮に配慮してしまいませんでした。しかし、すでにこの宮で決定されたということを仰せ下されたので、今申し上げる次第です」。

つまり、後小松の自発的な意思として伏見若宮を推したことを義教は書面で確認しているのである。後小松からは喜びの勅答が届いた。しかしその喜びの内容は、上手に伏見若宮の身柄を確保し、皇位継承を滞りなく済ませる準備を整えたことではない。内容を見てみよう。

「この伏見若宮のことについては、伏見宮つまり崇光皇統から新主を迎えるのか、と思って非常に恐れていたが、室町殿の言い分は仙洞の叡慮通りである、ということで安堵した」。

つまり、後小松は後光厳皇統から崇光皇統への交代を警戒していたのである。「仙洞の叡慮」とは伏見若宮を猶子として、つまり後光厳皇統として即位させることである。そこが一番のこだわりであって、そこが確保できるかどうか、が後小松の最大の関心事であった（以上『満済准后日記』）。

後小松との話がついた段階で、若宮を後小松の仙洞御所に送る必要がある。これも畠山満家・持国父子が担当した。数百人に物々しく警固された行列に多くの見物人が押しかけたという(『椿葉記《ちんようき》』)。十八日には伊勢国の小倉宮と北畠満雅を討伐するための準備が進められ、また新天皇の伝奏は万里小路時房が後小松からの指名で決定し、職事には甘露寺忠長が決定した。

十九日には伊勢国守護に、かつて後小松の女官と密通して伊勢国の守護を解任された世保持頼が任命された。持頼に代わって伊勢国守護となっていた管領畠山満家の軍勢を京都から離すわけにはいかないからである。満家には山城国守護と御料所の代官職を与えた。それだけ軍事的緊張が高まっていたのだろう。義教が最も頼りにする満家が京から離れることは、義教、ひいては今大変な朝廷が危機に瀕することになる。

二十日の早朝、称光が死去した。二十八歳であった。後小松は仏事奉行に広橋親光を任命しようとしたが、御祈奉行であることをもって親光が拒否し、義教から親光に「厳密に問答」があったため、親光も折れて仏事奉行に就任することとなった。

二十一日には関白二条持基が満済のもとにやって来て、代替わりのことについて話し合った。まず旧主の称号であるが、後小松の言い分は新たに作るべし、ということである。そこで儒者の五条為清《ごじょうためきよ》に仰せ付けたところ、称光院という案を出してきた、という。為清の出してきた案の中には西大路院というのもあったが、それは後小松の意に沿わなかったようだ。満済は「後何院ではだめなのか」ということを持基に言ったが「そのことです。後何院という追号がいいと思うのですが、新たに作れという仰せなので」ということであった。最終的に後小松が多くの中から称光院という称号を選んだのだろうが、称徳《しょうとく》天皇と光仁《こうにん》天皇を連想させる追号をあえて選んだ意図は何だったのだろうか。

この称号のことについて中山定親の解説を見てみよう。後小松は当初、諡《おくりな》にこだわったという。この時に崇徳《すとく》天皇の例が引き出された。後小松にとっては、あれほど伏見宮家に敵意を示した称光が怨霊となって祟ることが怖かったのだろうか。しかし一条兼良《いちじょうかねよし》が、諡は崇敬の意味があるのであって、子が親を崇敬するのは有りだが、親が子を崇敬して諡の宣下を出すことは例がないと反対した。結局、光厳の例に倣って儒者の勘申《かんじん》による追号を付けることに決まった、という。おそらく称徳天皇と光仁天皇から一字ずつ採った、というのは後づけの解釈であって、光厳の「光」にあやかったものなのだろう。後小松が称徳から光仁という皇統の変更を示唆するような追号を自ら求めるとは考えづらい（秦野：二〇一九④）。

もう一つ、持基と満済には懸案事項があった。践祚が二十八日に決定したことである。これは禁中で死去したために触穢となり、新天皇の御所を他所に造らなければならないためだろうが、四条天皇死去後の空位に次ぐ天皇の空位という事態が生じていた。四条の例は、鎌倉幕府と朝廷の交渉がこじれたために止むを得ない仕儀であったが、今度は空位にするわけにはいかないので、称光は死去以後も禁中にいる、という形をとっているという。

天皇が譲位せずに「崩御」するのは非常事態である、という考えに基づき、「崩御」後に譲位という形式をとって太上天皇の尊号を奉るというやり方がある。満済はその可能性についても持基に尋ねているが、持基は譲位するというやり方も、天皇の「崩御」とする場合もある、と回答している（以上『満済准后日記』)。この時、称光の譲位という形をとらなかった背景については中山定親が詳細に書いている。定親によれば、称光が憤っていたので、その遺志を尊重して譲位の形はとらないことにしたという(中山定親『薩戒記』)。

若宮は斯波義淳が警固する仙洞御所を出発し、畠山満家の警固のもと、仮の内裏となる三条公冬《きんふゆ》の屋敷に向かった。これは定親によれば「堅固密儀」であり、後光厳の践祚の先例に拠ったという。出立時は「半尻《はんじり》」という子どもの服であったが、践祚の儀を前に御引直衣《おひきのうし》に着替え、践祚の儀は無事終了した。後花園天皇の誕生である。

人事も決められたが、後花園に仕える典侍《てんじ》のうち、権大納言典侍は日野有光《ありみつ》の娘で称光の典侍からスライドしてきた。大納言典侍は広橋兼宣の娘で同じくスライドである。権大納言典侍とその父日野有光は、のちに後花園と不幸な関わり方をする。しかしその時は両者ともその未来を知らない。

二十九日、称光が泉涌寺《せんにゅうじ》に「御幸《ごこう》」(上皇などの外出)した。称光はこの日まで内裏に君臨していた。満済は二十一日の段階で、天皇の遺体を泉涌寺に送るのは行幸《ぎょうこう》(天皇の外出)なのかと尋ねている。二条持基の答えはもちろん行幸である、ただし何院と追号が付いているので御幸でもいいとしている。ここで交わされている会話に我々は違和感を持つかもしれない。しかし天皇が空位である以上、内裏に君臨し続けるのは称光の遺骸以外にはいないのである。この十日間について、桜井英治氏は「称光天皇がその短い生涯のなかでもっとも天皇らしく振る舞った日々であった」としている(桜井:二〇〇九)。称光が「もっとも天皇らしく振る舞った」日々も、この日の泉涌寺の葬礼で終了した。

いよいよ後花園天皇の登場である。しかし年齢はまだ十歳、後小松の猶子として、後小松院政のもとでの日々を送ることになる。そして、天皇としての仕事は王権代行者である摂政の二条持基が担当することになった。

小倉宮と北畠満雅

正長元年（一四二八）七月六日、嵯峨《さが》から出奔した小倉宮は伊勢国多気にいた。伊勢国司の北畠満雅を頼ったのである。満雅は南朝の重臣で『神皇正統記《じんのうしょうとうき》』を著した北畠親房《ちかふさ》の曾孫にあたる。南北朝合一後は伊勢国の南半分を支配し、伊勢国司と呼ばれていた。称光天皇の皇位継承に際して反乱を起こしているが、後村上天皇第六皇子の説成《かねなり》親王の仲介で和睦した。しかし後花園天皇の皇位継承に反発し、小倉宮を推戴して挙兵するに至る。

幕府サイドは鎌倉公方との通謀を疑っているが、実際に彼らが連携していたかは不明である。むしろ、この頃の幕府は敵対するものすべてに鎌倉公方との通謀の疑いをかけているので、実際には無関係であったように思われる。自分への批判勢力のバックに自分の敵視する大きな勢力を無理やりに見出す作戦は、今日に至るまで数多く見られる。

幕府軍の攻撃前の十二月には満雅が敗死し、弟の大河内顕雅《おかわちあきまさ》は赤松満祐の伝手を頼りに満雅の遺児による北畠家の継承を願い出て許された。満雅の遺児は、義教の一字を拝領して教具《のりとも》と名乗る。ここで赤松満祐が出てくるのは、赤松氏が村上源氏の末裔を称しており、幕府の有力者となって朝廷内の村上源氏の取次を務めていたことによる。北畠家は村上源氏中院《なかのいん》流の庶流である。

北畠家の存続と引き換えに小倉宮の身柄は幕府に引き渡されることとなり、結局小倉宮の子息は義教の猶子となって義教の一字を拝領して教尊《きょうそん》と名乗り、勧修寺《かじゅうじ》に入室して、門跡への道を歩み始める。子息の出家と引き換えに小倉宮には幕府からの援助が約束されていたが、それも滞り、結局小倉宮も相国寺《しょうこくじ》や南禅寺《なんぜんじ》の住持を歴任した臨済宗の高僧海門承朝《かいもんじょうちょう》（長慶天皇の皇子）を戒師として出家し、聖承《しょうじょう》と名乗った。

教尊もまた、後花園とは不幸な関わりを持つことになる。そして小倉宮の末裔と名乗る人物は、その最期まで後花園に関わることになる。

正長の土一揆

この年は天候不順により凶作であった。室町時代は世界的な小氷期に入っており、天候不順になることが多く、それへの対応で様々な農業技術の改良が図られていた時代である、とされている。

そのような中、将軍と天皇が相次いで代替わりとなったことを受けて、代替わりの徳政《とくせい》を求める一揆が近江国で起こった。いわゆる正長の土一揆《つちいっき》である。「徳政」とは、本来は徳のある政治のことで、もともとは民事裁判の充実であった。しかし、鎌倉時代末期に幕府御家人が土地を手放す事例が相次ぎ、御家人の土地移動を制限する法令が出現する。その法令は、しばしば御家人が債務の担保として手放した土地の返還を命じていたことから、債務破棄のことを徳政と呼ぶようになる。

正長元年（一四二八）九月、近江の馬借《ばしゃく》らが徳政、つまり債務破棄を求めて立ち上がった。この時、幕府は迅速に対処し、京都に乱入する前に鎮圧したかに見えた。しかしその動きは畿内各地に波及し、各所で幕府が認めたわけではない徳政が行われた。このように公権力のお墨付きを獲得していない徳政を「在地徳政」「私徳政」と呼ぶ。

大和国では守護権を保持していた興福寺《こうふくじ》が徳政令を出したために、事実上の公式な徳政令が出されたことになる。教科書にも掲載されている「正長元年ヨリサキ者カンへ四カンカウニヲヰメアルヘカラス（正長元年より先は神戸四箇郷に負い目あるべからず）」という「柳生の徳政碑文」は、この時の徳政を勝ち取った記念に作成されたものである。

第五章❖後小松院政下の後花園天皇

非常に緊迫した状況の中で無事に皇位を継承した後花園《ごはなぞの》天皇であるが、後小松《ごこまつ》上皇による院政が敷かれており、淡々と宮廷儀礼をこなす以外の活動は見られない。それゆえここでは、朝廷のトップ後小松上皇と幕府のトップ足利義教《よしのり》の関係を見ていく。大まかな見取り図を示しておくと、足利義教は伏見宮家に肩入れし、崇光《すこう》流皇統の再興を目指して貞成《さだふさ》親王との連携を強めていき、後光厳《ごこうごん》流皇統の維持を図る多くの廷臣や義教自身の側近とも対立するのである。

1　足利義教の朝廷政策

足利義教と後小松院

ごくごく大雑把に言えば、義教の政策は「義満に帰れ」と説明される。義教が兄義持《よしもち》を嫌っていたらしいことがその背景にあるとされ、その背景の一つには自らを指名せずに籤引きで決めたこと、応永二十一年（一四一四）の義円《ぎえん》時代に義持との関係悪化で一時逐電を余儀なくされたことなど、個人的な動機が指摘される。その一方で義持時代末期に頻発した義持の失政（赤松持貞《あかまつもちさだ》切腹事件など）に重臣たちが愛想を尽かしたうえに、後継者を残さずに死去した義持を凶例として位置づけたという側面が指摘される（桜井：二〇〇九）。

後小松と義教の関係は最初から波乱含みであった。義教の還俗《げんぞく》当初には後小松がいろいろ介入して混乱させた。称光《しょうこう》崩御後の後花園擁立では義教が後小松の意をうまく汲んで事を運んだが、正長元年（一四二八）十月十四日、後小松が出家の意向を示したことに義教は焦った。「まだ院参しておらず、龍顔を拝することもできておりません。平に延期してください」と申し入れ、ひとまず後小松の出家は回避された。

しかし、両者の関係が円滑を欠くものであったことはその直後の十月十六日の出来事からも明らかである。義教と満済《まんさい》の間で関東対策としての駿河守護今川範政《のりまさ》の帰国問題などが話し合われたあと、ある聞き捨てならない噂についての話し合いとなった。それは後小松が鎌倉公方足利持氏《もちうじ》に征夷大将軍宣下を行うという噂であった。この噂は四月以降に広まっていること、熱田大宮司の関係者がその流布に関わっていること、熱田大宮司の関係者に鎌倉公方に仕えている者がいることなどが話し合われている。

このような行き違いは、両者の間に信頼関係がしっかり築けていれば起こり得ないことである。義教サイドに後小松への不信感がなければ、そもそも持氏に征夷大将軍宣下を行うということが話題になりようがない。「信用するに足りない」と強がってはいるものの、気にしているからこそ、話し合いを持ち、その場で「信用できない」という結論を出しているのである。

石原比伊呂氏は、義教の役割として禁中の風紀維持という執事のような役割を担っていた、としている（石原：二〇一八）。その例として石原氏は、永享三年（一四三一）二月に起きた内裏の女官「あちゃ」の出産事件と、永享四年（一四三二）十月に仙洞御所において男女が一緒に生活するという風紀の乱れを是正している側面を挙げている。

これについて、石原氏は「義教の目的は天皇権威の維持向上にあったと考えられる」とするが、それに加えて義教と後小松の関係を如実に表しているとも言える。

永享二年（一四三〇）五月、仙洞御所の女官一条局《いちじょうのつぼね》が懐妊した。後小松は、犯人は正親町三条実《さね》雅《まさ》であると名指しして義教に訴えた。この一件も、石原氏が指摘するように義教が仙洞御所の風紀維持、ひいては天皇権威の維持向上に努めている事例であると言えよう。ただ問題は、実雅が義教の側室、のちに正室になる正親町三条尹子《ただこ》の兄であり、義教の側近であったことである。

義教は露骨に実雅をかばった。かつて仙洞御所の大弐局と密通していったんは解官されたものの、永享元年（一四二九）には復帰した洞院実熙《とういんさねひろ》の先例を盾にとって許されたいと申し入れた。後小松は許そうとしなかったので、実雅を罰するならば実熙も罰せられるべきである、今後院参もご遠慮することになるだろう、と義教が強硬に申し入れたので、後小松も止むを得ず実雅を許すことになった。

ただ収まらない後小松は、宸筆《しんぴつ》で「禁裏や仙洞御所で密通した者は遠流や所領没収に処す。これは室町殿と相談して定めるものである」という命令を出し、人々に誓約書を提出させた。この時、丁寧にも禁裏・仙洞のいずれにも出仕していない伏見宮家に仕える人々にまで誓約文の提出を求めたのは、かつての称光天皇の内侍《ないし》の一件を根に持っているのだろう。

この一件を念頭に置いたうえで、永享四年（一四三二）十月二十九日の「仙洞御所で男女が同室で寝泊まりするのはよろしくないので、男女別々の建物を造成して差し上げます」という義教の発言を見ると、単なる風紀維持という側面だけではなく、風紀維持と天皇権威の維持向上という形をとると同時に、後小松に対して当てつけているとも読める。

後小松の出家に関しても齟齬が目立った。永享三年（一四三一）三月、後小松は出家の意向を義教に伝えた。それについては「反対とも賛成とも言えない。前は固く止め申したが、今度は御心のままに」と歯切れの悪い形で容認している。

しかし、義教が後小松の出家に相当不快感を覚えたのは、後小松の側近に対する姿勢で明らかである。

後小松に殉じて出家したのは西園寺実永《さいおんじさねなが》・洞院満季《みつすえ》・土御門資家《つちみかどすけいえ》（柳原《やなぎはら》流土御門家）・吉田家房《いえふさ》・園《その》

基秀《もとひで》の五人で、彼らのうち西園寺・吉田・園の三人は勧修寺経成《かんじゅじつねなり》、洞院と土御門の二人は広橋親光《ひろはしちかみつ》を通じて義教に伺いを立てたところ、経成を通じた三人に対しては「すでに決まった以上は伺いを立てるに及ばない」と突き放し、「上意によって出家するのですから伺いを立てるのです」と弁解したところ、「今日中に出家しなければ処罰する」と息巻いた。親光を通じて伺いを立てた二人には「ともかくも」とだけ言ったようで、これも「まずい」と出家に追い込まれた、という。さらに義教は、再三止めてきたのに出家を強行したので、お供にも腹を立てている、ということを貞成親王は書き留めている。

これは石原氏の言うように、公家衆としては後小松への気持ちを表すためのパフォーマンスであり、義教に慰留されることで出家を取りやめるつもりだったのだが、義教が出家を止めなかったという事例だろう。この点について石原氏は、両者の「意思交換が十分ではなかった」が、義教は「後小松本人には否定的な態度を露骨にはぶつけることは」なく、「天皇家の権威を低下させない」という大前提の枠内をはみ出ることはなかった、とまとめている(石原：二〇一五)。公武統一政権における義教なりの処世術と言えるだろう。ただ義教の性格から考えれば、そのたまった鬱憤は後小松の関係者にとってはなはだよくない形で火を噴くだろうことは容易に想像できた。

足利義教と伏見宮家

当人同士のやり取りを通じてもあまり親しいとは言えない関係の後小松と義教の関係だが、後花園の実家の伏見宮家との関係はそれとは対照的に非常に良好であった。

この両者は以前にも見たように、青蓮院《しょうれんいん》門跡義円時代に、貞成と少しばかり関係があった。義円が伏見御所の庭木を所望し、貞成もそれを贈ることがあり、義円本人が伏見に猿楽《さるがく》見物に来た折には一献を届けさせている。

その後の運命のいたずらで、義円は将軍足利義教になり、貞成王は道欽《どうきん》入道親王となってさらに運命は転変し、天皇の父となった。

正長二年（一四二九）（九月五日に永享と改元）八月二十九日、後花園天皇は仮の内裏から本内裏へ遷幸した。そして即位式は十二月二十七日に執り行われた。貞成は我が子の晴れ姿を直接見ることは叶わず、伏見御所で伝え聞くのみであった。しかし天皇の実父になったことで経済的に余裕ができ、崇光院三十三回忌仏事には義教から一万疋（現在の貨幣価値に換算して一千万円）の援助金が贈られた。

翌永享二年（一四三〇）四月には義教から伏見宮へ美物（魚鳥類）が贈られた。

しかしすべてがうまくいくわけではない。この年の八月、貞成の側近田向経良《たむけつねよし》が予定されていた石清水八幡宮の上卿《しょうけい》（行事の責任者）を突然やめさせられ、それと同時に権中納言昇進も取り消された。

前月の義教の右大将拝賀に参加しなかったことを根に持たれたのである。その後も経良は陽のあたる伏見宮家でも義教によって圧迫され続け、最後は生活手段を奪われて出家を余儀なくされ、息子が入室していた仁和寺《にんなじ》に居候することになる。

九月、義教は御内書《ごないしょ》（室町殿が出す書状）についての書式を諮問した。基本的に親王と大臣は同じである、ということだったが、義教はさらに一条兼良《いちじょうかねよし》に諮問し、その結果を世尊寺行豊《せそんじゆきとよ》に清書させて貞成親王のもとに送らせた。そこでは准后《じゅごう》・親王・摂政関白・大臣と分けて記述されており、親王の項目には「伏見宮に関しては禁裏の御実父のため、一段上の礼式をとるべきである」とされていた。わざわざ貞成へ兼良の答申を送ってきたところに、義教が貞成を禁裏の「御実父」として位置づけたがっていることを示している。

この年、後花園天皇の大嘗会《だいじょうえ》に向けての御禊行幸《ごけいぎょうこう》の見物に、義教は貞成を誘った。牛車を提供する厚遇ぶりである。

二条油小路で、義教の差し向けた牛車に乗って天皇の行列を待ち受ける。日暮れすぎ、松明をかざした先陣に続いて右大将の義教、そしてその後ろに天皇の鳳輦《ほうれん》（天皇が乗るための輿。天子の象徴である鳳が付いているため、この名がある）が続く。貞成にも御簾《みす》ごしに我が子の顔は見えた。「いささか龍顔（天皇の顔）を拝した。かたじけないことである」と記す。二年前の夏の日、畠山満家《はたけやまみついえ》の軍勢に護られて旅立って以来の再会であった。

しかし、この親子の一瞬の対面がややこしい局面を作り出すことになる。

見物の日の朝、貞成は後小松に見物の報告を行った。ところが、貞成が京に出てからの報告だったことに後小松は不満を覚えたようで、返事がなかった。中世において返事がない、というのは不満の表明である。

案の定、翌日御禊行幸の祝意を後小松に述べたところ、「御禊行幸のこと、大変めでたいことです。あなたもお喜びのこととお察しします」とだけ返ってきた。義教が後小松の見物の手配を行わず、貞成だけが見物したことに後小松は不快感を覚えていた。

これについて石原氏は、称光の御禊行幸の際に義持が後小松の見物を手配したことと比較し、義教は義持が後小松にしたことと同じことを貞成に行った、としている（石原：二〇一八）。つまり義教は後花園の父親として貞成を遇したことになる。後小松が不快に思うのも宜なるかな、である。

翌日、貞成は初めて義教と対面した。会所（客間）に通された貞成は端っこに座っていると、そこに義教が現れ、奥の上座《かみざ》を勧める。貞成は上座に座り、義教に御禊行幸の祝意と見物のお礼、参上の喜びを伝えると、義教は返答せず、笑みを浮かべて会釈するのみであった、という。やがて貞成が立ち上がると義教は蹲踞《そんきょ》して（膝をついて）貞成を見送った。貴人を見送る時の例である。義教は貞成を明らかに単なる親王ではなく、天皇の父として位置づけようとしていた。

十一月二十一日、後花園の大嘗会が無事に終わり、貞成は「崇光院の時には行われなかったことを残念に思っていたが、今になって行われたのは当代の聖運、天の感応、神の加護のおかげである」と書いていたが、その後の参賀客が引きも切らず、広橋親光が言うには義教から伏見宮家にお祝いに駆けつけよとの指令が出ている、ということであった。これを見ても、義教が伏見宮家をどう位置づけようとしているのかがわかるだろう。

十二月二十日、義教が伏見御所にやって来た。事前に勧修寺経成、広橋兼郷《かねさと》（親光から改名）と打ち合わせが行われたが、その中で経成・兼郷から言われたのが、義教が帰る時の貞成の見送り方である。庭に降りず、義教を見下ろす形で見送るよう指示してきたのであった。

宴は大いに盛り上がったようである。義教を迎えるにあたって、貞成は威儀を整えるために方々から室礼《しつらい》を借用したが、その一つに広橋兼郷から借りた屏風があった。経成は泥酔してその屏風に嘔吐してしまったが、直ちに「広橋にかけてすすぎましょう」（橋にかけて川ですすぐという意味と嘔吐の罰ゲームとしての酒宴である当座会《とうざのえ》すすぎを計画しますという意味がかけられている）と言い、座は盛り上がった、と貞成は楽しそうに記している。

宴が終わり、義教が帰る段になって貞成は一つのミスをした。義教が帰るために沓脱《くつ》ぎに降り立った時に貞成も一緒に庭に降りてしまったのである。義教が立ち止まり、恐縮して深々と礼をしたのを見て貞成は己のミスに気づき、慌てて堂上に戻って見送った。貞成は「あらかじめ打ち合わせていたのにやってしまった。丁寧すぎた」と記している。義教と貞成の間の明確な上下関係を可視化させることで、貞成を盛り立てる義教、という図式を広めようとしたのだろう。

果たして翌日、義教から「昨日帰る時に庭に降りなさったが、それはよろしくないですから、今後はなさらないように」と注意があった。桜井英治氏が指摘するように、確かに足利義満ならば喜んだかもしれない（桜井：二〇一一）。しかし足利将軍家にとっては、天皇と並ぶ地位に立つことで権威を示そうとした時代は遠くに過ぎ去り、地に堕ちた天皇権威を再生させることで、自らの権威をも示す時代になっていたのである。加えて義教にとっては、その権威を示す対象が後光厳皇統ではなく、崇光皇統だったのである。

この一連の動きを見るに、義教が主導して貞成を上皇扱いしていこう、という動きを示していることがわかる。

義教の本気に貞成も応える。翌永享三（一四三一）年七月、後深草院《ごふかくさ》聖忌《せいき》に貞成親王は秘蔵の後深草院宸筆法華経を長講堂《ちょうこうどう》に奉納した。その時に願文《がんもん》を奉納したが、その願文について仙洞の耳に入れるな、と厳命している。

翌月、石清水八幡宮に貞成は馬と和歌を添えた願文を奉納した。その和歌の一首が「いにしへのためしあればと　祈るてふ　我が理を　神は知るらむ」である。「いにしへのためし」とは、天皇の父が太上天皇の尊号を奉られることの先例であることは想像に難くない。二首目は「君が代に　逢ふはうれしき　老いが身に　残る望みを　哀れとも知れ」である。我が子が天皇になった喜びと、自らの老いの身に残る望みを叶えて欲しい、という歌に込められた望みとは、太上天皇の尊号にほかならない。

貞成への太上天皇尊号は、後花園がいずれの皇統に属するかという問題を提起することになる。称光崩御後の皇位継承過程において、後花園を後小松の猶子にすることに後小松自身が強くこだわったのは、後花園を後光厳皇統と位置づけたかったからである。それに対して義教は、後花園を後光厳皇統ではなく崇光皇統に位置づける努力をしていたことになる。後小松が不快に思うのは当然である。それは「不快」というよりは、恐怖といったほうが正確かもしれない。

2 後光厳皇統か崇光皇統か

『椿葉記』の執筆

永享三年（一四三一）三月八日、後花園は貞成に伏見宮家累代の日記などを求め、借り出した。二十三日には『十二年合戦絵』（いわゆる前九年の役のこと）や『後三年合戦絵』を借り出し、それ以降、貞成から多くの書物を借り出して閲覧に励むことになる。

六月二十八日には『保元物語』『平治物語』『平家物語』『宇津保物語』を借り出している。その後も『栄花物語』を借り出すなど、伏見宮家から歴史にまつわる書物を借り出していることが『看聞日記《かんもん》』からわかる。この点についてはあとで述べる。

その頃、貞成親王はいわゆる「近代史」を執筆していた。崇光天皇以降、後花園天皇即位に至る歴史の流れである。

それは永享四年（一四三二）十月八日に完成した。『正統廃興記《しょうとうはいこうき》』と題されたその書物は、崇光院以来の崇光皇統の歴史を述べている。その理由について貞成は、はっきり「私には夢があるということを申し入れるためである」と言っている。貞成の夢とは、もちろん太上天皇の尊号である。

『正統廃興記』は勧修寺経成を通じて内裏に進上されるはずであったが、何しろ後小松に知られてしまうと非常にまずいため、結局進上されることはなかった。

これは、のちに『椿葉記《ちんようき》』と名前を変えて後小松の死去後、後花園のもとに送られている。『椿葉記』には、貞成の直筆の下書きが三種類伝わる。その中の最も古い下書きは、永享三年（一四三一）十一月からそれほど遠くない日に書かれたものと考えられている。それは、この下書きが不要な書状の裏に書かれているものの、そこで使われている最も日付の新しい文書が永享三年十一月十五日付けであることからもわかる。また、一番新しい下書きが永享六年（一四三四）三月十六日から同年八月二十七日の間に書かれている。それは、一番新しい下書きには後花園生母の庭田経子《つねこ》に従三位が加階された記事があるが、彼女が加階されたのが三月十六日であり、『椿葉記』が後花園の手元に届いたのが八月二十七日であることからわかる。この点をはじめ、『椿葉記』に関しては村田正志氏の詳細な研究がある（村田：一九五四）。

『椿葉記』では、崇光皇統の歴史、太上天皇の尊号の希望、後花園への訓戒、血縁や今後のことの希望、『椿葉記』執筆の由来が永享五年（一四三三）二月までに書かれ、後小松死去を受けて追記が書かれている。

初名の『正統廃興記』という名前は、崇光皇統の歴史において、崇光皇統の没落の過程とその対照としての後光厳皇統の反映、後花園の登極という形での崇光皇統の復活という流れを「正統」の崇光皇統の廃れと再興という形で現しており、後花園を崇光皇統に位置づけようとする題名である。

一方、最終的な書名に定められた『椿葉記』は『増鏡《ますかがみ》』における後嵯峨《ごさが》天皇の逸話から名前を採っている。後嵯峨が皇位を継承する遥か前の話である。後嵯峨は土御門《つちみかど》天皇の皇子である。承久の乱によって後鳥羽《ごとば》上皇の子孫は皇位継承から外されたために、出家しようか悩んでいた頃、石清水八幡宮に参詣し、そこで「椿葉の影二度あらたまる」(『増鏡』)という神託を受けた。そこで後嵯峨は出家せずに学問に励んでいたところ、四条《しじょう》天皇の突然の死去と鎌倉幕府の後押しがあって、図らずも皇位を継承した故事に拠っている。「椿葉の影二度あらたまる」というのは『和漢朗詠集《わかんろうえいしゅう》』所収の大江《おおえの》朝綱《あさつな》の漢詩より採られており、天子となって久しく栄えるだろう、という意味の句である。

これとても、一度皇統から外れたにもかかわらず、皇統に復帰した後嵯峨の事績を踏襲することを表明しており、『正統廃興記』という題名と変わらない意味、つまり、一度「正統」から離れながら「正統」に復帰することを意味しているのである。これの実現は、貞成にとっては後花園を後光厳皇統から取り返し、崇光皇統に位置づけることで実現するのである。そのために、後花園の父親として貞成を位置づける道具としての太上天皇号は必須であった。

後花園天皇元服

永享五年（一四三三）正月三日、後花園の元服の式が執り行われた。冠をかぶせる「加冠」が摂政二条《にじょう》持基《もちもと》、その前に髪を整える「理髪」が左大臣足利義教、これは後小松天皇の元服の時の嘉例に倣っている。後小松天皇は加冠が二条良基、理髪が足利義満であった。実は摂政は一条兼良だったのだが、この元服のために二条持基に交代させていた。また左大臣も兼良だったのだが、これも後小松の先例、というよりも足利義満の先例に合わせるために義教を左大臣に昇進させる必要があり、そのために辞任を余儀なくされた。兼良と義教の確執はこのあたりに原因があるのかもしれない。

後花園の元服による変化の一つは、この時、彦仁《ひこひと》という諱《いみな》が定められたことである。実際には幼名が存在していたはずだが、一般には践祚前は「若宮」、天皇になって以降は「主上《おかみ》」「御門《みかど》」と呼称される。現在、後花園の幼名は伝わっていない。

諱を使うのは、勅書における自署くらいであろうが、元服までの後花園は摂政を設置していたため、公的なことは行わない。したがって諱も必要なかったのである。

元服後は「復辟《ふくへき》」と言い、それまで摂政が保持していた天皇大権を天皇に返上する。そして改めて摂政に代わって関白が設置されるのである。二条持基が引き続き関白に任命された。

これ以降、除目《じもく》などの朝廷の行事や政務に後花園自身が参画することになる。とはいっても後小松による院政が敷かれているため、後花園が政治の表舞台に出てくるのはもう少し先になる。

後小松院死去

永享四年（一四三二）の末から体調が悪化していた後小松であったが、後花園が元服を済ませ、朝廷儀式を行うようになり、少しずつ自立していくようになるのと軌を一にするように後小松の健康状態は悪化していった。

自らの死期を悟った後小松は三ヶ条の遺詔を足利義教に残した。

後小松院の側近万里小路時房《までのこうじときふさ》は『建内記《けんないき》』で次のように記す。

（一）尊号のこと。もし今後、貞成親王に太上天皇号の尊号を与えることがあれば、当今（後花園）が貞成親王を継承するということになってしまい、後光厳皇統が断絶するだろう。以前からの約束は空文化する。尊号を与えてはならない。

（二）仙洞御所は伏見宮の御所にしてはならない。

（三）追号は後小松院とすること。

この勅書は一項目ごとに勅書とされていたようで、満済は二通を義教から見せられており、（一）と（三）の項目に触れている（『満済准后日記』）。

勅書を義教に託して永享五年（一四三三）十月二十日、後小松は死去した。五十七歳であった。その知らせはその日のうちに貞成親王のもとにも届いた。「後光厳以来御子孫四代にわたって皇統が変わらずにきたのは、後小松院の思いの通りであった。しかしあっという間に皇統が断絶してしまったのは思いもよらないことである。天下諒闇《りょうあん》については未定である」と『看聞日記』に記している。

諒闇とは天皇がその父母の喪に服すことであるが、貞成が「未定」と書いたのは、貞成が後小松を後花園の父親とは見なしていないからにほかならない。貞成だけではない。後小松を後花園の父親であることを否定する人物はほかにもいた。足利義教である。彼らの立場は、後花園は崇光皇統である貞成の子であり、したがって親ではない後小松の諒闇は不要であるという考え方である。この考え方は、後花園はあくまでも貞成の子であり、崇光皇統である、という立場である。この考えのもとでは後光厳皇統は断絶する。

一方、諒闇を推進すべきという人々もいた。三宝院《さんぼういん》満済を筆頭とする後光厳皇統を支持する人々である。彼らの立場は、後花園は後小松の猶子となった、つまり後光厳皇統を継いだのであり、崇光皇統の復活ではなく、後光厳皇統がそのまま続くという考えである。したがって諒闇は行われなければならない、という立場であった。

十月二十三日、義教は満済と諒闇について話し合いを持った。義教は満済に後小松の遺詔を示したうえで、あくまでも猶子であって実子ではない以上、諒闇とすることは後花園のためにはならない、と主張し、諒闇とすべきではない、と告げた。それに対して満済は、後花園は猶子であること、遺詔の重さなどを挙げて反対する。特に満済が主張したのは、後光厳皇統が幕府のために作られたという、後光厳皇統と幕府の特別な関係について述べ、それゆえに後光厳皇統を残すべきであること、さらには後光厳皇統を断絶させると後小松の執念が祟りとなる恐れがあることなどを述べ、とりあえず義教を牽制した。義教は関白二条持基と前摂政一条兼良に諒闇のことを諮問したうえで、貞成に「諒闇は未定」と伝えている。

翌二十四日、一条兼良の返事が届いた。兼良は、父帝でなくても、諒闇とする先例を述べたうえで、諒闇とすべきである、と述べていた。二条持基からは籤にするか、後花園自身の意向に任せるべきという意見が届いた。

結局、持基の意見が採用され、籤引きの結果、諒闇と決まった。つまり、後花園は後光厳皇統の継承者という立場が定まったのである。

後小松の葬儀に義教は欠席した。参加する予定であったが、風邪をひいてしまった、と言い訳しているが、にわかには信じられない。義満が後円融の葬儀に参加した先例を鑑みれば、義教が参加するのは当然であるが、義教は二条持基らに諮問し、後円融葬儀への義満の参加は「一段の懇志」によるものであり、必ずしも参加しなくてもよい、という回答を得ている。要するに後小松と「一段の懇志」の関係にはない義教は、「風邪」で欠席する程度の関係であった、という意思表示だろう（石原：二〇一八）。

第三部　後花園親政

第六章❖後花園天皇と足利義教

1 足利義教と皇統

後小松院遺領の配分

足利義教《よしのり》については、しばしばその専制君主ぶりが注目される。しかし幕府の重鎮であった畠山《はたけやま》満家《みついえ》、三宝院満済《さんぼういんまんさい》らには義教も頭が上がらなかった。永享五年（一四三三）に満家が死去し、永享七年（一四三五）に満済が死去すると、抑える者のなくなった義教の専制が本格化する。

義教は自分の意に沿わない人物に対し、ことさら執拗に報復しなければ気が済まない性格である。義教は自らが還俗《げんぞく》して足利家を継承した時に、後小松院《ごこまつ》にされた嫌がらせを決して忘れなかったのだろう。後小松死去直前に、後小松の信頼が厚かった万里小路時房《までのこうじときふさ》が南都伝奏《なんとてんそう》の座を追われ、失脚している。

後小松死去直後の永享五年十二月、義教は後小松の遺領の配分を行った。熱田社領は伏見宮家に返還され、天皇家領から外された。伏見宮家の経済的自立が重視されたのである。その一方で光範門院《こうはんもんいん》に伝領されていた水金役《みずきんやく》（水金は陶磁器の金色の塗料で、それを取り扱う専売権の保証のための税）と後小松皇女の理永《りえい》女王に伝領されていた出雲国横田荘（島根県奥出雲町）は天皇家領に編入されてしまった。後小松関係者というだけで所領の一部没収という憂き目に遭ったのである。

翌永享六年（一四三四）には光範門院に配分された昆布・干鮭公事《からさけくじ》（蝦夷地〈北海道〉産の鮭や昆布の専売権に伴う税による収益）が没収された。理由は義教が光範門院のことを「不快」に感じたからである。何らかの確執があった可能性も否定できないが、義教の場合、本当に顔つきが気に入らなかったというレベルで所領を失う、というリスクは存在した。光範門院の場合は、義教が骨の髄まで憎悪した後小松の典侍《てんじ》であったことがすべてのように思う。光範門院から年間を通じて五百貫（現在の貨幣価値に換算して五千万円）にのぼる巨額な収入が剝ぎ取られ、それは、当時一条家との訴訟に敗訴して所領を回復できず、困窮していた常磐井宮《ときわいのみや》家に敗訴の見返りとして与えられたが、敗訴に不満を申し立て続けて義教の機嫌を損ねて没収され、最終的には伏見宮家に進上された。この昆布・干鮭公事は伏見宮家の収入の三分の一を占める大きなものになった。この昆布・干鮭公事についてはあとで詳述する。

また同年三月のことであるが、後花園の実母の南御方《みなみのおんかた》は従三位に叙せられ、名前を経子《つねこ》と改めた。これは天皇の生母という名目であったが、実際には義教の正室になった正親町三条尹子《おおぎまちさんじょうただこ》の従二位へ

後花園天皇肖像（大應寺所蔵）

の叙位に付属する形で叙せられたものであった。義教からの強力な推薦があったのだろうと察せられる。ともあれ、後花園と崇光《すこう》皇統との関わりを意識させるものであった。
貞成《さだふさ》は、次は我が身と思っていたらしいことが『椿葉記《ちんようき》』からもうかがえる。しかし、貞成が希望する太上天皇号が奉られる気配は全くなかった。

後花園天皇と貞成親王

永享六年（一四三四）七月十三日付けで貞成が後花園に宛てた書状の案文《あんもん》（控え）が残されている。宮内庁に残された『後崇光院御文類』に収められた後花園宛ての書状は、後花園に熱く訓戒を残そうとしたものであった。

その書状で貞成は、後小松の影響がなくなったにもかかわらず、自分で何事も決められない後花園を叱責し、帝王としての責任と自覚を求めたのである。

と、言いたいところであるが、続く場所で貞成の本音が語られる。後小松の猶子《ゆうし》であったとは言っても、実の父母の言うことを大事にすべきこと、我々のことを他人のように思っているのではないか、ということ、後小松の存命中はともかく、今はしっかりと考えて欲しいこと、を述べている。

一言でいえば、「後小松院のことよりも自分のことを大事にして欲しい。具体的には太上天皇尊号を戴き、後花園自身が後光厳《ごこうごん》皇統ではなく崇光皇統であることを明示して欲しい」ということになろう。

では、なぜ後花園は貞成に太上天皇尊号を奉らなかったのだろう。義教が首を縦に振らなかったからだろうか。おそらくそうではあるまい。貞成がこれだけ熱心に後花園にアピールしているということは、太上天皇尊号を奉るか否かは、後花園に最終的な決定権があったと見なければならない。もちろん朝廷の総意を得る必要がある。

永享六年段階では後小松派の三宝院満済も健在である。そう簡単には後小松の遺詔をひっくり返せるとは思えないが、貞成が後花園に執拗に要求するのは、それが有効であると考えていたからである。後花園が太上天皇尊号を貞成に贈る行動を起こしていないのは、貞成の苛立った文面から読み取れるが、後花園が動かない大きな理由は、それは後花園自身が後小松派だったからだろう。貞成もそれがわかっているから「我々のことを他人のように思われている」と愚痴っているのである。そして実父母に対する情愛に訴えかけているのである。

現代の我々は、後花園と貞成は実の親子だから、この二人は心が通じ合っていて、後花園は貞成のために働くのではないか、と考えがちである。しかし現実はそのように単純なものではない。血縁関係よりも実際に受けた情愛が優先することもある。人間関係は血縁だけで説明がつくほど単純ではないのである。

後小松が死去した直後の後花園の貞成宛ての宸筆《しんぴつ》消息《しょうそく》が宮内庁の『後花園院御文類』に収められている。消息という形式上、非常にわかりにくいが、言葉を補いながら現代語訳して見ると次のようになるだろう。

まことに後小松院のこと、大方は心苦しくきいておりながら、どこかで覚悟もしておりましたが、ふとしたことで後小松院の崩御が不条理だという思いも、残された者の頼りない思いも、通り一遍のものではない私の心の中を推し量ってください。よく心得ておいてください。なおなお悲しい思いは言葉になりません（まことに仙洞の御事、大かたは御心くるしくきゝまいらせ候なから、さりともと覚え候つるに、ふとしたる御事にて、御あやなさも、たよりなさも、一かたならぬ心の中、御をしはかり候へく候よし、よく御心え候へく候、猶々あさましさ中々申はかりなく候、かしく）。

後小松を失った悲しみを訴えるのみならず、その悲しみをわかって欲しい、と貞成に要請しているのである。貞成は日記で後小松の死去に触れて、形ばかりの悼みの言葉を書き連ねたのちに「たちまちに御子孫断絶したのは思いもよらぬことであった」と書き記しており、皇統が付け替えられることの喜びを隠しきれない貞成の心中を後花園もわかっていたのだろう。だからこそ、貞成のはしゃぎぶりに釘を刺しているのだろう。

これは想像になるが、後花園は皇位継承者に決定した時に仙洞御所に参って後小松と対面をしている。それ以来直接顔を合わせることはなく、仙洞御所と禁裏は女官や近臣を通じて交流があったのであるが、後花園は後小松に非常に気に入られ、いろいろと可愛がってもらったのではないだろうか。そして実の父子以上に情愛が通い合ったのではないだろうか。後小松の実子の称光《しょうこう》も小川宮《こかわのみや》も問題行動が多く、後小松を悩ませた。そして実の子どもたちと親子の情愛を築くことも上手にできなかった。その思いを後花園に愛情を注ぎ込むことで埋め合わせようとしたのではないだろうか。

後小松は実際、周囲との軋轢が多かったとされており、義教との対立もあながち義教の性格だけが原因ではなく、むしろ後小松の性格により大きな原因があるのではないか、とも思われるが、後花園にとってはよき庇護者であり、尊敬すべき人生の先達であったのだろう。

後花園天皇と楽の道

後花園は崇光皇統に伝わる琵琶ではなく、後光厳皇統の楽器である笙《しょう》の習得に精を出すようになる。これも貞成を苛立たせるには十分のことであった。

『椿葉記《ちんようき》』には、後花園がいつまでも楽《がく》の稽古をしないことを「心もとなく」と批判し、「笙をなさるだろうという噂は耳にしていますが、後小松院の例もあります。しかし管楽器・弦楽器を両方ともなさるのが先例です。とにかく琵琶もなさるべきです。上古はともかく中古以来、後深草《ごふかくさ》院・伏見《ふしみ》院・後伏見《ごふしみ》院・光厳《こうごん》院・崇光院・栄仁《なかひと》親王などが特になさっていたので、琵琶をなさるべきです」と記されている。第二章で述べたように、琵琶は持明院《じみょういん》統の伝統であり、貞成自身も琵琶を熱心に稽古していた。

しかし、後光厳の時に足利家の伝統であった笙を天皇家も演奏するようになった。これは後光厳が光厳や崇光の伝統から切り離されて存在し、完全に足利家の庇護下に入ったことを象徴している。それ以降、後光厳皇統は笙を嗜んできたのである。したがって、後花園が笙を習うのか琵琶を習うのかは貞成ならずとも当時の朝廷にとって、後花園がどちらの皇統に属するのか、を決定する重大事であった。

後花園が当時の成人を過ぎていたにもかかわらずなかなか楽を学ぼうとしなかったのは、後花園の怠慢というよりは、朝廷内部でも琵琶か笙かでもめていたからではなかったか。結局、永享七年（一四三五）八月二十五日、後花園の笙始が行われることとなった。貞成親王に対して仙洞御所跡を献上する、という足利義教からの知らせがあった十九日後のことである。仙洞御所と引き換えに後花園の笙始を認めたのであろうか。

南朝断絶策

当時、「南方」と呼ばれた後南朝、いわゆる大覚寺《だいかくじ》統後醍醐《ごだいご》皇統であるが、大きく分けると、後亀《ごかめ》山《やま》天皇の子孫の小倉宮《おぐらのみや》家、長慶《ちょうけい》天皇子孫の玉川宮《たまがわのみや》家、後亀山・長慶の弟である惟成《これなり》親王の子孫である護聖院宮《ごしょういんのみや》家となる。このうち、小倉宮家は後亀山のたび重なる出奔、皇孫の小倉宮の二回にわたる挙兵で勢力を失墜させ、永享年間に小倉宮はその皇子を足利義教の猶子として一字を拝領し、教尊《きょうそん》と名乗って勧修寺《かじゅうじ》に入室しており、小倉宮自身も長慶皇子で南禅寺《なんぜんじ》百三十三世、相国寺《しょうこくじ》三十世の高僧である海門承朝《かいもんじょうちょう》を戒師として聖承《しょうじょう》と名乗って出家を余儀なくされていたことは前章で述べたが、のちに宮家に伝わる記録類を後花園に献上し、断絶することを受け入れている。玉川宮家と護聖院宮家は小倉宮家とは異なり、室町幕府体制の中で順応しており、世襲宮家としての地位を確立していた。したがって、この二つの宮家については足利義満・義持《よしもち》の代を通じてその存続は安泰であった。

この二つの宮家が安泰であったのは、皇位に対する野望がなかったからである。逆に言えば、足利義満や義持、彼らが支えている後光厳皇統にとって危険だったのは彼らではなく、皇位に執念を燃やし続ける崇光皇統の伏見宮家であったはずである。足利義教に変わっても、後光厳皇統の後小松とその後継者が健在であれば、玉川宮家と護聖院宮家は安泰であっただろう。しかし足利義教のもと、後花園を崇光皇統に位置づけ、後光厳皇統の断絶を企図すると、後光厳皇統のもとで存続を許されてきた後醍醐皇統の運命は暗転する。

永享五年（一四三三）七月四日、後小松死去の二ヶ月前のことである。護聖院宮家の当主世明《よあきら》王《おう》が死去し、幼い皇子二人が残されたのであるが、その二人に対して賜姓《しせい》による皇籍離脱を義教は打診している。護聖院宮家の血筋を断絶させるのではなく皇籍離脱で家自体の存続を認める、というソフトランディングを狙ったのだろうが、護聖院宮家に仕える阿野実治《あのさねはる》が義教に、護聖院宮家は小倉宮家と異なり、幕府に協力してきたことを主張して抵抗し、この話はいったん沙汰止みになった（『看聞日記』）。

しかし後小松死去後の永享六年（一四三四）八月二十日、護聖院宮家の若い二人の皇子を出家させ、宮家を取り潰す決定がなされた（『看聞日記』）。宮家に仕えていた殿上人《てんじょうびと》は後花園天皇に仕えることとして、そのことを広橋兼郷《ひろはしかねさと》が後花園天皇のもとに申し入れることとなった。義教は「南朝の御一流は今となっては断絶させるべきである（凡そ南方御一流、今においては断絶せらるべし、と云々）」としたということである。皇子二人は海門承朝と鹿苑院主の宝山乾珍《ほうざんけんちん》（足利直冬《ただふゆ》の子）の弟子となることになった。

玉川宮家については不明だが、『蔭涼軒日録《いんりょうけんにちろく》』の文明十九年（一四八七）七月二十四日条には、玉《ぎょく》潤軒《じゅんけん》と西芳寺《さいほうじ》からの蔭涼軒宛ての書状に玉川宮の子孫の梵仲《ぼんちゅう》と梵勝《ぼんしょう》について「普広院殿様（足利義教）の御猶子として四歳（梵勝は五歳）の御時に喝食《かっしき》に成し申された」と記載があり、これらも義教の南朝断絶策と関係があるだろう。

義教の南朝断絶策だが、しばしば反幕勢力が南朝皇胤《こういん》を担ぎ上げることへの危惧が指摘される。しかしその議論はあまりにも単純化しすぎである。小倉宮に関してはその危惧が大きいことと、現実に反幕運動に加担した過去を問われて断絶策がすでにとられている。問題は、これまで長きにわたって幕府および北朝と融和してきた護聖院宮と玉川宮両家に対する扱いだろう。なぜ永享六年という時期に断絶策がとられたのか、ということが問題である。考えられるのは、後ろ盾を失ったという事情である。具体的に言えば、後小松の死去で彼らは後ろ盾を失った、と考えられよう（秦野：二〇一九②）。後小松の事績を躍起になって否定する義教からすれば、後小松の関係者はことごとく処分の対象であった。後小松の典侍で称光天皇の生母の光範門院すら所領を没収されているのである。

何回か述べてきたことであるが、後光厳皇統にとって一番の脅威は、自らに血統的に近く、しかも皇位継承への執念を持ち続ける崇光皇統であり、崇光皇統に比べれば、小倉宮を除く南朝皇統は全く脅威ではない。常盤井宮家や木寺宮《きでらのみや》家などの大覚寺統の宮家と変わらない存在であっただろう。常盤井宮家や木寺宮家は最終的に後花園の庇護下に入るが、後小松も護聖院宮家や玉川宮家を庇護下に置いていた可能性はある。後小松の死去が大きなターニングポイントであったことを考えれば、護聖院宮家は後小松の庇護下にあったのだろう。

貞成親王の京都移住

第五章で述べたように、後小松は死去時に三つの遺詔を遺していた。
(一) 尊号のこと。もし今後、貞成親王に太上天皇の尊号を与えることがあれば、当今（後花園）が貞成親王を継承するということになってしまい、後光厳皇統が断絶するだろう。以前からの約束は空文化する。尊号を与えてはならない。
(二) 仙洞御所は伏見宮の御所にしてはならない。
(三) 追号は後小松院とすること。
以上の三ヶ条を後小松は義教に託していた。義教ならば遵守してくれそう、という期待ではあるまい。後小松が義教の恨みを買っていることをどれだけ意識していたかは知る由もないが、さすがに自らが恨みを買っているとは思いもしないほど天衣無縫ではあるまい。後小松は、義教がやりかねないと思ったことを阻止すべく、遺詔を義教に向けて釘を刺すために遺したのではなかったか。しかし、もしそうだとしたら後小松は甘かったとしか言いようがない。もし後小松が義教にもっと善意で接していたとしたら、それこそ救いようがないだろう。

第五章で見たごとく、義教は諒闇《りょうあん》を通じて後花園を後小松の後継者ではない、と位置づけようとしていた。もしここで義教の言い分が通っていたら、そのまま太上天皇尊号にまで至っていたであろうことは想像に難くない。義教の最も信頼する満済までが反対に回ったため、この動きは頓挫したが、満済の歿後に義教は後小松の遺詔を踏みにじる行為に出た。

永享七年（一四三五）八月六日、貞成のもとに足利義教が正親町三条実雅《おおぎまちさんじょうさねまさ》を遣わしてきた。実雅が伝えた義教の言い分は、京都御所を建てて進上したいが、在京することによって伏見に伺候している人々が難儀するかもしれないので、このまま伏見にいらっしゃるのがよろしいか、お考えを聞かせていただきたい、というものであった。しかも仙洞御所を取り壊して土御門東洞院《ひがしのとういん》内裏の近所に建てたい、ということも合わせて示された。義教の言い分では、義教のもとに出入りしていた東御方《ひがしのおんかた》（栄仁親王の妻の一人で、伏見宮家に使える女房衆の最長老）が、伏見御所の狭小荒廃ぶりと、貞成が京住まいを願っている、という話を義教の耳に入れていた、ということである。

しかし、これは貞成にとって寝耳に水であったようだ。というのは、貞成がその話を聞いた時に「東御方は耄碌《もうろく》してあらぬことを言っていたのではないか」と疑っているからである。さらに庭田重有《にわたしげあり》の側室で後花園の乳母の御乳人《おちのひと》賀々《がが》も義教から同じことを尋ねられているので、義教が東御方の言い分に乗って仙洞御所を取り壊すことに決めたのは間違いないようだ。仙洞御所の会所は鷹司《たかつかさ》房平《ふさひら》へ、持仏堂と今御所は泉涌寺《せんにゅうじ》へ、寝殿、対屋、台所などは貞成に引き渡されることになった。

さらに翌八年（一四三六）には仙洞御所跡の敷地も貞成に進上された。義教は完全に後小松の遺詔をひっくり返したのである。仙洞御所の跡地には伏見宮家に仕える人々が移住してきた。仙洞御所は完全に伏見宮家のものになり、貞成は「仙洞」に準ずる扱いを受けるようになったのである。それは後光厳院流の断絶に大きく近づくものであった。

ここに後光厳院流の断絶と、後花園の崇光院流皇統への付け替えは完成したのだろうか。実は単純にそう言える問題でもない。相変わらず貞成への太上天皇尊号は実現していないし、天皇家の系譜もあくまで後花園を後小松院の後継者として位置づけている。義教と貞成の努力にもかかわらず、後花園の皇統上の位置づけは不安定なままであった。

後花園天皇は鮭がお嫌い？

永享八年（一四三六）、正親町三条《おおぎまちさんじょう》実雅《さねまさ》が貞成のもとに義教の御内書《ごないしょ》を持ってやって来た。その内容は「昆布・干鮭公事を知行しなさい」というものであった。

昆布も干鮭（塩を使わずに干した鮭）も蝦夷地（北海道）の産品である。蝦夷地（アイヌモシリ）で獲れた鮭は干鮭として日本に移出された。昆布も蝦夷地からの主要な産品であった。『庭訓往来《ていきんおうらい》』には「夷鮭《えぞさけ》」「宇賀昆布」が並べて記載されており、また「越後塩引《しおびき》」(塩で処理したのちに干した鮭)とは区別されている。つまり塩分を使わない干鮭は蝦夷地の「夷鮭」のことであった、と思われる(瀬川：二〇〇五)。

これらの産品は日本海の海運によって運ばれてきて、京都で消費された。京都でそれらを売りさばく「市」に関係する商人を保護するために取り立てる税が「公事」であり、「昆布・干鮭公事」とは昆布と干鮭を売る商人から納められる税収である。ちなみに貞成が手にすることになった昆布・干鮭公事は年間五百貫文、現在の貨幣価値に換算すると五千万円となる。これは伏見宮家の収入の三分の一を占める額である。つまり伏見宮家は、義教から莫大なプレゼントを贈られたのである。

貞成はその鮭を義教や尹子、後花園などに献上しているが、興味深いのは、後花園のところに贈られる品物が、当初は鮭三十、昆布二十だったのが、翌年以降昆布五十に変更されていることである。「鮭はお食事には上げなかった」とあるので、後花園の口には鮭は合わなかったのだろう。

それはともかく、なぜ貞成のところにいきなり昆布・干鮭公事が来たのだろうか。

貞成のところに回ってくるまでは、昆布・干鮭公事を持っていたのは常盤井宮直明王《なおあきらおう》であった。亀山皇子恒明《つねあきら》親王の子孫である。直明王は義満に側女を献上して親王宣下を勝ち取った満仁《みつひと》親王の子で、義教になぜか気に入られ、王子を義教と尹子の猶子としていた。もっとも、その子は幼い時に死去するが、その後も義教から配慮されていた。

その頃、直明は一条兼良《いちじょうかねよし》との越前国足羽荘《あすわ》（福井市）をめぐる裁判に敗訴していた。判決を下したのは義教だが、義教は直明を気の毒に思ったのか、光範門院の持っていた昆布・干鮭公事を取り上げて直明に引き渡してしまったのである。

この処置が後小松関係者に対する執拗かつ陰湿な嫌がらせであることは当然であるが、直明が後小松・義持執政下において親王宣下を受けられなかったことで、かえって義教に気に入られたのかもしれない。義教の性格ならばありそうな話ではある。

しかし直明には、義教のその親切が届かなかったらしい。あくまでも足羽荘にこだわって異議申立てをしていたところ、義教の機嫌を損ねて逆に昆布・干鮭公事を取り上げられ、籠居を余儀なくされた。

光範門院以前についてはわからないが、一つはっきりしているのは、それが持明院統に伝来した所領ではない、ということである。鎌倉時代末に北条得宗《とくそう》家の御用船が越前国三国湊《みくに》（福井県坂井市）で抑留され、積荷を差し押さえられたことがあるが、その積荷の主なものが鮭であった。当時の得宗領の状況を見ると、その船は若狭国小浜《おばま》（福井県小浜市）を目指していたようで、鮭の公事も得宗家が持っていたものと思われる。その権利は、得宗家滅亡後は足利将軍家に伝わっていた可能性が高い。

その鮭の公事に関係がある、と思われる事件が称光の生前にあった。『建内記《けんないき》』によれば、その事件は正長元年（一四二九）六月、称光天皇が広橋兼宣《ひろはしかねのぶ》の所領である近江国羽田荘《はねだ》（滋賀県東近江市）を取り上げて光範門院に引き渡したことに始まる。称光と後小松には意に沿わない公家を容赦なく処分する面があり、兼宣もその被害に遭ったのである。義持もその処置を追認したため、羽田荘は兼宣から光範門院の所領となった。称光がそこまで怒ったのは、兼宣が称光の許可なく婚姻関係を結ぼうとしたことにあり、義持としてもかばいきれなかったのだろう。

称光の処置を是認してきた義持が死去した以上、義教は彼らの裁定をひっくり返し、兼宣に土地を返還することとなった。その時に光範門院には替地を義教から献上することになったが、その替地というか、代わりになったのが昆布・干鮭公事だったのではないか（秦野：二〇一九③）。

ちなみに、この関連史料は『青森県史』資料編中世4に収載されているが、解説に看過できない誤りが載せられている。『青森県史』は今後の北方中世史研究の基礎となる重要な業績なので、この機会に正しておきたい。

『青森県史』資料編中世4の八三三頁に『看聞日記』の「昆布・干鮭公事」の解説が載せられている。そこに「越前国足羽荘の公事として「干鮭公事」「昆布公事」が記されていることから採録した」とあるが、これは史料の完全な誤読に基づく誤りである。すでに述べたように、足羽荘の領有をめぐる裁判に負けた直明王に対して、義教がその埋め合わせに光範門院が保有していた「干鮭公事」と「昆布公事」を取り上げて直明に与えたのであって、足羽荘の公事に干鮭と昆布があったわけではない。

もう一つ、「常盤井宮直明王（伏見宮貞成親王王子）」と記して、直明を貞成の「王子」としているが、もちろん直明は亀山の子孫であって、後深草の子孫にあたる貞成とは極めて遠い血縁関係しかない。

昆布・干鮭公事の代官をめぐる綱引き

伏見宮家の昆布・干鮭公事の代官については、この公事を取り次いだ正親町三条実雅の青侍の加地という人物の推薦で平田という人物が引き続き務めることとなった。そして伏見宮家の担当者は貞成の義兄庭田重有が務めることになった。

しかし実雅が激怒して重有を呼びつける、という事件が起きた。実雅の妹で義教の正室である尹子から平田への圧力があり、実雅に尹子からクレームがあったようで、重有はその場では「存じません」と返事したが、結局平田が公事を納入しないことに対して代官職を河瀬という者に交代させている。代官を辞めさせられた平田は内大臣大炊御門信宗《おおいのみかどのぶむね》の姉を通じて復活を画策するが、貞成は尹子の威光を背景に平田の巻き返しをしのぐことに成功した。

尹子が伏見宮家のために動いた背景には、尹子と貞成の正室経子の親密な関係があるようだ（秦野：二〇一九③）。平田の未納に困惑した伏見宮家では、経子から尹子へのパイプを通じて尹子に訴え出たのだろう。義教の正室尹子の威力は絶大なるものがあったのである。

2　足利義教による天皇権威の向上

足利義教は日本国王か

永享六年（一四三四）八月五日、御乳人が足利義教に招かれ、明《ミン》皇帝の使者をもてなす場に足を運んだ、という記録が『看聞日記』にある。

ここで義教による日明貿易について説明しておこう。足利義満によって始められた勘合貿易であるが、義満に対して憤懣を抱いていた足利義持は日明関係も断絶してしまう。義教は日明貿易を復活することに決し、琉球国王尚巴志《しょうはし》の仲介によって復活に至った。そして明皇帝のもとに使者を送ったのが永享四年（一四三二）のことである。その使者は貢物を持って明皇帝の宣徳帝に面会し、義教の日本国王冊封を受けることに成功した。

御乳人が招かれたのは義教を日本国王に冊封する明使を引見する場である。義教夫妻と御乳人らは兵庫まで明使を出迎えるために出かけたのであった。

それに先立つ永享六年（一四三四）六月十五日には、義教は明皇帝への国書の肩書きをどうするべきか、満済に相談している。この段階で義教は満済の勧めに従って「日本国王」号を使うことを決定していたが、満済は「執政である以上、覇王であるのは当然で、国主という称号を使うことは問題がある」として義教の決定を支持している。

この義教における「日本国王」号の復号について、従来は天皇権威を超えるために必要だった、という意見も存在したが、今日では外交称号としての「日本国王」が天皇権威と何らぶつかることはない、という考えが主流になっている。

むしろ、ここで問題にすべきは六月三日の議論で、明皇帝の国書に対してどのように接するべきか、ということである。満済は足利義満時代の冊封《さくほう》儀礼について、焼香三拝としていて、しかもそれは丁重すぎるとの意見を有していた。もっとも義満の儀礼自体、明の本来の儀式からすればずいぶん逸脱しており、むしろ尊大な姿勢であったと橋本雄氏は指摘している（橋本：二〇一一）。しかし満済からすればそれでも丁重すぎる、という意識だったようである。

満済の考えは明側に対して配慮しようとしたものであったようで、「外国の皇帝の書であるので、日本の大臣が焼香二拝までの礼儀は問題ない」と主張している。明使から、せめて一回でも拝礼して欲しい、という要望があったことへの答申であるから、幕閣内には拝礼をしない、という意見が強くあったようだ。満済は、義教が「日本大臣」であることを理由に外国の皇帝の書に拝礼すること自体は問題ない、と考えていた。ただ義満の時には蹲踞《そんきょ》して皇帝の書を見たが、義教が立ったままで書を見ることにしたのは、関白二条持基《にじょうもちもと》の意見が通ったものである。

義教は「日本大臣」であることを第一義として考えていた。「日本国王」とは極端な話、「明がそう思っているから、日本国王を否定するとややこしいのでとりあえず名乗っておく」くらいの話だったようである。義教による日本国王号の復活は、あくまで交易の便を図ったものと考えるべきである、というのが近年の通説である。

さらに、この姿勢は足利義満から通底していた、と見るべきである。いわゆる「王権簒奪《さんだつ》」説は近年ではほぼ克服されていること、幕府と朝廷は競合関係にはなく、幕府を主たる経営者とした共同経営と見るべき関係にあったことを、再度確認しておきたい。

『新続古今和歌集』の撰集

貞成親王は『椿葉記』で後花園天皇に向かって和歌の道について説いている。いわく「和歌の道は昔から代々聖主が特に嗜んでいらっしゃったものであり、近代まで勅撰集もあったが、最近の二代は中絶し、和歌の道の零落も無念である。室町殿は歌道の達人であるので、今の御代にいかにも勅撰集の復興の命令はあるだろう」と。

密かに後小松・称光と足利義持をあてこすっているところはさすがに貞成らしい、としか言いようがないが、貞成の予想通り、永享五年（一四三三）、足利義教が執奏《しっそう》したことで最後の勅撰集となる『新続古今和歌集《しんしょくこきん》』の撰進が始まった。

足利尊氏が後光厳の代始の勅撰集として『新千載和歌集《しんせんざい》』の撰進を執奏して以降、勅撰集は将軍の執奏によって作成される、という原則ができあがった。『新拾遺和歌集《しんしゅうい》』は足利義詮《よしあきら》の執奏により後光厳の綸旨《りんじ》が下され、後円融《ごえんゆう》の代始の勅撰集『新後拾遺和歌集《しんごしゅうい》』は足利義満の執奏により後円融天皇の綸旨によって撰進が進められている。しかし後小松の代始、称光の代始の勅撰集が出されることはなかった。『新後拾遺和歌集』の撰者の二条為遠《ためとお》は酒に溺れて完成させることができず、義満の叱責を受け、子も昇進できずに断絶、『新後拾遺和歌集』を完成させた庶流の二条為重《ためしげ》が二条家を代表するようになるが、子の為右《ためすけ》が義満に仕える明人の女性と密通し、それが露見しそうになると殺害しようとして失敗、処刑されてしまった。不祥事の相次いだ二条派の宗家が断絶し、勅撰集を撰進するどころではなくなったのであって、あながち後小松と義持の怠慢というわけでもなさそうである。

義教は、二条派の門人であり、自身も歌道の家でもある飛鳥井雅世《あすかいまさよ》を新たな選者として推挙し、新しい勅撰集を尊氏以来の伝統に則り復活させようとしていた。義教の場合、青蓮院門跡天台座主大僧正というキャリアで築いた人脈と、自身の和歌に対する強い思いがあって、勅撰集の復活という事業に取り組むこととなったのだろう。

そしてこれは、義教による後花園の権威向上プログラムの一環でもあった。室町殿の執奏により天皇が勅撰集の撰進を命じるという形で、天皇と室町殿が一体となって文化活動をリードする、という図式が可視化されるのである。

そのことを如実に示すのが、下命の主体を誰にすべきなのか、という議論である。中山定親《なかやまさだちか》は「院政のもとでの勅撰集だから院宣《いんぜん》によるべきではないか、という議論があったが、議論の結果、綸旨に決まった」と書き記している。これは要するに『新続古今和歌集』の撰進の主体が後小松か後花園か、という問題である。定親は「議論した結果」と素っ気なく記すが、このあたりのもう少し詳しい事情は貞成が記している。それによると「勅撰集のことは、最近の例では院宣か綸旨か、(義教が)外記に尋ねられたところ、はっきりとは言わなかったので、『新後拾遺和歌集』の例に従って綸旨とする、ということを室町殿(義教)が決定した」とある。

実際には後鳥羽《ごとば》上皇の院宣による『新古今《しんこきん》和歌集』をはじめ、院(上皇や法皇)が主体となった勅撰集は二十一のうち十二と半分以上を占め、特に大治元年(一一二六)選集の『金葉《きんよう》和歌集』(白河《しらかわ》院)から貞和五年(正平四、一三四九)選集の『風雅《ふうが》和歌集』までは後堀河《ごほりかわ》天皇による『新勅撰《しんちょくせん》和歌集』と後醍醐天皇による『続後拾遺《しょくごしゅうい》和歌集』を除くと、十一作が院宣による下命である。天皇が下命主体となっているのは院政が敷かれていない時だけで、『新続古今和歌集』の場合は先例に従えば、後小松が下命の主体となるべきであった。しかしこの場合、義教がどうしても後花園を下命主体としたかったので、義教のゴリ押しで室町殿執奏、綸旨による下命という形にしたのだろう。後小松が反対しなかったかどうかはわからないが、将軍が執奏した例は『新千載和歌集』(足利尊氏執奏、後光厳天皇下命)、『新拾遺和歌集』(足利義詮執奏、後光厳天皇下命)、『新後拾遺和歌集』(足利義満執奏、後円融天皇下命)と、後光厳皇統の天皇と足利将軍家のコラボが続いていた。ただこれは、たまたま院政の主体が不在(後光厳の時には後光厳擁立に反発した光厳は丹波国に隠棲し、後円融の時にはすでに後光厳は死去していた)であっただけで、院政が敷かれていれば、例えば後小松院政下の称光の時に仮に勅撰集が企画されていたら、足利義持執奏、後小松院下命という形になっていただろう。
後花園は勅撰集の事業が決まったあとの永享五年（一四三三）九月三日に後小松のもとへ和歌を贈り、添削を依頼している。院からは「上出来である」という言葉と返歌があった。

御製（後花園天皇）
色かへぬ　ときはの松に　ちぎるらし　はこやの山の　千世の友鶴
院御返（後小松院）
するとをき　雲ゐにこゑを　つたえてや　はこやの山に　たづもなくらん

「はこやの山」とは仙洞御所のこと。「雲ゐ」は内裏。後小松と光範門院を「友鶴」として双方の長寿を祈り、後小松の返歌からは自分の後花園を思う気持ちを伝えたい、という思いが現れている。なるほど、貞成親王が「実の父母である我らを他人のように思っていらっしゃる」と嫉妬するはずである。

後小松と光範門院の夫婦関係は決して良好とは言えなかった。光範門院は松木宗量《まつのきむねかず》とかつて不倫関係にあって、宗量が処罰されているし、その後も後小松の疑惑がおさまらず、称光の取り成しで起請《きしょうもん》文の提出を辛うじて免除される、という状態であった。また光範門院の院号も、称光が重態に陥った時に、称光の遺言として宣下されたものであって、後小松が主体的に宣下したものではない（ちなみにこの時には称光は快復している）どころか、後小松は当初反対すらしている。しかし称光と小川宮という、手のかかる息子に先立たれ、その後、後花園というできのいい子を養子にとった、という感じだったのではなかろうか。後花園にとっては良き「両親」だっただろう。

その三日後には和歌会始が行われ、後花園の和歌の活動が本格化する。勅撰集をきっかけとして後花園の和歌の道が始まったのである。後小松はその二週間後に重態となり、十月二十日に死去するのは前述した通りである。

『新続古今和歌集』は永享十年（一四三八）には四季部奏覧、永享十一年（一四三九）六月二十七日に成立した。これが最後の勅撰集になるとは後花園も義教も想像すらしていなかっただろう。

足利義教との和歌の贈答

『新続古今和歌集』の撰集もかなり進んできた永享十年（一四三八）二月七日、足利義教より後花園のもとへ桜の枝が献上された。その返事に後花園は御製《ぎょせい》を副え、それに対して義教からも返歌があり、それに重ねての返歌を義教に賜ったのだが、その重ねての返歌に問題が生じた。

御製
するゑとおき　八百万代の　春かけて　共にかざしの　はなをみるかな

義教の返歌
するゑとおき　君にひかれば　万代の　春まで花や　ともにかざさむ

今夜しも　君がこと葉の　花をみて　袖にも身にも　あまるうれしさ

ここまでは問題がない。後花園と義教の協力関係を高らかに宣言する和歌の贈答だからである。義教の返歌に対する後花園の返歌が次の通りである。

たぐひなき　君がこと葉の　花かづら　かけていく世も　かはらずぞみん

後花園はこれを詠んでから疑問に思ったようで、御乳人を通じて貞成へ相談に及んだ。臣下に「君」と書くのはまずかっただろうか、先例はどうなっているか、ということである。貞成は御製に「君」と書いた例はわからないので調べて報告する旨を申し入れている。翌日には「天皇と上皇などに進上する歌に君というのは問題ないが、そのほかの人については君という言葉は使わない」旨を返答している。

それを受けて後花園も次のように返歌を改めている。

ことの葉の　ふかきなさけの　花かづら　かけていく世も　かはらずもみん

この図式は第五章で言及した、足利義教を見送る時の貞成の対応にも通じる話である。あの時、貞成は事前の打ち合わせで義教を見下ろすように見送ることが決まっていたのに、実際は貞成が舞い上がってしまい、庭先まで降りて義教を見送ってしまった。後日、義教から注意される羽目になったのだが、これは義教が慎み深く、礼儀正しい、という問題ではない。義教にとっては天皇の実父である貞成を自らの上に位置づけることで、後小松による後光厳皇統存続の望みを打破しようというものであった。天皇と室町殿と言えば対抗関係で捉えられることも多いが、実際は室町殿にとって天皇を持ち上げることが自らの権威を固めることになるのであって、天皇の権威が損なわれることは、室町殿にとっても望ましくないのである。

この問題でも、将軍に「君」と使ってしまうことは、天皇と将軍の君臣関係が乱れることになり、ひいては天皇の権威を自らの荘厳にフル活用している室町殿にとっては望ましくない。特に天皇の権威が確立している時であればいいが、後花園の場合は天皇家へ養子にやって来たのであり、自らの系譜もまだ編纂できない状況であった。このように天皇の権威が低下している状況は室町殿にとっても決してよい状況ではない。義教としては、いかにして後花園の権威を上昇させていくか、ということが課題になってくる。

後花園の「学問」への精励

貞成は後花園に学問の大切さを『椿葉記』において次のように述べている。

何よりも学問をなさるべきです。一条院《いちじょう》・後朱雀院《ごすざく》・後三条院《ごさんじょう》などは特に学才のある人と知られていて賢王聖代と申し伝えております。文学（儒学のこと）や和漢の才芸（和歌や漢詩など）はいかにも御嗜みあるべきです。

ここでは一条・後朱雀・後三条が並べられている。実際には三条《さんじょう》・後一条《ごいちじょう》・後冷泉《ごれいぜい》がその間に在位しているのだが、彼らはいずれも皇統を作ることのできなかった天皇であり、一条・後朱雀・後三条のように今の皇統に繋がるいわゆる「正統《しょうとう》」の天皇ではなかった。つまり貞成は「正統」の天皇を挙げ、彼らが賢王聖代と呼ばれているのが学才（大才名誉）ゆえであると書いているのである。「賢王聖代」と呼ばれた天皇は学問に長じているべきである、という見方がどのようにして生成されてきているのかを示す興味深い記述である。いわゆる「延喜天暦の治」という見方はしていないのである。摂関政治花盛りの天皇を「賢王聖代」としている点は、幕府が存在する中での天皇のあるべき姿を示唆していて興味深い。

また、前述の後花園宛ての貞成書状の中にも「学問のことも、室町殿よりこの春に申し入れがありましたので、いかにも学問に励んでいらっしゃることでしょう」とあって、後花園の学問習得に義教が関与していることがわかる。この頃の朝廷が室町殿の差配下にあることをよく示している。

後花園の学問については『孝経』『論語』『孟子』を学問始めにしたが、侍講《じこう》の清原業忠《きよはらのなりただ》によると「言葉にできないほど利発である（御利生言語道断）」ということであった。

後花園が『孝経』『論語』『孟子』を学んだ数日後には、『誡太子書』が貞成から後花園のもとに進上されている。『誡太子書』は、かつて花園が甥の皇太子量仁《かずひと》に贈った辛口の訓戒である。今回貞成から後花園にそれが贈られたのは、貞成が後花園に何を期待していたか、がわかろうというものである。さらに『誡太子書』が貞成から後花園に進上されたのは、持明院統に伝わった記録類の多くが崇光皇統こと伏見宮家に伝来したことと関係があるだろう。光厳天皇が記録類を多く崇光皇統に残していたことは、ここにきて大きな意味を持った。

後花園について特徴的なのは、本格的に儒学を学ぶ以前の永享四年、第五章で述べたように、まだ元服もしていない頃に伏見宮家累代の日記を借り出して読んでおり、その後『十二年合戦絵』『後三年合戦絵』を借り出していることである。これはいわゆる前九年の役と後三年の役を描いた絵巻物であるが、後花園はその後もしきりに軍記物を熱心に読んでいる。桃崎有一郎氏は「天皇として適切に振る舞うために、室町殿の歴史やそこに至る武士の歴史を学ぼうとした後花園の向学心と目の付け所には脱帽するしかない」（桃崎：二〇二〇）と言う。それをプロデュースしたのは貞成と義教だろう。

後花園がこれまでの室町の天皇と違った最大のアドバンテージは、豊富な記録類を保有する崇光皇統をバックボーンにできたことである。逆に言えば、後光厳皇統には『誡太子書』すら伝来していなかったほど、学問をする環境は貧弱だったのだろう。もし『誡太子書』が後光厳皇統に伝来していれば、後花園は何も無理に貞成から求めなくてもよかったはずである。ほかにも多くの書物を後花園は貞成から借り出している。逆に後花園から貞成に貸し出された書物もある。お互いに書物を貸し借りすることで、双方の文庫の充実が図られているが、これは崇光皇統に出自を持ち、後光厳皇統を継承した後花園ならではの強みである。

さらに後花園が、個人レベルの古典収集から発展して日本に存在するすべての書籍を収集、書写し、管理する、いわば「中央図書館」の設立を構想したことが桃崎氏によって明らかにされている。桃崎氏によれば、その動きは永享十二年（一四四〇）にすべての廷臣に家に所蔵する蔵書のリストを提出させる綸旨から始まった。それは現物の提出とその書写に進み、さらに興福寺《こうふくじ》や園城寺《おんじょうじ》にも同様の命令が出された。後花園は日本に存在するあらゆる書物を朝廷に収集しようとしていたのだろう。桃崎氏は「中世の天皇が行おうとした、最も有意義な活動だった」と評価している（桃崎：二〇二〇）。

後花園天皇の美術愛好

後花園が貞成から借り出したものの中に絵巻物があったが、それ以降、後花園は絵巻の鑑賞をしばしば行っている。貞成から「天性の御器用」と言われたように、後花園は美術の才能も有していたようだ。しばしば絵の模写を後花園自ら行っている（久水・石原：二〇二〇）。

また鑑識眼も優れていたようで、興福寺所蔵の「玄奘三蔵絵《げんじょうさんぞう》」の絵師が前半六巻と後半六巻が異なる絵師である、と鑑定している（高岸・黒田：二〇一七）。

高岸輝氏によれば、後花園と貞成による絵巻収集も嘉吉年間（一四四一～四四）に沈静化するようで、古典収集と同じく足利義教の支援が大きかったのだろう。

貞成は後花園の絵の技術に言及したところで、花園の絵の技術にも言及している。花園・後花園は絵にも優れた才覚を示していたのである。そして後花園に花園の面影を貞成は見出していたのかもしれない。『誡太子書』を通じて、花園―光厳―後花園という系譜が貞成の目には映っていたのだろう。その系譜の継承は義教と貞成、そして後花園が共有して背負っていた課題であった。

後花園天皇への「政務」の返還と室町第行幸

当時朝廷における天皇の仕事である「朝務」(「政務」とも言われ、天皇家の所領管理やそれに関連する人事)は足利義教が完全に取り仕切っていた。永享九年(一四三七)六月、義教が朝廷の政務を後花園に返還すると宣言したことを、桃崎氏は明らかにした(桃崎:二〇二〇)。

その四ヶ月後の十月二十一日、後花園は義教の室町第に行幸し、二十六日まで室町第に滞在した。これは後小松が永徳三年(一三八三)、義満の室町第に行幸した時の再演であった。桃崎氏は、義教が左大臣を辞任する前に義満の室町第への後小松行幸の先例を再現しておきたいと考えた、とする。そしてそれは「天皇が最も信頼・敬愛する補佐の臣が室町殿であると、天下に明示するイベントだった」(桃崎:二〇二〇)。

夜には宴会があり、後花園の盃に酒を注いだのは、日野有光《ひのありみつ》の子息資親《すけちか》であった(ちなみに後花園は両親が酒豪であるにも関わらず下戸だったらしい)。後花園に仕える女官のトップである権大納言典侍の弟にあたる。後花園にとっては信頼の置ける近臣である。そこにいた誰もが彼らの過酷な末路を知らなかった。

翌二十二日は舞御覧で、後花園の座は中央の間に繧繝縁《うんげんべり》の敷物が設えられ、そこに貞成と経子もやって来た。親子の対面である。その場で後花園は笙の演奏を披露している。舞御覧が終わると御台《みだい》尹子のもとに行き、そこにも貞成と経子がやって来た。そのあとで和歌会になった。二十三日は庭にて舞御覧、二十四日は特に行事はなく、義教・貞成・経子・関白二条持基が御所の西の間で宴会をした。二十五日には蹴鞠があり、後花園も参加している。夜は舟遊びで、後花園は和歌の舟に乗り、笙の演奏を披露している。この舟には後花園のほかに義教、鷹司房平、三条西《さんじょうにし》公保《きんやす》、三条実量《さねかず》、飛鳥井雅世、正親町三条実雅、正親町三条公綱《きんつな》が乗っていた。それを貞成・経子・尹子らは南殿の広縁から見ていた。その後、後花園らは釣殿《つりどの》で漢詩と和歌の会を行った。二十六日の夜に内裏に還幸、室町第の行幸は無事終了した。

関東との関係もあって、義教自身が出陣する可能性も出てきた中で、朝廷の政務が後花園を中心に自律的に回るようにしておきたい、という義教の意向があったし、また後花園が朝廷を主導していけるだけの能力を身につけてきた、という判断もあったのだろう。後花園が朝廷を主導するためには後花園の権威を高めることが必要だった。そのために義教は手段を選ばず、あらゆる機会を捉えて後花園の権威向上に努めた。そのための方策の一つが後花園の戦争への関与である。

反乱鎮圧と後花園天皇

幕府の宿老の一人である山名《やまな》時熙《ときひろ》には主要な息子が二人いた。一人は嫡子の持熙《もちひろ》、もう一人は弟の持豊《もちとよ》である。嫡子の満時《みつとき》に先立たれた時熙はどちらを後継者にするか、という選択を迫られていたが、時煕の内意は持豊であった。ただ問題は、持煕が義持の近習で、義教にも引き続き気に入られて近習として仕えていたため、持豊を後継者に定めることができない状態にあったことである。

しかし永享三年（一四三一）に持煕は義教の怒りに触れてしまった。義教は持煕を改易に処そうとしたが、時煕の体面を慮って持煕の処遇は時煕に任せた、という。しかし、そもそも時煕は持煕ではなく、持豊を後継者としたがっていたので、時煕に任せるということは、持煕を改易処分にするのと同じであった。

持煕がその後どこにいたのかはわからないが、時煕の死去時に上洛する、という噂が流れているところから見ると、山名氏の分国のどこかにいたようである。

結局、持煕は備後国に乱入し、国府城《こくふ》（広島県府中市）に立て籠ったが、持豊によって征伐され、その首は京都に届けられ、晒されることとなった。永享九年（一四三七）七月、朝廷の政務が義教から後花園に移管された直後のことである。

この時の出来事として中山定親が注目すべきことを述べている。持煕の首が届けられた時、人々が義教のもとに剣を献上して祝意を表したのだが、後花園も義教に剣を賜い、定親がその使者になった、というのである。

これが注目すべきことなのは、室町幕府が明徳の乱、応永の乱において山名氏や大内氏と戦うのは、あくまでも足利家が家来である山名氏や大内氏を罰するというものであって、公的なものではなく、したがって天皇とは関係ない、という姿勢をとってきたからである。つまり山名氏や大内氏はあくまでも足利家に背いただけであり、そのため主君の足利家が家臣を罰するのであって、彼らは天皇に背いたわけではなく、天皇が関わる必要がなかったのである。

天皇を戦争に関わらせない、というのは一面では天皇権威の広まりを抑制する、という側面もあるだろうが、天皇サイドから見ても戦争に関する責任を問われない、という側面も見逃せないだろう。

その意味では、持熙の首級が到着した時に天皇が剣を賜ったことは、それまでの天皇のあり方を一つ踏み出たものと言えよう。

その二日後に今度は河内国守護の畠山持国《もちくに》が楠木党を討ち取るということがあり、それにも後花園から義教に剣を賜うということがあった。こちらの場合は先ほどの持熙の場合とは少し事情が異なる。「楠木党」に「凶徒」と冠せられているのだが、これは要するに朝敵、国家の敵ということである。その討伐に天皇が関わるのは大いにある、というよりも南朝との戦いのために持明院統が持ち出され、南朝との戦いの中でその遂行のために後光厳皇統が作られたのである。そのため南朝との戦いには天皇の綸旨が必要とされたのである。

楠木氏の場合はともかく、持熙が天皇の敵である、というのはいかにも無理がある。そこでおあつらえ向きの事件が起きている。大覚寺義昭《ぎしょう》の出奔である。義昭は義教の異母弟で、義持の後継を決める籤引きにも参加している。中原師郷《なかはらのもろさと》は「大覚寺門跡（室町殿のご舎弟）が逐電なさった。理由はわからない。のちに聞いたところでは山名持熙が従ったということだ」と記している。本来無関係な両者を無理やりに連携があると見なして双方を攻撃するやり口はよく目にするが、まさに大覚寺義昭の出奔と山名氏の内訌《ないこう》問題を結びつけることで、持煕を幕府の敵とすることができたのである。

さらに前年より信濃守護の小笠原政康《おがさわらまさやす》と抗争していた村上頼清《むらかみよりきよ》が降参し、室町幕府に見参してきた。それを祝してまた義教に剣を賜った。頼清は鎌倉公方の足利持氏《もちうじ》の援助を受けようとし、持氏も積極的だったが、関東管領の上杉憲実《うえすぎのりざね》が反対した。頼清は降伏したのだが、そこに後花園の関与が見られるのは、後花園をトップとする朝廷と義教をトップとする幕府の協調と、その関係性の可視化であった。幕府の戦争に後花園がより高次の存在として関与する形こそ義教が求めた形だろう。この形は義教が朝廷の政務を後花園に返還し、後花園が名実共に朝廷のトップとなったことで実現するのである。

これは来たるべき関東との戦いに後花園を引っ張り出す準備でもあった。

永享の乱と治罰綸旨

室町幕府は畿内近国を中心に統治し、京都から離れた地域では探題《たんだい》を設置し、自らは統治に踏み込まないシステムをとっていた。中でも関東には足利尊氏の末子である基氏《もとうじ》の子孫が鎌倉公方（鎌倉殿）として鎌倉に事実上の幕府を設置し、半ば独立した地域となっていた。当初、両者の関係は良好であったが、細川頼之《よりゆき》と対立した斯波義将《しばよしゆき》が鎌倉殿の足利氏満《うじみつ》を擁立する構えを見せて足利義満に頼之の排斥を迫ってからは、鎌倉殿は室町殿の座を虎視眈々と狙うようになっていった。

氏満のあとは満兼《みつかね》、持氏と続いたが、持氏の代に室町殿との対立は激化していった。その大きな要因として、義持との和解の結果、持氏は義持の猶子として将来の室町殿継承に希望を抱いていたと言われている。しかし、実際は籤引きで義持の弟の僧侶四人が籤引きの対象となり、持氏はそもそもスタートラインにすら立たせてもらえなかった。持氏は義教を激しく恨むようになり、持氏は義教の将軍職就任に合わせた永享改元にも反発して正長の年号をしばらく使い続けた。斯波義淳《よしあつ》の仲介もあっていったんは和解した両者だったが、義淳や畠山満家といった、鎌倉殿との融和を主張した重臣が相次いで死去すると、両者は対決姿勢をあらわにするようになっていく。鎌倉で融和派であった関東管領の上杉憲実が持氏から遠ざけられ、憲実が失脚すると鎌倉殿と室町殿の関係は完全に破綻した。

永享十年（一四三八）、持氏の嫡子が元服したが、この時、鎌倉殿の子息は室町殿から一字拝領するのが習いであった（氏満と満兼は義満から、持氏は義持から）にもかかわらず、義久《よしひさ》という名前を名乗らせた。この元服式に欠席した憲実はやがて鎌倉を去り、持氏は憲実討伐のために出兵したのである。義教は憲実救援の名目で駿河守護の今川範忠《のりただ》や、越後守護の上杉持房《もちふさ》らの軍勢を差し向け、さらに持氏討伐のために後花園から治罰綸旨と錦御旗を下賜された。

ここで改めて綸旨について説明しておくと、綸旨とは天皇の命令を伝達するための文書の様式である。天皇の意を奉じて側近が出す。天皇の出す上意下達文書としては、ほかに詔勅、宣旨、官宣旨があるが、それらと比べても手続きが簡便で、天皇の意思を伝える文書として南北朝時代には後醍醐天皇によって多く出されていた。中世にはむしろ天皇家の家長（これを治天《ちてん》の君《きみ》という）となった上皇や法皇（いわゆる院）の出した院宣のほうがよく見られる。しかしこの時は院が不在であったので、天皇の出す綸旨が用いられたのである。

問題は、室町幕府が綸旨や院宣を戦争に持ち出すことは南朝勢力の壊滅以降なかったのだが、今回五十年ぶりに復活したのはなぜなのか、ということである。

これについては従来から、低下した幕府権威を天皇の権威で補おうとしていた、とされてきた。しかし田村航氏はこの見方に対して、当時後花園の皇統をめぐる不安定さを補うために、あえて綸旨を発給させて、低下している天皇権威を幕府の戦争に関わらせることで上昇させようとしている、という見解を示した（田村：二〇一六）。

この時の綸旨は京都では密かに出されており、治罰の目的で綸旨を発給することに抵抗が大きかったことがうかがわれる。綸旨が京都で秘密裏に発給された理由としては幕府サイドの事情、つまり幕府の権威が下がることを嫌がった、ということが挙げられがちだが、事実は逆で、嘉吉の綸旨発給の事情を見るに、幕府の事情ではなく朝廷の事情、すなわち朝廷側には戦争に際しての綸旨発給に対する疑問が存在したことが原因であると理解できよう。その点については後述する。

ともあれ、綸旨の効果がどれほどあったのかはわからないが、持氏軍は総崩れとなり、持氏と義久は自害を余儀なくされ、一年後には持氏の遺児を擁立した結城氏朝《ゆうきうじとも》の乱も起こるが、これもほどなく鎮圧され、鎌倉殿は滅亡した。その後の鎌倉殿には持氏の叔父で篠川《ささかわ》公方の足利満直《みつなお》が有力視されたが、義教は自らの子息を就任させる構想もあり、決まらないまま満直は持氏残党に殺害され、うやむやになってしまった。

ちなみに、この綸旨を執筆した蔵人《くろうど》は烏丸資任《からすまるすけとう》であり、彼は足利義教の三男の三春《みはる》を養育していた。嫡男で次期室町殿の千也茶丸《ちやちやまる》は伊勢貞国《いせさだくに》のもとで養育されており、それに対して三春は将来的には僧籍に入り、門跡として入室するために公家風の教養を身につけるべく烏丸家で養育されていた。後花園も自身の側近の烏丸家に養育されている三春の話は折に触れて聞かされていただろう。この両者の思いも寄らない宿命を、当時の人々は想像すらできなかったに違いない。

第七章❖戦う後花園天皇

1　室町将軍の代行としての天皇

義教の専制化

永享五年（一四三三）から永享七年（一四三五）にかけて畠山満家《はたけやまみついえ》、斯波義淳《しばよしあつ》、山名時熙《やまなときひろ》、三宝院満済《さんぼういんまんさい》が相次いで世を去り、室町幕府の重臣は管領の細川持之《ほそかわもちゆき》と侍所所司の赤松満祐《あかまつみつすけ》に代わっていた。特に満家と満済の両名には六代将軍足利義教《よしのり》も頭が上がらないことが多く、義教のブレーキ役となっていたのだが、彼らがいなくなると義教は自らの意を存分に通すようになっていった。

義教が基本的に自らの好悪をはっきり出す性格で、しかもかなり執念深い性格であることは間違いがない。後小松《ごこまつ》上皇との不仲については光範門院《こうはんもんいん》の所領取り上げに始まり、仙洞御所の建物と土地をわざわざ遺詔に背いて貞成《さだふさ》親王に進上したのはその典型である。

永享六年（一四三四）二月、義教の側室裏松重子《うらまつしげこ》が長男千也茶丸《ちやちゃまる》を産んだ時のことである。当時、重子の兄裏松義資《うらまつよしすけ》は義教によって蟄居《ちっきょ》していたが、妹の慶事に義資への処分も解けるだろうと考えた人々が義資のもとにも参賀に訪れた。それに対して義教はわざわざ監視の人員を付け、参賀した人々をリストアップし、彼らを処分した。肝心の義資は四ヶ月後の六月八日の深夜に強盗によって殺害された。首が持ち去られたことから、義教の関与が疑われたが、義教はこの件について箝口令《かんこうれい》を敷き、それに違反した高倉永藤《たかくらながふじ》を捕縛して処刑するよう命じたが、命乞いがあったために鬼界ヶ島《きかいがしま》（鹿児島県薩南諸島の硫黄島《いおうとう》）に流罪となった。義資の嫡子重政《しげまさ》は出家遁世し、将軍家の正室を三代にわたって輩出してきた裏松家は六歳になる重政の子が継ぐこととなり、勢力を大きく減退させた。ちなみにこの重政の子がのちの勝光《かつみつ》であり、日野富子《とみこ》の兄として権勢を振るう。

永享九年（一四三七）二月、東御方《ひがしのおんかた》が義教のもとを出入り禁止となった。義教の正親町三条実雅《おおぎまちさんじょうさねまさ》亭への御成に随行していたのだが、そこで唐絵（中国から輸入した絵）について感想を求められ、それをけなしたところ、義教が激怒して「金打《きんちょう》」（刀を少し抜いて音を立てること）のうえで「今後出入り禁止だ」と怒鳴りつけられ追い出されたという。彼女は伏見の禅照庵に退いたが、義教の意向は彼女が伏見宮家に出仕することは構わない、というものであった。ちなみにこの時、義教が東御方を峰打ちにした、というようなことがしばしば言われるが、おそらくそれはないだろう。「金打」に峰打ちという意味はないし、実際に後円融上皇に峰打ちされた通陽門院《つうようもんいん》のような肉体的ダメージを受けている感じではない。伏見宮家では確認のために義教正室の正親町三条尹子《ただこ》へ東御方の処遇を尋ねたが、尹子の返事は「室町殿がいいと仰せならばそれでいいのではないでしょうか」というものだったので、東御方は引き続き伏見宮家に出仕することとなったようである。

義教の東御方に対する処置は厳しく、些細な一言でも追放に処する義教の酷薄で激烈な性格を表すものではあるが、同時に伏見宮家への伺候を許すところは、義教にしては穏便な処置であるとも言える。実際、彼女はその後も京都の伏見宮亭には出仕し続けている。その背景には三条家出身の東御方と尹子には血の繋がりがあり、なおかつ貞成の室で後花園の母である庭田経子《にわたつねこ》と尹子が個人的に親しく、経子が尹子に働きかけ、尹子が取り成したことも大きいだろうが、伏見宮家の権威を傷つけたくない、という義教の意向も働いていたのではないだろうか。ただ貞成も肝を潰したようで、事件の一報を受けた段階では「薄氷を履むようなもので、恐怖千万である。世間でも赤松満祐のことでとかく噂があり、播磨国と美作国を取り上げられるとのことである」と書き記している。

東御方に関する処遇の最後に何気なく書き付けられた赤松満祐に関する貞成の不安は、不幸にも的中した。

嘉吉の乱

嘉吉元年(一四四一)五月、東御方が七十九年の生涯を閉じ、翌日には後花園の姉性恵《しょうえ》女王(幼名「あ五々」）が疱瘡《ほうそう》のため二十六年の生涯を閉じた。その前後には室町殿と内裏と伏見宮家の連絡役でもあった御乳人《おちのひと》が重病になり（のちに快復）、さらに後花園天皇も疱瘡に罹患するなど、伏見宮家と内裏が混乱していた頃の義教は多忙を極めていた。前年には宿老の一色義貫《いっしきよしつら》と世保持頼《よやすもちより》を粛清し、畠山持《はたけやまもち》国《くに》を追放して弟の持永《もちなが》を家督に据えるなど、権力を将軍に一本化するための政策に余念がなく、とりあえず義教の手が入っていないのは当時義教から信頼されてきた細川持之と赤松満祐くらいであった。

しかし、貞成が心配したように満祐にはストレスが溜まっていたのか、この頃には「狂乱」として隠居し、嫡子の教康《のりやす》が家督を継いでいた。

五月には足利持氏《もちうじ》の遺児春王《はるおう》と安王《やすおう》が美濃国で処刑され、末子の永寿王丸《えいじゅおうまる》の傅役《もりやく》小山大膳大夫《おやまだいぜんのだいぶ》が首実検と拷問の末に処刑された。

六月二十四日、足利義教は赤松教康亭に渡御《とぎょ》した。「カモのヒナが大変可愛いので御目にかけたいと思います」という名目であった。義教に随行した人々は、大名では細川持之、畠山持永、山名持豊《もちとよ》、一色教親《のりちか》、細川持常《もちつね》、大内持世《おおうちもちよ》、京極高数《きょうごくたかかず》、細川持春《もちはる》、山名熙貴《ひろたか》、赤松貞村《さだむら》ら、公家として正親町三条実雅が扈従《こしょう》している。持之を除けば義教から特別に目をかけられた者ばかりである。

貞成は事件の一報を次のように書き記した。「赤松邸に公方が入った。晩に及んで騒動が起こり、どうなったかわからなかったが、正親町三条実雅が負傷して帰宅した。公方の安否についてはわからない。赤松邸は炎上している。武士が右往左往して混乱ぶりは言葉にできないほどだ。夜になって公方が討たれ、首を取られた、ということがわかった。実雅に使者を遣わしたところ瀕死の重傷だということだ」。

この事件について詳しく述べているのが、実雅から情報を得たと思われる『看聞日記《かんもん》』と、大内持世の部下から情報を得たと考えられる『朝鮮王朝実録』である。それらによると、赤松家は兵士を伏せたうえで馬を解き放ち、その音に紛れて宴の会場に乱入し、あっという間に義教の両肩に取り付いて、畳に押さえつけたうえで安積行秀《あさかゆきひで》が義教の首を切り落とした。実雅は献上品の太刀を摑むと果敢にも鎧武者に立ち向かっていったが、あっという間に斬り伏せられてしまった。山名熙貴、京極高数、走衆《はしりしゅう》の土岐遠山某が戦死し、細川持春は片腕を切り落とされ、大内持世は全身に深手を負った。ほかの大名はみな応戦もせず、そのまま走り去ってしまった。貞成は実雅らの奮戦を記したのちに「管領以下は逃走し、そのほかの人々は右往左往するばかりであった。義教に殉死した人もいないし、追いかけて赤松を討とうとする人もいない。どうしようもなく残念なことだ。諸大名は赤松の味方なのだろうか。そもそも義教の、赤松を討つという企てが露見してしまったので先手を打たれて討たれてしまった。自業自得の果てであり、どうしようもないことであった。将軍がこのような犬死をしたことは聞いたこともない」と義教に手厳しい。

後花園は赤松邸の炎上を朝餉間《あさがれいのま》に出て見ていた。万里小路時房《までのこうじときふさ》は慌てて直垂《ひたたれ》姿で駆けつけ、庭先に控えていると中山定親《なかやまさだちか》もやって来た。ここでの朝廷の関心は義教の生死であった。義教を守ろうとして重傷を負い、辛うじて一命を取りとめた実雅は「よく覚えていない」と証言しており、情報を得ることはできなかった。内裏の警戒を厳重にして大臣たちが退出した深夜に、細川持之から内藤孫左衛門という被官が使者として遣わされてきた。その報告によると「今日、とんでもないことが起こりましたが、若君がいらっしゃるので天下は安泰でしょう。ご安心くださいませ」ということであった。ここに義教が死んだことが確かめられたのである。後花園の勅答は「今日の騒動には大変驚いた。事の次第は不明だったが、大変なことであった。若君がいらっしゃるとのことで今まで通り変わらず頼りにしている」というものであった。

義教の後継者は予定通り千也茶丸に決定し、養育先の政所執事伊勢貞国《いせさだくに》亭から室町第に移った。さらに千也茶丸には弟が六人いたが、彼らもすべて室町第に引き取られ、厳重な警固下に置かれた。赤松家もしくは後南朝からの奪取を警戒してのことだろう。さらに義教の兄弟で存命の天龍寺《てんりゅうじ》友山清師《ゆうざんせいし》、天台座主梶井門跡義承《ぎしょう》、景徳寺《けいとくじ》虎山永隆《こざんえいりゅう》、足利義嗣《よしつぐ》の子の謹侍者《きんじしゃ》も鹿苑院に集められ、厳重な監視下に置かれた。

赤松討伐軍の編成

赤松満祐討伐の軍勢も整えられた。主力は播磨に近い但馬などの守護職を持つ山名持豊、赤松一門からは義教の奉公衆赤松貞村、義教の近習赤松満政《みつまさ》らであった。

持之はさらに「義教に処分された人々は赦免」という決定を下し、人心の収攬に努めた。義教の気まぐれかつ酷薄な処分が、明らかに幕府の求心力を損なっていたからである。

しかし、これが新たな紛争の種となるのだから世の中はうまくいかない。義教に処分されて河内国に下国していた畠山持国は河内国若江城《わかえ》（大阪府東大阪市）を占領すると現守護で弟の畠山持永を討伐するために上洛の準備を始めた。洛中で両畠山が合戦に及んでは赤松討伐どころではなくなる。持之は相国寺《しょうこくじ》の用剛乾治《ようごうけんじ》と能登守護家で彼らの従兄弟畠山義忠《よしただ》を持国のもとに派遣し、調停にあたった。持国の言い分は「父の死後、持国が継承したにもかかわらず、重臣の遊佐勘解由《ゆさかげゆ》らの讒言《ざんげん》で陥れられ、弟に家督を譲らされた。しかし嘉吉の乱で義教が討たれ、持之が赦免を決定したことで上洛しようとしたら、持永らの母が持国を暗殺しようとしたので関係は修復不可能になった。自分としては弟には含むところがないが、遊佐勘解由らは許すわけにはいかない」とのことであった。持永の同母弟持富《もちとみ》は持永を見限り、持国のもとに走った。持国の言い分を受け取った持之は持永に隠居を勧誘し、持永は出奔したが、やがて殺害された。持国には下桂《しもかつら》にいた遊女の「土用《どよう》」という女性との間に息子の「次郎」がいたが、土用の身分から嫡子とは見なされず、石清水八幡宮の神宮寺の僧侶になる予定であり、持富が後継者に定められた。これがのちに大きな禍根を残すことは、当時の人々にも容易に想像できることであった。

肝心の赤松討伐軍は主力の山名持豊が洛中で赤松討伐の準備と称して略奪を繰り広げ、京都の治安は急速に悪化していった。義教が討たれて一ヶ月以上、一切進展がなく、その間に満祐らは足利直冬《ただふゆ》の孫義尊《よしたか》を擁立し、着々と備えを固めていった。

赤松満祐治罰綸旨

嘉吉元年（一四四一）七月二十六日、進退窮まった細川持之は、ついに一つの決断を下す。彼は正親町三条実雅と中山定親を介して万里小路時房を招き、「赤松討伐のことですが、将軍が幼少なので管領が政権を担当しています。しかし、世間の支持を得られておりませんので綸旨を申請したいと思います」と相談した。それに対して時房は「赤松家は幕府の重臣であって、朝敵にはあたらないのではないか」と難色を示したものの、実雅・定親らの後押しもあって宛先を管領、執筆者を坊城俊秀《ぼうじょうとしひで》とすることが決定された。

七月三十日、俊秀が時房のもとに綸旨《りんじ》の文章の指南を願ってきた。時房は日付がよろしくないことを理由に拒んだが、定親からの後押しもあり、文案を作成して俊秀に引き渡した。だが時房は「自信がないから清原業忠《きよはらのなりただ》に見てもらうように」と注文を付けた。俊秀が業忠のもとに向かうと、業忠はひどい食あたりを理由に会おうとしない。それでも裏口から無理やり面会して業忠の添削を受けることに成功した。それを定親に持っていくと、「播磨国凶徒」と書くよりもしっかりと名指ししたほうがいいとアドバイスを受け、後花園に持っていくと、後花園は「問題はないと思うが、少し書き足しておく」と言いながらほとんどの文言を書き直してしまった。

この一連のやり取りを見てはっきりわかるのは、朝廷の中にも綸旨発給について温度差が存在することである。赤松家は足利家の家臣であり、赤松家が足利家に背いたとは言い条、朝敵ではないという見解と、幕府から要求する以上発給すべきという見解である。中でも天皇本人の張り切りぶりが際立っている。後花園の添削を逃れたのはわずかに「忽乱人倫紀綱（たちまち人倫の紀綱を乱し）」の六文字だけである。

次に後花園自ら起草した綸旨の文言を示す。

綸言を被《こうむ》るに偁《いわ》く、満祐法師ならびに教康、陰謀を私宅に構え、たちまち人倫の紀綱を乱し、朝命を播州に拒み、天吏の干戈《かんか》を相招く。しかれば早く軍旅を発し、仇讐《きゅうしゅう》を報ずべし。忠を国に尽くし、孝を家に致すはただこの時にあり。あえて日をめぐらすなかれ。兼ねてまた彼に合力《こうりょく》の輩《ともがら》も同罪の科《とが》に処せらるべし、者《てえ》れば綸言此の如し。此の旨を以て申し入れしめ給《たも》うべし。仍《よっ》て執達件《くだん》の如し。

ここではとりあえず、後花園の文章のリズムと難しい言い回しを味わっていただきたい。今日の我々の見方からすれば、後花園の文章はペダンティックで長く、無駄が多いように思える。ただ桃崎有一郎氏はそういう見方に対して、「文章の多さや凝り具合は、ことの大きさ・重要さに比例する（それは《礼》思想の重要な原則である）」とし、そこに天皇固有のリーダーシップのあり方を見出す（桃崎：二〇二〇）。

後花園の綸旨に対して西園寺公名《さいおんじきんな》は「綸旨は天皇自らの文案という。先例がない。全く承服できない」と厳しく批判している。公名には後花園の達した境地が見えなかったのである。公名の意見が、その頃の廷臣の多くを占めたものだろう。

後花園自身は張り切りすぎたせいか、綸旨発給の六日後に体調を崩している。

嘉吉元年（一四四一）八月十九日、千也茶丸に叙爵（貴族として認められる従五位下に叙せられること）の宣下があり、天皇から名前を賜ることとなった。あらかじめ定められた義勝・義種・義繁の中から義《よし》勝《かつ》が選ばれ、後花園の宸筆《しんぴつ》によってその名が与えられた。これは後光厳《ごこうごん》天皇の宸筆によって元服した義満、称光《しょうこう》天皇の宸筆によって元服した義宣《よしのぶ》（のちに義教に改名）の先例を踏襲したものである。

嘉吉の徳政一揆

嘉吉元年八月、後花園の綸旨を受けて幕府軍が播磨国に進発したその虚をつくように、またも近江国で徳政《とくせい》を求める土一揆《つちいっき》が起きた。将軍家の代替わり徳政である。

天皇は代替わりしていないのに「代替わり」とは何事か、と後花園としては言いたくなるかもしれないが、当時の人々にとって「代替わり」とは天皇のことではなく室町殿のことであった。正長の土一揆もメインは義持から義教の「代替わり」徳政を求めたものであって、称光から後花園への「代替わり」は、たまたまタイミングが合っただけだったのだろう。さらに言えば、京都がガラ空き状態であったことが最も大きな原因かもしれない（今谷：二〇〇一）。

清水坂《きよみずざか》から洛中への突入を図る土一揆勢に対し、洛中の警固を担当した侍所所司の京極持清《もちきよ》軍は一揆勢の突入を阻止したが、九月に入って一揆は大規模化し、洛外で私徳政に及んでいた。

細川持之は土倉《どそう》（金融業者）に対して財宝を洛中に搬入するよう指示を出したが、それを察知した一揆勢は天龍寺を占拠し、天龍寺を焼き払う構えを見せて阻止した。

要求を受け入れる気配のない幕府を見た一揆勢は、今度は東寺《とうじ》を占拠し、放火する構えを見せて幕府に圧力をかけ続けた。五条にあった本圀寺《ほんこくじ》が炎上し、洛中での大規模な内戦の危機が迫っていた。

万里小路時房は日記に「今言われている徳政は、名前は素晴らしいが、中身は借金の証書を焼き払うだけだ。徳政という名前にふさわしくない。あまりにも高い利子を破棄するのは確かに徳政だ」と書き付けている。公家のプライドと、彼自身借金に苦しむ様子がちらりと見えて興味深い。

九月七日には一揆勢によって京都が完全に包囲された。一揆の標的とされた土倉は持之に一千貫（現在の貨幣価値に換算して一億円）の献金を送って鎮圧を求めていた。持之は諸大名に一揆鎮圧の協力を要請したが、復帰してきた畠山持国が反対し、鎮圧方針は撤回された。持国が反対した背景には、一揆の首謀者の中に持国の被官が多く加わっていたことが理由として挙げられている（今谷：二〇〇一）。

結局、幕府は徳政令の発布に踏み切らざるを得なくなった。この時、幕府は庶民に限り徳政令を発布することに決めたが、一揆からの圧力で公家や武家も徳政令の対象に加わることとなった。時房は「土民がこのようなことを言ってくるのは、後日の罪科を恐れて公家や武家も対象とするように考えているからである」と書き記している。

嘉吉の徳政一揆は、一揆勢が幕府を相手にほぼ全面的に自らの要求を認めさせた画期的な事件であった。幕府の威信は大きく損なわれたのである。幕府の敗因は一揆軍の予想外の展開の速さについていくだけの迅速な合意形成ができなかったことにあった（早島：二〇一八）。

持之らの力量の問題もあったかもしれないが、何より合意形成のための交渉力や調整能力に長けた満済がいなかった。正長の土一揆の時には満済がいた。こういう有能な調整役の不在が大きく響いていたのである。大名たちによる合議政治は、その使命を終えようとしていた。

もう一つ、この嘉吉の徳政一揆は幕府に破壊的な影響を及ぼした。当時の幕府財政は土倉が担当していたからである。幕府財政を支えていた土倉が徳政令で大きな打撃を受けた、ということは、幕府自体の財政が苦しくなってしまう、ということであった。そして、その影響は当然朝廷にも及ぶのである。後花園の中央図書館構想や中央美術館構想が頓挫したのは、パトロンである幕府の財政の悪化と大きく関係していた。

大和国の動乱と綸旨

大和国は中世を通じて守護が設置されておらず、興福寺《こうふくじ》が事実上の守護であった。トップに一乗院《いちじょういん》・大乗院《だいじょういん》の両門跡が君臨し、その下に多数の院家《いんげ》（塔頭）や坊舎があり、両門跡を頂点とする巨大な組織が形作られていた。その末端で武力を担当したのが衆徒《しゅと》と呼ばれる下級の僧侶や国民と呼ばれる春日社の下級の神人《じにん》（下級の神職）であった。

永享元年（一四二九）、かねてより対立してきた箸尾《はしお》・越智《おち》両氏と筒井《つつい》・十市《とおち》両氏の間で戦乱が起きた。大乗院門跡の経覚《きょうがく》は上洛し、義教に停戦命令を出して欲しいと願ったが、当初義教は煮え切らない態度であった。体面を重んじる義教は下手に介入して失敗に終わると面子が傷つくと考えており、介入の実が上がらない戦乱に停戦命令を出すことには消極的であった。一方、南都伝奏を務めていた万里小路時房は介入の実が上がらなくても幕府が関わる姿勢を見せることが重要と考え、いわゆる口先介入を主張していた。

しかし越智・箸尾両氏に筒井氏が大敗を喫し、筒井氏が幕府に訴え出たことで局面は変わる。義教は派兵を決意し、畠山持国と赤松義雅《よしまさ》を投入した。その後も戦乱は続発し、そのたびに幕府の派兵は大規模になっていく。大覚寺義昭《だいかくじぎしょう》が大和で挙兵し、後南朝や山名持熙《もちひろ》、足利持氏と連携しながら箸尾氏に担がれる、という風説が流れた。これはほとんど根も葉もない噂にすぎなかったが、幕府は永享十年（一四三八）、足利持氏治罰綸旨を申請し、認められたのと前後して箸尾氏が立て籠る多武峰《とうのみね》（奈良県桜井市）への治罰綸旨も要請し、発給されている。綸旨の効果か、越智氏が討たれ、いったんは収まったものの、永享十二年（一四四〇）には残党討伐のために派遣されていた一色義貫と世保持頼が義教の命によって武田信栄《たけだのぶひで》に暗殺され、嘉吉元年（一四四一）には義教が嘉吉の乱で暗殺されたために再び動揺した。

筒井順弘《じゅんこう》とその叔父成身院光宣《じょうしんいんこうせん》の間で争いが起こり、光宣が順弘を殺害したが、光宣と対立してきた畠山持国や大乗院経覚が幕府に訴え出た。当時、幕府は将軍義政が幼少であったために幕政は持国が担っていたが、持国は治罰綸旨を後花園に申請し、下付された。そして光宣の勅免と大和国の動乱の終結も綸旨を以て宣言された。綸旨によって戦争が始まり、綸旨によって戦争が終わる。後花園は幕府の戦争になくてはならない重要なキーパーソンとなっていった。

後花園天皇の綸旨

後花園の出した綸旨・院宣については富田正弘氏、安田歩氏の研究があるが、安田氏が集積した裁許・安堵の綸旨は四十三通、祈禱綸旨が二十通（安田：二〇〇二）あり、富田氏によれば治罰綸旨・院宣が十二通（富田：一九七八）ある。永享十年（一四三八）の足利持氏治罰綸旨を皮切りに嘉吉の乱後には多くの綸旨を出していることが知られる。

後花園の綸旨の発給については、天皇権威の上昇とする見方が強い。後花園を中興の英主とするのは、彼が多くの綸旨を出して存在感を高めていたことに求められるだろう。特に今谷明氏による、義満の王権簒奪の挫折後の天皇権威の上昇という図式は、その後の研究にも大きな影響を与えた。一方、富田氏や安田氏のように、後花園の綸旨は基本的に幕府の追認にとどまっており天皇権威の復活とは言えない、という見方もある。

水野智之氏によれば、後小松の死後は義教が公武の政務の首班として伝奏《てんそう》に指示を出していたが、義教の死後は後花園が伝奏に指示を出して政務にあたっていた、という（水野：二〇一七）。義教の権限の一部を後花園が引き継いだ、ということになるだろう。

したがって、後花園はいわば室町殿の代理として幕政の一部を掌握したとも言えるのである。天皇も幕府という公武統一政権の重要なプレイヤーであった。それは実際、後小松の時にもそうであったのだが、主たる経営者である室町殿が機能不全に陥った時、天皇が表面に出てくるのである。

むろん、後花園が幕政を完全に掌握したわけではない。しかし武家政権の根幹である最高の軍事指揮権が天皇によって発動されたことは、幕府の重要なプレイヤーとしての地位を後花園が掌握したことを意味しているだろう。

また、義政の成人後には後花園の安堵綸旨（土地の所有を保証する綸旨）に「武家の下知に任せ」という文言が入ることが富田氏や安田氏によって指摘されている。これも後花園が幕政に関与していることを示しているのだろう。特に「武家の下知に任せ」という文言で室町殿の安堵の一端を担っていることは、いわば室町殿の命令を天皇が執行しているとも言える。まさに幕政に天皇が関わっていることが可視化されているのである。天皇が室町殿の名前を出したうえで、本来天皇の任務である公家衆への安堵を行っていることを、天皇権威の失墜と評価するのも間違いとは言えないだろう。しかし一方で、幕府の一部として自らを積極的に位置づけるのも、後花園なりの工夫であるとも言えるだろう。

天皇の綸旨による安堵については、桜井英治氏が指摘する万里小路時房と三宝院義賢《ぎけん》（足利義満の弟満詮《みつあきら》の子で満済の後継者）との議論が興味深い。

後花園の綸旨によって何とか赤松満祐討伐が進み、満祐が討ち取られたのが嘉吉元年（一四四一）

九月十日、そして逃亡した教康が伊勢の北畠教具《きたばたけのりとも》によって自刃に追い込まれたのが九月二十八日であるが、二人の議論はちょうどその頃である。京都では徳政一揆が収束し、また満祐や教康の首が届き、時房らの懸案は次の段階に移っていた。赤松氏が滅亡すると、その領国である播磨・美作・備前の守護職は当然新たな人物が任ぜられることになるが、誰が見ても有力なのは山名持豊であった。目下、満祐による寺社本所領（寺社や公家の荘園）の押領《おうりょう》（権利侵害）から自らの権益を回復することが必要だったのだが、新たな守護が決まってしまってからでは遅い。しかも持豊はかなり無茶を通すタイプだったので、公家たちからすれば、何としても山名一族が守護職を獲得する前に権益を確保せねばならなかった。

そこで九月十七日、守護が決まっていない間に寺社本所領の直務安堵《じきむあんど》（守護を介さずに自らの権益を確保すること）を勅定《ちょくじょう》（天皇の意思）によって確保しようと考え、三宝院義賢に幕府への申し入れを依頼した。当初は管領の細川持之に直接勅使を下す予定だったが、大げさになるので義賢の仲介に期待したのである。

しかし勅定を伝えてから何の音沙汰もない。しびれを切らした時房は閏九月二十日に義賢を訪ね、問いただした。すると義賢は管領にそれを伝えていないという。義賢の言い分は「細川持之や畠山持国のように礼儀を存ずる人々ならば問題はないのだが、山名持豊のような無法者は勅定も受け入れないだろう。そうすれば逆に勅定が軽んぜられたことになりはしないか」ということであった。それに対して時房は「先に規制があれば抑止力にもなろうが、規制がなければどうしようもなくなるではないか」と反論したが、義賢は結局幕府への仲介を行わないままであった。

十月十二日、義賢のもとに三度向かった時房は、義賢から「用事のついでに持之には伝えるつもりだ。急がなくてもどうせ実効性はないのだから大したことはあるまい」という意見を聞かされ、「もし法を制定せずに乱れたとしたら、それは法を制定しなかった為政者の責任になる。法を制定してそれが破られれば、それは破った者の責任である。義満様の頃にも寺社本所領保護の命令が出されたが、救済された人は少なかった。それは仕方のないことだ。今ここで法を制定しても完全には履行されないだろう。それはわかっている。義教様の政治で多くの人々がひどい目に遭った。今、幕府のやるべきことは義教様の報いが子孫に及ばないようにすることではないのか」とまくし立てて、ようやく義賢も持之に伝達することとなった。

二人の議論からは色々なことが考えられるが、ここでは幕府を補完する天皇という形を朝廷側が率先して作ろうとしていることに注目したい。

ちなみに義賢が渋っていた本当の理由は、室町殿の命名に満済は諮問に与《あずか》ったのに自分は無視され、後花園サイドで一方的に決定されたことへの僻《ひが》みだった。時房は「今後は管領からも天皇からも頼りにされますよ」と慰めたが、桜井氏は「恨み言をいう暇があったら実績を作れと怒鳴りたかったところだろう」と時房の心中を推し量っている（桜井：二〇〇九）。桜井氏の指摘するように、人材不足はこの時期の幕府の深刻な問題点だったのである。それともう一つ、後花園がかなり強気になって、独断専行が目に付くようになっており、それへの不満が潜在していることがうかがえることもその後の伏線となる。

2 後花園天皇と後南朝の戦い

禁闕の変

後花園より名前を賜った足利義勝は叙爵後の嘉吉元年（一四四一）十一月、評定始に姿を現し、政治の表舞台に登場してきた。翌嘉吉二年（一四四二）十一月七日には関白二条持基《にじょうもちもと》が烏帽子親《えぼしおや》となって元服が執り行われ、征夷大将軍に任ぜられ、同時に内裏への昇殿も許された。将軍としての素養を身につけるための稽古も順調に行われ、聡明で将来を嘱望されていた九歳の少年は大きな仕事に臨むこととなった。嘉吉三年（一四四三）六月、朝鮮通信使がやって来たのである。その接受には費用もかかるため、管領となっていた畠山持国らは入京を断ろうとしたが、前国王足利義教の弔問ということで受け入れざるを得なくなった。朝鮮通信使の卞孝文《ピョンヒョンムン》は将軍（国際的には日本国王）足利義勝と面会した。榎原雅治氏は等持院《とうじいん》が所蔵する束帯姿の義勝像はこの時の姿ではないか、としている（『室町幕府将軍列伝』足利義勝）。

外交という重要な儀式を無事に終えた九歳の義勝はその一ヶ月後、赤痢《せきり》と見られる病気で急死する。

義教の弔問と新国王義勝の祝賀という役割を担ってやって来た朝鮮通信使は、義勝の弔問という役目まで背負わされたのである。

余談ながら、この時の使節書状官として随行していた申叔舟《シンスクチュ》は、のちに朝鮮の首陽大君《スヤンテグン》に仕えて首陽大君による王権簒奪に寄与することになり、さらに後年には日本に関する書物である『海東諸国《かいとうしょこく》《ヘドンチェグッ》紀《き》《キ》』を著している。彼の臨終に際しての国王への言葉は「朝鮮と日本の友好を損なわないようにお願いします（願わくは国家、日本と和を失うことなかれ）」というものであったという。

義勝の後任には義勝の同母弟三春《みはる》が選出されたが、叙爵は見送られ、しばらく室町殿は空位となった。さらに義勝の死については、足利持氏や一色義貫、赤松満祐など義教によって非業の死を遂げた人々の祟りと噂され、三春は室町第へ移らずに養育先の烏丸資任《からすまるすけとう》の邸である高倉亭《たかくら》（烏丸殿）にとどまったのである。

嘉吉三年九月二十三日、義勝の死後二ヶ月経った頃である。その日、後花園は弟宮の和歌の添削を行っていたが、日没頃、武装勢力が京都に入り込み、その対策として管領に就任したばかりの畠山持国は警固のために烏丸殿に軍勢を集めた。次期将軍に内定した三春を狙ったテロルと判断したのである。

しかしこの判断は完全に外れた。武装勢力の目的は内裏であった。数百人の武装勢力が清涼殿《せいりょうでん》（天皇の普段の居住場所）に侵入したのである。後花園はまだ就寝しておらず、甘露寺親長《かんろじちかなが》と四辻季晴《よつつじすえはる》に昼《ひ》御座《おましの》御剣《ごけん》を持たせて隣室に逃げ込んだが、そこにも武装勢力の手が迫り、親長が太刀を振るって武装勢力を防いでいる間に後花園と季晴は辛うじて脱出することに成功した。後花園は女装して近くの正親町《おおぎまち》（裏辻）持季《もちすえ》の邸に逃げ込み、広橋兼郷《ひろはしかねさと》邸を経て近衛房嗣《このえふさつぐ》邸に移って身の安全を確保した。誰が裏で手を引いているのかわからないため、後花園の生死すらしばらくは明らかにされなかった。

さらには神璽《しんじ》（八尺瓊勾玉《やさかにのまがたま》）と宝剣（草薙剣《くさなぎのつるぎ》）は大納言典侍《だいなごんのてんじ》（広橋兼郷の姉。後花園に仕える女官のトップで、後小松院の時代からのベテラン）が持ち出そうとしたが、これらは武装勢力に持ち去られてしまった。神鏡《しんきょう》（八咫鏡《やたのかがみ》）だけは正親町三条実雅の青侍と門の護衛にいた幕府奉公衆黒田氏の手によって伏見宮邸に運ばれ、無事であった。

武装勢力は神器のうち、神璽のみを持ち出し、かさばる宝剣は清水寺《きよみずでら》に放擲していた。彼らは比叡《ひえい》山根本中堂《ざんこんぽんちゅうどう》に立て籠り、延暦寺《えんりゃくじ》に決起を呼びかけたが、後花園による治罰綸旨が出されると山門使節（延暦寺の統制のために室町幕府によって任命された院家）護正院《ごしょういん》によって首謀者の金蔵主《こんぞうす》と日野有光《ありみつ》は討ち取られた。ちなみに護正院は長く護聖院宮《ごしょういんのみや》家の庇護者を務め、護聖院宮家の名前も護正院に由来する。したがって、護聖院宮関係者は護正院の兼全《けんぜん》を頼ったのだろうが、兼全としては山門使節に任命されたばかりで、朝廷・幕府の命令を聞く以外には選択肢はなかったのである。

捕縛された通蔵主《つうぞうす》は流罪になったが、配所に向かう途中で殺害され、参議右大弁を務めていた日野資親《すけちか》も捕縛されて処刑された。勧修寺《かじゅうじ》の教尊《きょうそん》は無関係だったろうが、これも捕縛され、隠岐島へ流罪となり、その後の消息は伝わらない。ほかの例から考えれば、京都を出てまもなく殺されたのだろう。後花園の女官の中で序列二位であった権大納言典侍《ごんだいなごんのてんじ》は日野有光の娘だが、さすがに逐電してしまった。

この事件は単に後南朝の蜂起として処理されがちだが、日野有光という後光厳皇統の有力な外戚が加わっていることは見逃せない。足利義教への怨恨から後南朝に走ったとされることが多いが、日野有光の子である資親と権大納言典侍は後花園に仕えて順調に出世していた。有光の暴挙は自らの生命のみならず彼らの未来、さらには生命そのものを断ち切り、日野本家の断絶という、極めて深刻な結末をもたらしたのである（秦野：二〇一九②）。

禁闕の変の背景

この禁闕の変と呼ばれる事件の主要勢力の一つが後南朝勢力である。護聖院宮家が取り潰された時に出家した二人の皇子である金蔵主と通蔵主、そして彼らを擁立したのが鳥羽《とば》尊秀《たかひで》と楠木正秀《まさひで》である。彼らが蜂起した理由は比較的明瞭である。足利義教の南朝断絶策が裏目に出た、ということに尽きるだろう。今回の事件の首謀者として担がれた金蔵主と通蔵主は護聖院宮家で、小風真理子氏によれば比叡山の梶井門跡の門徒の一つである護正院の庇護下に置かれ、幕府体制のもとで世襲宮家として位置づけられていた。その宮家は当主の世《よ》明《あきら》王《おう》の死去後に取り潰され、万寿寺《まんじゅじ》と相国寺に入れられていた。

彼らを擁立した鳥羽尊秀については、後鳥羽院の子孫という話が中原康富《なかはらのやすとみ》によって伝えられているが（『康富記』）、詳細は不明である。禁闕の変の実行部隊の主力となった楠木正秀についても楠木正《まさ》成《しげ》の三男正儀《まさのり》の子とか孫とかという説があり、一定しない。

最大の問題は神璽が持ち去られてしまった、ということである。神璽は後南朝方の手に落ち、吉野よりもさらに奥に入った北山郷（奈良県上北山村）に持ち込まれたようである。その後、北山周辺で後南朝の蜂起が記録されている。文安元年（一四四四）には熊野本宮から報告があり、「上野宮《こうずけのみや》御部類（仲間のこと）」が挙兵したことが中原康富によって記されている。上野宮は後村上天皇の皇子説成《かねなり》親王のことであるが、その「御部類」ということは、説成親王の皇子かあるいは仕えていた家臣が後南朝に合流したことになるだろう。森茂暁氏は「小倉宮の流れではない点が注目される」（森：二〇〇五）としている。

文安四年（一四四七）には南方宮方が紀伊国で蜂起し、紀伊守護であった畠山持国に鎮圧されている。この「賊首」の扱いについては後花園が関白一条兼良《いちじょうかねよし》に諮問しているが、兼良は「晒し者にしてはいけない」と答えている。また、そもそも首の扱いが後花園と兼良の間で処理されているのは、これが実際に皇族の首だったからだろう。「護性院宮」とあり、「護聖院宮」のことであると考えられる。世明王の弟で金蔵主・通蔵主の叔父円満院円胤《えんまんいんえんいん》が有力視されている。

ここからわかるのは、後南朝の主力が小倉宮《おぐらのみや》から護聖院宮に変わっていることである。護聖院宮家は本来、幕府体制に順応していた。自らの皇位継承を求める立場ではなく、後光厳皇統のもとで一世襲宮家として生きていく道を選んだ宮家である。したがって、禁闕の変を南朝による皇位回復の企てとするにはためらいがある。彼らの目的は護聖院宮家の復興ではなかっただろうか。

禁闕の変で甘露寺親長が太刀を振るって後花園を守ろうとしたことは述べた。彼は後花園からはぐれ、一人敵の中に取り残されたのだが、無事に生還している。女官たちも死んだりはしていない。内裏が炎上し、武装した武士が数百人乱入したにしては死者が出ていないのである。これは、彼らの狙いが後花園の命や身柄ではなく神器だけだったことを示している。それも宝剣は遺棄しているのであるから、持ち運びやすい神璽だけが必要だったことがうかがえる。もし彼らが皇位の継承を狙っていたのであれば、手に入れたものはできる限り持ち出すだろう。さらに言えば、金蔵主も通蔵主も出家してから日時が経っている。彼らが皇位継承できるとは、彼らを擁立した人々、さらには彼ら自身も考えてはいなかっただろう。

交渉の具に神器を持ち出したものの、後花園が翌日には早々に治罰綸旨を出し、それを受けて頼みにしていた護正院兼全は逆に後花園・持国サイドに立ち、彼らはあっさり制圧されてしまい、神璽は遠くに持ち去られてしまった、というところだろう。その意味では後花園サイドの強硬姿勢が裏目に出た可能性もある。

日野家にとっての禁闕の変

日野有光はなぜ禁闕の変に参加したのだろうか。結果を知っている我々からすれば、何と割の合わない賭けに出たのものだと思わざるを得ない。有光の賭けは結果的に自らの生命のみならず、息子の資親の生命をも奪い、娘の権大納言典侍の未来も奪ってしまった。さらには日野本家の断絶というおまけまでついてきた。将軍家の外戚として大きな力を持っていた分家の裏松家がすでに没落していた状態で、肝心の日野本家まで潰してしまう愚行となった。しかも裏松家を衰亡させた義教はすでに亡く、裏松家出身の重子が将軍の母親として権勢を振るい始めていたから、有光は何もしなくても穏やかな老後と、息子の栄達、娘の活躍を確保できたはずなのだ。

この点について注目すべき見解を田村航氏が出している（田村：二〇一〇）。田村氏によれば、後光厳皇統から崇光《すこう》皇統への転換の中で後光厳皇統の重臣だった日野有光が幕府ではなく朝廷に反旗を翻したと見る。

ともあれ、有光の叛意は幕府に向けられたものではなく、朝廷に向けられた、とする田村氏の議論にさらに付け加えるならば、その叛意は朝廷ではなく後花園その人に向けられたのではないだろうか。

ここで日野家と朝廷・幕府との関係について述べておきたい。

日野家は、薬子《くすこ》の変（八一〇年）で台頭した藤原冬嗣《ふゆつぐ》の兄で、平城《へいぜい》天皇の側近であった藤原真夏《まなつ》の子孫である。真夏の孫家宗《いえむね》が山城国宇治郡日野（京都市伏見区）に法界寺《ほうかいじ》を建立し、日野の家名の基となる。代々紀伝道を家道として中納言・大納言クラスまで立身する、いわゆる名家《めいけ》の出である。

ここで公家の家格について簡単に説明すると、一番上に摂関家があり、これは近衛《このえ》・鷹司《たかつかさ》・九《く》条《じょう》・一条《いちじょう》・二条《にじょう》の五家である。それに次ぐのが近衛大将を経て太政大臣に至る清華家《せいがけ》（久我《こが》・三《さん》条《じょう》・西園寺《さいおんじ》・徳大寺《とくだいじ》・花山院《かさんのいん》・大炊御門《おおいのみかど》・今出川《いまでがわ》・洞院《とういん》）、そして大将を経ずに大納言に登り、大《だい》臣《じん》に欠員が出れば大臣に就任する大臣家《だいじんけ》（正親町三条《おおぎまちさんじょう》・三条西《さんじょうにし》・中院《なかのいん》）、近衛中将を経て大納言に登る羽林家《うりんけ》、中将にならずに弁官など実務を担当しながら最終的に中納言から大納言に登る名家、特殊な技能で朝廷に仕え中納言から大納言に至ることもある半家《はんけ》に分けられる。

日野家の出世の端緒は伏見《ふしみ》天皇の側近日野俊光《としみつ》である。息子の資朝《すけとも》は後醍醐《ごだいご》天皇の側近となって義絶され、兄資名《すけな》が日野家の嫡流となる。資名の弟三宝院賢俊《さんぼういんけんしゅん》と資名は足利尊氏に近づき、後醍醐天皇にいったん敗北して九州へ落ち延びる時に光厳《こうごん》上皇の院宣《いんぜん》を尊氏にもたらした。それ以降、日野家は持明院《じみょういん》統および幕府にしっかりと食い込むようになった。

資名の子時光《ときみつ》は娘の業子《なりこ》を足利義満の正室にし、時光の子資教《すけのり》・資康《すけやす》・資国《すけくに》はそれぞれ日野・裏松・日野西家を立てた。特に嫡子の資教に譲られた東洞院一条邸は、のちに後小松上皇の仙洞御所となり、子の有光は後小松上皇の院執権《いんのしっけん》となって後小松院政を支えた。有光の娘光子《みつこ》は称光天皇の典侍となり、日野家は後小松を中心に後光厳皇統に深く関わることとなった。日野西資国の娘資子《すけこ》は後小松の典侍となって称光と小川宮《こかわのみや》を産んでいる。

一方、裏松資康の娘康子《やすこ》は業子亡きあとに義満の正室となり、同じく娘の栄子《えいこ》は義持の正室となっており、裏松家は足利将軍家と深い関係を築くようになる。

この関係が壊れるのが足利義教の時である。義教は慣例に従って裏松重光《しげみつ》の娘宗子《むねこ》を正室に迎えるが、義教は正親町三条尹子を寵愛するようになり、宗子は遠ざけられてしまう。代わりに妹重子が側室となり、千也茶丸（義勝）と三春《みはる》を産むが、彼らの兄で重光の跡を継いだ義資は義教によって遠ざけられ、やがて暗殺されてしまう。義資の子重政も出家遁世に追い込まれ、六歳の勝光が継承するが、裏松家はほぼ断絶となる。

日野家が復活したのは義教の死と義勝就位によってである。義教の死と共に出家した尹子に代わって重子が将軍生母として存在感を発揮し、また義教時代に義資の巻き添えを食らっていた有光も救済され、嫡子の資親は後花園の下で右大弁として出世の入り口に立っていた。裏松勝光も義勝の偏諱《へんき》を受け、裏松家も再建途上にあった。称光の後宮《こうきゅう》に入っていた光子は引き続き権大納言典侍として宮中に重きをなし、姪の郷子《さとこ》は後花園の後宮に入っている。

護聖院宮家の取り潰しが後小松崩御のタイミングで行われているのは、先述したように護聖院宮が後小松院すなわち後光厳皇統の庇護下にあったことを暗示している。後光厳皇統の危機に際して、その関係者である日野有光と護聖院宮家の最後の生き残りが後光厳皇統の堅持と護聖院宮家の再興を求めて戦いを起こした、というところだろう。

ではなぜこのタイミングだったのか。そのヒントが貞成の日記にある。彼は嘉吉三年（一四四三）四月二十六日、禁闕の変の四ヶ月前に「私の望みの太上天皇尊号について申し入れたところ、問題ないとの叡慮《えいりょ》を得た。それについては弟宮の元服以後と仰せがあった」と書いている。つまり貞成への太上天皇尊号宣下があれば、それは貞成を改めて天皇の父として位置づけ直すことになる。現時点ではあくまでも後花園の父は後小松であり、それゆえ後花園は後光厳皇統に位置づけられることになる。

しかし貞成に太上天皇の尊号を宣下することは、貞成が後花園の父となり、後花園の皇統は後光厳皇統から崇光皇統に転轍されることになる。だからこそ後小松は、遺詔で貞成への尊号宣下を禁止していたのである。すでに後小松院の遺詔のうち、仙洞御所に貞成を入れてはいけない、というのは事実上義教によって踏みにじられていた。残る太上天皇宣下の禁止すら踏みにじられては後小松の遺詔は単なる空文《くうぶん》となる。後小松院の重臣であった有光としては看過できない問題であっただろう。

大名たちの禁闕の変

貞成は禁闕の変について次のようにまとめている。「日野有光が叛意を抱いたのはなぜなのか。息女は禁中に伺候している。全くわからない。このほか公家衆も共謀しているということだ（名前を出すことはできない）。山名が野心を持っていたことは以前から知っている。細川も山名の関係者なので共謀に加わっていても何の不思議もない」。

細川と山名の関与については渡邊大門氏の著作に詳しい。義教によって没落した畠山持国は嘉吉の乱後に復帰し、細川持之の死後に管領に就任して幕政を掌握していた。それに対して嘉吉の乱で最も活躍した山名宗全（持豊、嘉吉二年（一四四二）に出家）は面白からず、また加賀守護の富樫《とがし》氏の家督争いで持国と対立した細川氏は宗全との連携を強めていく。その流れの中で畠山持国を失脚させる目的で変が起こされた、と渡邊氏は推測している（渡邊：二〇一九）。しかし、その動きは後花園と畠山持国の連携の前に封じ込められた。案外、山名持豊らにとっては護聖院宮関係者、具体的には日野有光の後花園への強烈な憎悪が計算外だったのかもしれない。

内裏の清涼殿が武装勢力に占拠され、炎上するという未曾有の出来事にもかかわらず、侍所や大名が駆けつけないことを貞成は不審がっているが、要するに誰が事変に加担しているかわからず、動くに動けなかったのだろう。嘉吉の乱で赤松邸が炎上するのを見て誰も動けなかったのと同じである。

嘉吉三年十月八日、管領の畠山持国が辞意を表明する。しかし日野重子によって慰留された。貞成は、細川と山名が野心を持っている以上、今回の最大の功労者である持国に去られるのは困る、と書いている。

持国は宗全を懐柔するために、赤松満政が保持していた播磨国の明石付近の三郡を取り上げ、宗全に与えた。満政は満祐の従兄弟で義教の側近として仕え、嘉吉の乱でも幕府側に立って戦い、播磨東部を維持した。しかし宗全の存在が朝廷・幕府にとって不安要因となっていることは事実であり、かといってその排除も思うに任せない以上は宗全を抱き込むしかなかった。満政はその犠牲となったのである。

持国に見放された満政は播磨国に下り、自力で勢力の回復を狙うが、事態の早期解決を図った持国と後花園によって朝敵とされ、治罰綸旨が下り、赤松一門の有馬持家《ありまもちいえ》によって討ち取られてしまった。

公家にも参加者がいる、と貞成は名前を書かずに指摘しているが、それについては大納言の三条実量《さねかず》が関与しているという噂を貞成は書き留めている。実量は後花園と貞成に弁明しているが「存知しない」と突き放され、持国の取り成しで何とか丸く収まっている。

後花園は貞成の御所を里内裏として移ってきた。貞成は「老後に細々と龍顔（天皇の顔）を拝することができるのは乱中の大慶である」と日記に書き記している。十四年前、天皇になるために家を出ていった息子との久しぶりの同居であった。しかしそのような事態が長く続くのも問題であって、貞成はやがて近くの三条実量の邸に移り住むこととなった。実量は石清水八幡宮の坊官善法寺《ぜんぽうじ》家の邸に移ることになったが、実量はあれこれと理由を申し立てて拒否し、後花園・畠山持国・正親町三条実雅による粘り強くかつ強硬な交渉の前に年末の十二月二十九日深夜にようやく明け渡し、貞成が移り住んだのは年も明けた午前二時のことであった。おそらくは実量へのペナルティだったのだろう。この内裏の修復完成は貞成死去直前の康正二年（一四五六）四月のことであった。

ともあれ、禁闕の変の激動を乗り切り、圧倒的な軍事的政治的勝利を収めることで、後花園および貞成はその後の朝廷のヘゲモニーを掌握することとなった。しかし、皇統のあり方をめぐる意識に齟齬のあるこの両者の連携は脆いものであった。両者の亀裂は直後にあらわになる。

3　後花園天皇の飢饉との戦い

後花園天皇と伏見宮家

文安二年（一四四五）三月、後花園の弟宮の元服が執り行われた。貞常王《さだつねおう》である。引き続いて親王宣下が行われるはずであったが、突如取りやめになった。天皇と伏見宮家の間のただならぬ噂が原因と中原師郷《もろさと》は記している（『師郷記』）。

五月になって貞成から訴えがあり、その事情聴取のために万里小路時房と松木宗豊《まつのきむねとよ》が遣わされ、貞成の言い分を持ち帰った。その結果、天皇と伏見宮家に関わる噂を流したのが広橋兼郷と神祇伯《じんぎはく》の資益王《すけますおう》であった、ということが判明した。資益王は神祇伯を罷免のうえ、洛中からの追放処分となった。主犯と目された兼郷は細川勝元《かつもと》のもとに逮捕拘留され、流罪になるところだったが、日野重子が「寛大な処置を」と口添えしたために流罪は中止となり、兼郷も洛外への追放処分となった。

兼郷らが何を言ったのかについて小川剛生氏は、貞成が後花園を退位させ、貞常の登極を企てている、というものであったに違いない、と推測している（小川：二〇〇九）。

ここで広橋兼郷について少し述べておきたい。兼郷は長く四代将軍足利義持の時期に武家伝奏を務めた広橋兼宣《かねのぶ》の嫡子で、兼宣の跡を継いで武家伝奏として重きをなしている。広橋家は日野家と鎌倉時代に分かれた家系で、兼宣は日野資教と競合関係にあって、しばしば対立している様が見られる。

後小松と義持の恩顧を受けていたせいか、応永二十五年（一四一八）段階では「広橋は我々とは疎遠である」と貞成に書かれているが、永享二年（一四三〇）に義教が伏見御所を訪れた際には義教退出の際の作法を打ち合わせたり（その時、貞成が庭先に降りてしまうというミスを犯したのは前述した）、屏風を貞成に貸したりしているので、必ずしも疎遠とは言い切れないだろう。その屏風に勧修寺経成《かんじゅじつねなり》が嘔吐したことも前述したが、その時のことを楽しげに貞成は書き記している。

禁闕の変で後花園は、避難先の一つに兼郷の邸を選んでいる。また兼郷の姉は後花園の典侍で、宝剣と神璽を持ち出して奪われている。

こうしてみると、兼郷と後花園の関係は全く悪くない。また貞成に悪意を持っているとも思えない。何よりも後花園自身が貞常への親王宣下を一時延期したことからもうかがえるように、貞常と貞成へ不信を抱いた可能性も高い。とすれば、この頃、伏見宮家と内裏の間に不協和音が生じていたのではないだろうか。それをことさらに吹聴した兼郷が、最終的に貞成側からの抗議で失脚したというところだろう（秦野：二〇一九⑤）。

内裏と伏見宮家の不協和音はもちろん皇統の問題だろう。後光厳皇統から崇光皇統への付け替えを主張する伏見宮家と、それについて及び腰の内裏サイドで思惑のすれ違いが起きていた可能性もあろう。貞常への親王宣下から貞成への太上天皇尊号宣下までのロードマップは一致してはいたものの、太上天皇の尊号を以て崇光皇統への付け替えとしたい伏見宮家と、太上天皇尊号は皇統の付け替えを意味しないとする内裏サイドのすれ違いである。

それを示すのが、後小松が応永二十六年（一四一九）に作成させた『本朝皇胤紹運録《ほんちょうこういんじょううんろく》』の扱いである。『本朝皇胤紹運録』は天皇家の系図であるが、のちの補訂で後花園を後小松の子として扱い、あくまでも後光厳皇統を継ぐ者として描かれている。その補訂を行ったのが後花園の側近である甘露寺親長である以上、後花園は一貫して後光厳皇統を継承した、という自意識があった可能性は極めて高いだろう。後光厳皇統としての自意識を持ち続ける後花園に対する不満が、貞成サイドになかったとは言えないだろう。

我々は、後花園と貞成が親子関係であることを以て二人が協調関係にあった、と考えがちである。しかし「礼」の秩序としての儒学を身につけた後花園とすれば、制度上は後小松を父として仕える立場だったのである。

貞成親王への太上天皇尊号宣下

文安二年（一四四五）六月、騒動はあったものの貞常への親王宣下が行われ、いよいよ貞成への太上天皇尊号の宣下も間近であるはずであった。しかし翌三年二月、貞成と貞常が参内して松囃子を天皇と一緒に観覧するという行事があったくらいで、貞成への太上天皇尊号宣下は少し停滞していた。

それが動き出すのが文安四年（一四四七）である。三月六日、後花園は万里小路時房に貞常の叙品《じょほん》と貞成の太上天皇尊号について諮問した。それによると「近日しきりにご所望あり」ということで、どうすべきか時房に聞いたのである。時房はこの時、後小松の遺詔を持ち出して反対した。後小松は「もし貞成に太上天皇尊号を勅許すれば当今が貞成の後継となることを意味し、後光厳院流が断絶してしまう」として貞成への尊号を拒否していた。時房は後小松の遺詔がすでに義教によって踏みにじられていることを指摘し、義教の決定について「世論は批判的」と述べ、尊号について消極的な意見を述べている。

三月二十三日、中山定親が時房のもとを訪れた。上杉憲忠《のりただ》を関東管領に補任《ぶにん》するための綸旨発給の問題と、改めて貞成への尊号宣下の問題である。ここでも時房は義教の遺詔違背のことを持ち出して反対するが、最終的に後亀山《ごかめやま》上皇の例に倣って父親ではない皇族への太上天皇尊号という形での妥協案を出す。貞成への尊号宣下を後光厳皇統断絶に繋げないように論理を構成してやむなし、という結論を出したのである。

ここに、後花園と貞成は共に後小松の猶子《ゆうし》として、それぞれ後光厳皇統と崇光皇統を両立させる配慮ができあがった（田村：二〇一八）。

文安四年十一月二十七日、時房は次のように記している。「入道無品貞成親王に太上天皇尊号があった。宣下のことをしきりに望み申され（しかし女中がしきりに申され、ご自身の望みではないということだ）、叡慮も黙《もだ》しがたいということであった」。

もちろん貞成自身の望みではない、はずがない。現実に彼は十月十四日に「年内には宣下があるとのことだ。内々にまず知らせよということを仰せ下された。このことは私より所望すべきところであったが、分不相応なので今まで存じていながら過ごしてきたのだ。私が生きている間に沙汰があるのは本望だ」と書き記している。

時房が「女中」と書いているのは、もちろん後花園の生母庭田幸子（文安元年（一四四四）准后宣下とともに「経子」から「幸子」に改名）である。実は、彼女はこの頃にはかなり体調が悪化していた。後花園は翌五年（一四四八）二月二十八日に彼女を見舞っているが、これは病状が「御危急」と言われるほど悪化したからであり、「長病」とあることから貞成への太上天皇尊号宣下の頃にはすでに闘病生活に入っていたことがわかる。こう考えると、これまで進まなかった太上天皇号の問題が一気に進んだ意味がわかる。自らの死期を悟った幸子が天皇に申し入れ、天皇も断りきれなかった、というのが真相だろう。

三月四日には院号宣下があり、幸子に敷政門院《ふせいもんいん》の院号が与えられ、天皇の生母としての格式を備えた。その喜びに浸る間もなく彼女は四月十三日、死去した。中原康富によれば「昨年秋頃よりご病気であった（噎病《いつびょう》、つまり咽喉ガンか食道ガンと思われる）。五十九歳、今日出家なされ、その後、手水をとり、念仏を唱え臨終正念であった」ということである。

幸子は実母ではあるが、後花園は後小松と光範門院の猶子ということで諒闇《りょうあん》には及ばず、仙洞御所も触穢《じょくえ》には及ばない、という決定を下している。後花園はここでも自らを崇光皇統に位置づけることを拒否したのである。

幸子の女院号宣下の直前、貞成は太上天皇尊号を辞退した。しかし、これは彼が「尊号辞退報書」を提出しただけで、実際に辞退が許可されたわけではない。彼はその後も「法皇」と呼ばれている。法皇とは太上法皇の略称で出家した太上天皇のことである。

その八年後の康正二年（一四五六）五月、貞成は病んだ。死期を悟ったのか、彼は伏見に移り、最後の別れを伏見に告げると、八月には一条東洞院の仙洞御所に戻ってきた。その前月に後花園の土御門内裏が完成し、義教からもらった後小松院の仙洞御所である一条東洞院御所が再び貞成の仙洞御所となったのである。八月二十九日、貞成は「崩御」した。当時としては長命の八十五歳、追号を後崇《すこう》光院という。

後花園は弟の貞常に伏見宮家の継承と、その「永世」にわたる存続を約した。そして伏見宮家の当主は代々天皇の猶子となって親王宣下を受ける、という特殊な形がとられることとなった。ここに後光厳皇統と崇光皇統の両立の形態が完成したのである（田村：二〇一八、久水・石原：二〇二〇）。

足利義政の成人

足利義教の三男三春は文安六年（一四四九年）四月に元服する。名前は以前から定められていた義成《よししげ》である。「義」も「成」も「戈」を含むことから「武威」を意味する命名であったと伝えられる。元服と同時に征夷大将軍に任官し、判始《はんはじめ》も行われて政治的主体となり得る条件は定められた。しかし実際には、まだ十代前半であった義成が政治的な判断を下すのは難しく、第一段階では畠山持国と日野重子が組んで幕政を総覧し、それに対して山名宗全《そうぜん》（嘉吉二年出家して改名）と細川勝元が抵抗する、という図式であった。

その典型的な図式が加賀守護の富樫家に起きた加賀両流騒動である。富樫教家《のりいえ》は足利義教に追放され、弟の泰高《やすたか》が守護に据えられた。しかしその六日後に嘉吉の乱が起こり、細川持之によって義教の処分は撤回される。教家は同じく義教に処分されたあとで復帰した畠山持国と組んで自らの復権を試みると、泰高は細川氏と組んで抵抗した。勝元が加賀守護職を折半するという案を出したが、教家が反発すると、持国によって山名宗全治罰綸旨が出された、という流言が飛び出し、最終的に持国は勝元の案に同意することになる。桜井氏はこれを勝元の陰謀と見るが、後花園をはじめとする朝廷が基本的に持国を評価し、宗全を憎悪していたことを考えれば事実だったかもしれない。それは勝元と宗全の反発を買い、後花園は勅定を以てそれを否定する羽目になり、持国の譲歩に繋がっていったのではないか。

義成は後花園の皇子が元服し成仁《ふさひと》と命名されたのを機に名前を義政に改める。後花園から賜った名前を変えてしまうというのは後花園からの自立か、と思ってしまうが、実際には成仁王が皇位継承者として位置づけられたために諱《いみな》を憚って改名したものであり、義政側に積極的な理由があったわけではないと考えられている。

享徳三年（一四五四）、後花園の綸旨に注目すべき文言が付け加えられているのを安田歩氏が指摘している（安田：二〇〇二）。それは「武家下知の旨」という文言である。これについては綸旨が幕府の意向に背いていないことを明示する必要があるほど綸旨の権威が低下している、という指摘もあるが、ここで注目したいのはこの文言の初出が義政の右大将任官の前年であるという事実である。室町将軍家は右大将の任官が一つの大きな節目であった。実際、それまで幕府の意向は管領下知状で出されてきたが、これを機に義政は御内書《ごないしょ》を発給するようになる。義政が一個の政治的主体として自立するにあたって、後花園が義政の権威向上のために綸旨にも「武家下知」の通りにせよ、という意味の文言を加えた、とも考えられる。かつて義教が後花園の権威向上のための様々なプロジェクトを組んでいたが、今回のこの文言も義政の権威向上の側面があるのかもしれない。少なくとも将軍の命令を天皇が執行しているかのような「武家下知の旨」という文言が、朝廷と幕府のこれまでにない一体化を意味しているということは言えるだろう。

この頃、幕府にも大きな動揺が走った。畠山持国の後継者争いである。前述したように持国には実子の次郎がいたが、母の土用の出自から嫡子とはされず、石清水八幡宮に入る予定であった。そして持国は弟の持富を猶子として家督を継承させる予定であった。文安五年（一四四八）十一月、持富への相続は撤回され、次郎が義成の「義」の字を拝領して義夏《よしなつ》と名乗り、持国の後継者と定められる。これに対して持富は抵抗しなかったが、持富の死後、子の政久《まさひさ》（義富《よしとみ》という説もあり、実際には諱《いみな》がはっきり確定できないため「弥三郎」という仮名《けみょう》を使うことが多い）を越中守護代で重臣の神保《じんぼう》氏らが担ぎ上げ、抵抗した。これに持国と対立してきた細川勝元と山名持豊が介入し、政久を担いで持国・義夏を牽制した。

赤松氏の復権をめぐって持豊が反発し、義政の怒りを買って追討を命じられるという事態に陥り、勝元の取り成しで宗全は隠居という処分に落ち着く。宗全は挙兵した赤松則尚《のりひさ》を討つべく播磨に向かうが、その隙をついて義夏は政久を追い落とし、義就《よしひろ》と改名して持国の後継者としての地位を固める。

この一連の動きの中で義政が何をしたかと言えば、心情的には細川・山名連合に対抗するために持国・義就に肩入れしながら、情勢に流されて政久を取り立たるという無定見さを存分に発揮している。義政の悪癖は、首尾一貫しないことだけが一貫していることで、とりあえず強そうな側に流れていくという癖があった。『応仁記』は「勘当に科《とが》なく、赦免に忠なし（罪を犯していなくても処罰され、忠義を尽くしていなくても赦免される）」という京童の噂を載せている。

畠山氏の内紛は、のちに破滅的な結末を迎えることとなる。

長禄の変

後花園にとっての目下の悩みは三種の神器が揃っていないことであった。八尺瓊勾玉、いわゆる神璽が禁闕の変後、後南朝に奪われたままだったからである。十五年もの間、最も重視されている神璽を欠いたままでさぞかし困っていることだろう、と思うのだが、実は意外と困っていなかったらしい。

そもそも持明院統、それも後光厳皇統は後光厳・後円融《ごえんゆう》・後小松と神器が存在しない状況で存続してきた。光明《こうみょう》・崇光にしても偽物をつかまされた、ということになっている。このような中では神器がないことなど問題ではない、という理屈になっていく。

この点は、一条兼良が『日本書紀纂疏《さんそ》』という『日本書紀』神代巻の注釈書で三種の神器について述べている。これについては砥山洸一氏（砥山：二〇〇九）、二藤京氏（二藤：二〇〇七）の研究を引きながら、渡邊大門氏が次のようにわかりやすくまとめている（渡邊：二〇一九）。

①統治者（天皇）にはそもそも徳が備わっており、三種神器は具体的に形となった末梢に過ぎない。
②ゆえに、三種神器を軽視することはないが、格別必要ともしない。
③三種神器のなかでは神鏡が重要であり、神鏡には宝剣と神璽が包摂されるものである。

このような考えに基づき朝廷が運営されていたならば、確かに神器奪還についてはそれほど急を要するとは思われない。禁闕の変で神璽を失ってから十五年間、奪還のための動きが見られないのはそういう事情が働いている、と言えるだろう。

朝廷側ではさほど熱を入れていなかった神器の奪還には、赤松家の遺臣が大きく関わっていた。嘉吉の乱で赤松本家がなくなり、赤松支流の赤松満政が討たれてからはさらに立場が悪くなった。義政が山名―細川ラインに楔《くさび》を打ち込むために阿波守護家の細川持常に保護されていた赤松則尚を取り立てるが、山名宗全によって追討されてしまう。

残された赤松家の遺臣たちは赤松家復興のための動きを進めていた。その中で、後南朝に奪取された神器を奪い返すことで赤松家を復興させようという動きが始まったのである。

赤松家の復興運動の話は三条実量の邸に始まる。実量の大叔母は後小松の母通陽門院で、彼は禁闕の変でも名前が挙がっている。『赤松記』や『赤松盛衰記』によれば、赤松満祐の遺臣で石見太郎左衛門という者が実量に仕えていた、という。石見太郎左衛門は赤松家を復興させるために、南朝方に持ち去られたままの三種の神器を奪還し、その恩賞として赤松家の復興を求めることにした。

まず彼らは、自分たちは赤松家の遺臣で、もはや仕えるところもなく進退極まったので後南朝に仕えることにした、と申し出て後南朝の配下に潜り込むことに成功した。そして一年後、赤松遺臣の丹《にゅ》生屋《うのや》兄弟が吉野の北山に潜む一宮の首を討ち取って神璽の奪還に成功し、二宮の討ち取りにも成功した。しかし、神璽と後南朝を護持してきた吉野の郷民の反撃を受けて神璽は再び奪い返された。

ここで赤松一門に連なる小寺豊職《こでらとよとも》が参加する。彼は大和国の国人である越智氏と小川氏の協力を取り付け、ついに神璽の奪還に成功する。小川氏への恩賞で少し揉めたものの、神璽は無事に帰還した。

神璽奪還の恩賞として、長禄の変を主導した赤松家は嘉吉の乱で戦死した赤松義雅の孫の次郎法師丸を当主として再興が許され、加賀半国守護に任じられた。この一連の動きを主導したのが細川勝元で、勝元は畠山持国に近い富樫泰高を蹴落とし、赤松と遺恨のある山名宗全を牽制したのではないかとする渡邊氏の議論がある（渡邊：二〇一九）。一方で、天野忠幸氏はこの一連の動きは山名氏を牽制しようとする足利義政の主導で、勝元は山名宗全の赦免と引き換えに赤松家再興を認めさせられた、と見る（榎原・清水：二〇一七）。また禁闕の変で名前が挙がり、邸を没収された三条実量の娘は後花園のもとに入内するが、これもこの恩賞と考えられないだろうか。ともあれ、神璽奪還とそれに伴う赤松家復興は、それ自体が様々な矛盾を生み出す要因となったのである。

寛正の飢饉

享徳元年（一四五二）から翌年にかけて、現在のバヌアツにある海底火山のクワエが大爆発を起こした。そこから数年間、火山灰によって太陽光が遮られ、寒冷化が進行する、いわゆる「火山の冬」となり、それを引き金として全世界的に生産力が低下する状況が起きた。

問題の一つは河内国にあった。畠山持国の後継者をめぐり、実子の義就と、甥の政久、その死後は政長が対立し、畠山氏は二分されてしまった。主要な原因は将軍義政の一貫性のない介入であったが、畠山氏の弱体化を狙って細川・山名連合が政長を支援して内紛を煽っていたことも原因だろう。

両畠山の合戦によって荒廃した河内国では、天候不順による危機が一層深刻化したことは想像に難くなく、河内国全体が深刻な飢餓状態に陥り、飢民たちは京都に流入してそこで力尽き、命を落としていったのである。いわゆる寛正の飢饉である。

本書の冒頭に掲げた『新撰長禄寛正記』では、後花園の漢詩を見て義政は深く恥じたことになっているが、実際には翌年に母重子のための御所造営に取り掛かっており、全く反省の色は見られない。

このエピソードは義政の暗愚ぶりと後花園の英邁さを対比させる役割がある。

ただ藤木久志氏は、義政の造営事業を雇用創出のための社会事業と解釈し、義政が無為無策であるとする通説を批判した（藤木：二〇〇一）。これに従えば、義政の救貧社会事業を理解できずに横槍を入れる暗愚な後花園という図式になる。

それに対し、東島誠氏は義政の造営は公共物ではなく、自分のためのものであり、社会事業とするには難があるとしつつ、義政自身は寛正二年（一四六一）正月初めには飢饉の救済に乗り出しており、勧進聖《かんじんひじり》として五条大橋の架け替え事業などを行った願阿弥《がんあみ》による救済活動が始まると義政は願阿弥に百貫文（現在の貨幣価値に換算して一千万円）を寄付していることを指摘している。公権力による「徳政」よりも願阿弥率いる民間のネットワークに委ねたほうが効果的である、と義政が判断したからだろう、と東島氏は指摘する（東島：二〇一二）。ただし、義政の施策は叶わぬ夢を抱いた人々を京都に向かわせた「罪作りな善意」としている。

いずれにせよ、義政が全く無為無策ではなく、逆に今回の飢饉に対しては非常に迅速に手を打っていたことは認められよう。彼は飢饉が最悪の情勢になる直前に幕府主導で救済に乗り出し、願阿弥による活動が始まると、そこに資金を提供してバックアップに回る、というのは非常に迅速で情勢に応じた対応である。

このように義政がそれ相応に対応をしているにもかかわらず、後花園が義政を諷諫《ふうかん》するのはなぜか、という問題だが、桜井氏は後花園の美談について「統治者としての高い意識に出たものかどうかは十分検討してみる必要がある」（桜井：二〇〇九）と指摘する。

これについて東島氏は興味深い事実を指摘している（東島：一九九九）。長禄三年（一四五九）のことである。後花園は唐橋在綱《からはしありつな》に神泉苑《しんせんえん》の荒野を与えてしまった。それに対して神泉苑の管理者である東寺は幕府に訴え、幕府は東寺の言い分を認め、後花園の処分を無効とした。幕府の採決を受け入れた後花園の言い分が『東寺百合文書《とうじひゃくごうもんじょ》』に収められた女房奉書に書かれているが、それを見ても後花園が幕府の裁定に不満があったこと、それにもかかわらず幕府の裁定を受け入れていることがわかる。

桜井氏は後花園について「なかなかの才人で反骨精神も旺盛であったが、衒いや自己顕示欲が強く、またどこか相手の弱みにつけこんでくるような意地悪さがあって私はどうにも好きになれない」（桜井：二〇〇九）としている。後花園にそのような素質があったこと、そしてその衒《てら》いや自己顕示欲の強さ、また相手の弱みにつけこんでくるような意地の悪さも含めて貞成譲りであったことは間違いがないだろう。

そう考えてみると、後花園の諷諫も前年の幕府の行為に対する意趣返しの可能性も否定はできまい。しかしその諷諫がお小言、あるいは意趣返しという、ある意味低次元の理由からなされたものとしても、それが「英邁な帝王が暗愚な将軍に諷諫をする」というように読み替えられてしまうのは、後花園の得な性分だろう。そして、このようなお小言や意趣返しを諷諫に「昇華」させる一種のロンダリングシステムこそ後花園の強みであった。これを、仮にその暗愚ぶりで足利義満や義持らの手を焼かせていた後円融や後小松や称光が行ったとしても、諷諫とは受け取られなかったのではないだろうか。そう考えると、貞成や義教という後花園の育ての親は非常に優秀な指導者であったと言えるのである。

第八章❖後花園天皇の時代の海域アジア

1　十五世紀前半の三国王

後花園天皇の生まれた十五世紀の海域アジアには、似た運命を辿ったほぼ同世代の三人の王族がいた。彼らの共通点は、いずれも傍系の王族でありながら王位に上り詰めた点である。その三人とは、日本の後花園天皇（一四一九年生まれ）と朝鮮の世祖《セジョ》（一四一七年生まれ）、琉球の尚泰久《しょうたいきゅう》（一四一五年生まれ）である。ちなみに第二尚氏王朝を建てる尚円《しょうえん》も尚泰久と同じ年の生まれである。

それぞれが王位に就いた事情も時期も全く異なるので、彼らを一括して扱うのは必ずしも正確ではない。しかし彼らの生きた時代がどういう時代であったか、というのを巨視的に見ておくことは無意味ではないだろう。

彼らの時代は海域アジア地域における危機の時代である、と言える。この時期には寒冷化によって社会が不安定化した時期に相当する。

後花園とその時代に至るグローバルヒストリーを概観すると次のようになる。

モンゴルによって世界史ができた、と言われる。少なくともモンゴル帝国はアフロ・ユーラシア、つまりアフリカからユーラシアを一つの世界として結びつけた。これを「十三世紀世界システム」と呼ぶ（アブー＝ルゴド：二〇〇一）。

十四世紀には寒冷化、ペストなどの疫病の流行などによって世界的に経済が収縮する「十四世紀の危機」が起こる。この「十四世紀の危機」の中でモンゴル帝国は崩壊し、鎌倉幕府も高麗王朝も瓦解した。

「十四世紀の危機」は十五世紀前半まで続く。日本でも南北朝の内乱がちょうどこの時期に起きている。また応永の飢饉、永享の飢饉、寛正の飢饉が起こり、正長の土一揆、嘉吉の徳政一揆など「土一揆」が頻発し始めるのもこの時期である。この「十四世紀の危機」＝地球規模での生産力収縮が既得権の奪い合いとなり、様々な社会の変動を引き起こすことになった。両統迭立《りょうとうてつりつ》に始まる皇統の分裂もその一環だろう。

この三人は、いずれも十四世紀の危機の最中に生まれている。それぞれが王位を継承した理由は違っているので、彼らの王位継承の原因をそのまま「十四世紀の危機」に求めるのは正しくない。しかし、そのような環境の中だからこそ本来王位に就くはずのなかった人々に王位が継承される状況が回ってきたのだろう、ということも事実である。

2 朝鮮王朝

癸酉靖難による李瑈（世祖）の実権掌握

まずは朝鮮王朝の李瑈《イユ》である。彼は後花園より二年年長になる。朝鮮王朝第四代国王世宗《セジョン》の次男である。世宗はハングルの制定や儒学に基づく王道政治を行い、一方で仏教を弾圧するという強硬な一面も見せ、ちょうど足利義教《よしのり》や後花園の治世と重なるところがありそうだ。朝鮮王朝最高の君主とされ、韓国海軍初のイージス艦の名前が「世宗大王《セジョンデワン》」であったり、韓国の南極観測基地の名前が「世宗基地」であったりするのは、世宗に対する韓国国民の敬慕を表している。

世宗の死後、長男の文宗《ムンジョン》が王位を継承するが、文宗は在位二年、三十八歳で死去した。跡を継承したのが十一歳の端宗《タンジョン》であった。時に一四五二年である。日本の足利義政よりやや年少、後花園の後継者成仁《ふさひと》親王（後土御門《ごつちみかど》天皇）よりは一年年長になる。彼が室町将軍家か天皇家のどちらかに生まれていれば、有能な臣下の補佐を受け、病気に倒れない限り成人までは無事に人生を送れただろう。

しかし、補佐役の中に一人野心を持つ人物がいたことが端宗の運命を決した。年若い端宗の補佐役には叔父の首陽大君《スヤンテグン》と錦城大君《クムソンテグン》が就いた。

一四五二年、首陽大君は明《ミン》に謝恩使として赴く。随行員の一人に、足利義教の弔問と足利義勝《よしかつ》の就位祝賀の通信使の随行員として日本に来た申叔舟《シンスクチュ》がいた。

当時の明は土木の変の傷跡が生々しい中で、王権強化の必要をひしひしと感じていただろうし、申叔舟からは日本でも若年の「国王」（室町将軍）が就位したことによる混乱ぶりを聞かされていただろう。これらの経験が首陽大君に野心を抱かせることになったとしても不思議ではあるまい。

帰国した首陽大君は半年後の一四五三年、対立していた左議政《チャイジョン》（朝鮮王朝の序列二位、左大臣相当）の金宗瑞《キムジョンソ》を襲撃して暗殺すると、金宗瑞派で首陽大君の弟安平大君《アンピョンテグン》を江華島へ流刑ののちに賜薬（薬殺刑）に処した。その結果、首陽大君が政権を掌握することとなる。この事件を癸酉靖難《きゆうせいなん》《ケユジョンナン》と呼ぶ。

宮廷の実権を掌握した首陽大君は対立していた弟の錦城大君を翌年に配流し、完全に孤立した端宗から禅譲を受けて第七代国王に就任する。世祖である。

王位に就いた世祖であったが、端宗の復位計画に悩まされ、さらには土木の変で皇帝を退いていた正統帝《せいとうてい》が復位した奪門の変（一四五七年）に焦りを覚え、端宗を賜薬に処し、その遺体を川に投げ捨てさせた。享年十六。

足利義勝や足利義政、後花園天皇も幼少で即位しているが、朝鮮の場合はなかなか厳しい運命が待っていた。このあたりは十八歳の若さで鎌倉幕府のトップを継承した源頼家《よりいえ》の運命と似ているかもしれない。鎌倉幕府の将軍はあまり幸せな人生を送った人はおらず、平穏無事な人生を送れたのは八代目の久明《ひさあきら》親王くらいであろう。

しかし、この端宗の運命は後花園にとって全く他人事でもなかった。天皇は長い間、殺害のリスクから離れていた。奈良時代までは皇位継承に絡む事件が頻発し、天武《てんむ》天皇の子孫はほぼ政争で命を失ったし、光仁《こうにん》天皇の皇子も二人の皇位継承者が殺害されている。それ以降は殺害せずに政治的地位を失わせて終わり、という平和な時代が続いたが、鎌倉時代以降は必ずしも安全とは言えなくなった。伏見《ふしみ》天皇暗殺未遂や禁闕の変では後花園天皇の身柄が狙われていたのは前章で述べてきた通りである。光厳《こうごん》天皇に至っては戦場で落ち武者狩りに遭遇し、負傷している。

『海東諸国紀』と申叔舟

世祖のブレーンであった申叔舟であるが、彼は朝鮮王朝随一の知日派・親日派であった。彼は世祖と同年の一四一七年生まれで、一四四三年には卞孝文《ピョンヒョンムン》の書状官として日本に、一四五二年には謝恩使首陽大君の書状官として明に、それぞれ赴いている。一四五三年には癸酉靖難に関わり、それ以降は世祖の右腕として活躍することとなる。

一四六〇年には江原《カンウォン》・咸吉道《ハムギョンド》都体察使《トチェチャルサ》として毛憐衛野人（女真人）を討伐し、一四六二年には議《ウィ》政府領議政《ジョンブヨンイジョン》（行政のトップ、太政大臣相当）に立ち、一四七五年に死去した。

『海東諸国紀《かいとうしょこくき》』は「日本国紀」と「琉球国紀」からなっており、最初は「天皇代序」から始まる。十五代目に「神功《じんぐう》天皇」（神功皇后）を入れるのは当時の日本の天皇系図認識に合致している。後醍醐《ごだいご》のあとは光厳《こうごん》・光明《こうみょう》と続く北朝を記し、南朝については記載がない。そして最後は「当今天皇」とあり、後花園の事績が記されている。後土御門がないが、おそらく申叔舟のデータのアップデートが済んでいなかったのだろう。

次の「国王代序」には「国王、姓は源氏」に始まり、源頼朝の治承・寿永の乱を簡単に記すと、次は「仁山」(足利尊氏)、「瑞山」(足利義詮《よしあきら》)、義満、義持《よしもち》と簡単に生歿年のみを記す淡々とした記述が続いたのち、義教の項目で嘉吉の乱について極めて詳細に記す。「国王代序」の分量のほとんどが嘉吉の乱の記述である。内容は『朝鮮王朝実録』を基にしたと考えられるが、『実録』の内容が『看聞日記』に似ている点は興味深い。

天皇と国王の関係については次のように書かれている。「毎年の始め、大臣を率いて天皇に謁して、普段は会うことはない。国政と外交には天皇は関与しない」。

なかなか詳しく観察しているものである。我々の視点から見れば後花園は十分に国政に関与しているように思えるが、外からの目で見れば外交だけでなく、国政にも関与していないようにしか見えないのだろう。それが掛け値のない天皇の姿であったことも事実である。

『海東諸国紀』には地図も備えられているが、その地図の最大の特徴は壱岐と対馬が異常に大きいことである。地名も詳細に記されており、彼らの関心が倭寇《わこう》問題にあったことを示している。

3 琉球王国

志魯・布里の乱による尚泰久の王位継承と金丸の台頭

尚泰久は琉球を統一した琉球王国二代目国王の尚巴志《しょうはし》の五男である。越来間切《ごえくまぎり》（沖縄市を中心とする地域）を与えられ、越来王子《ごえくおうじ》と呼ばれていた。この時期に金丸《かなまる》（一四一五年生まれ）を抜擢している。

一四五三年、泰久の運命は急転する。五代目国王の尚金福《しょうきんぷく》王が在位三年、五十五歳で死去したのである。決して若くはない死歿時の年齢であるが、在位年数の短さが目に付く。これは、一つには年少者では国王が務まらない、という琉球第一尚氏の背負っていた宿痾《しゅくあ》であったかもしれない。王権に強大な権力が付属すると共にその王権が安定していない場合、年少者では王が務まらないことはしばしばある。逆に王権が安定すると幼少時から王になることができ、在位年数が延びる、ということもある。王権が安定する前に幼少の王が続くとその王朝が長く続かない、というのも実例は多くある。このあたりは難しいところである。

尚巴志の死後、尚忠《しょうちゅう》が三代目国王（ちなみに初代は尚思紹《しょうししょう》、二代目が尚巴志）に就くが、すでに四十九歳であった。彼らがみな八十五歳の長寿を全うした貞成《さだふさ》親王のように長命であればよいのであるが、なかなかそううまく事は運ばない。それを考えれば、四十歳まで部屋住みとして元服すら許されず、妻帯もできなかった貞成が老境に差しかかって八人の子をなし、二人の後継者を得たのは奇跡と言ってもよい。

尚忠は五十四歳で死去した。後花園が五十二歳、後小松《ごこまつ》が五十七歳で死去したことを思えば、それほど短命とも言えまい。ちなみに足利義満は五十一歳、足利義持は四十三歳、朝鮮国王の世宗は五十三歳、世祖は五十二歳である。

高良倉吉氏は「偶然にもすべての王たちが短命であったというのは無理がある」として王権が動揺していることを示している（高良：一九九三）が、以上の事例を見るに、琉球国王は決して短命とは言えない。北条得宗《とくそう》家に至っては、六十歳で死去した北条泰時《やすとき》以降の世代で四十歳に到達したのは四十三歳で死去した北条貞時《さだとき》一人である。むしろ問題は、高齢まで王位を継承できないシステムに存在するのであって、その意味では太上天皇制や院政という日本のシステムは巧妙なシステムである、と言えるだろう。朝鮮でも「上王」という院政のようなシステムが一応存在した。

四代目の尚思達《しょうしたつ》は三十七歳で王位を継承したが、決して早くはない。彼の場合四十一歳で死去し、しかも王子がいなかったことで禍根を残すことになった。このあたりは称光《しょうこう》天皇が皇子を残すことなく死去し、傍流から後継者を迎えた後花園の場合と似ている。ただ違うのは、王位に迎えられたのが前国王の十年年長の尚金福で、在位三年で死去してしまったことである。もっとも、在位三年の金福が何もなし得なかったわけではない、金福は現在の那覇を港湾として整備するという大きな業績を残している。優秀な国王だったのである。

問題は金福の死後、王子の尚志魯《しょうしろ》が王位を継承しようとしたが、まだ二十代（！）であったため、若すぎる、と叔父の尚布里《しょうふり》が反発し、クーデターを起こしたことにある。これが「志魯・布里の乱」である。奇しくも叔父と甥が王位を争う構図は、同年に朝鮮で起きた癸酉靖難と同じである。ただ癸酉靖難と異なり、「志魯・布里の乱」は双方が戦死したのみならず、首里城が焼失するという失態を演じ、第一尚氏の権威は大きく傷ついた。結局、尚巴志の七男泰久が王に就くこととなった。

その頃、琉球では勝連城《かつれんぐすく》を支配する阿麻和利《あまわり》の力が伸びていた。悪政を敷いていたとされる茂知附按司《もちづきあじ》を倒し、大陸の技術を積極的に取り入れ、力を伸ばしつつあった。

力を伸ばす勝連城の阿麻和利に対して、泰久王は娘を阿麻和利に嫁がせ、また外戚である中城《なかぐすく》の護佐丸《ごさまる》を以て阿麻和利を牽制させた。しかしこの両者は対立し、戦争状態になる。これが「護佐丸・阿麻和利の乱」である。正史の『中山世鑑《ちゅうざんせいかん》』には記述がなく、後世に護佐丸の子孫が繁栄した時期に作られた『中山世譜』に頼らざるを得ない。真相は不明であるが、伝承によると次のような経過を辿っている。

阿麻和利は王位に野望を持ち、ライバルの護佐丸を追い落とすために、護佐丸が王位を狙っている、と泰久王に讒言《ざんげん》した。それを受けて王は護佐丸を討伐し、護佐丸は自害するが、阿麻和利の計略もやがて露見して滅ぼされた、とするものである。王権をめぐる武力衝突があったことがうかがえる。

勝連城の発掘から、勝連城の阿麻和利が琉球国王と並び立つ勢力を張っており、独自に貿易も行っていたことが明らかになっている（高良：二〇〇九）。第一尚氏がいまだ有力者の連合の上に立つ不安定な王権であることを示している。したがって、幼少の王はもちろん、二十代では経験不足であり、壮年になってから王位に就くことになるので、在位年数が短く、余計に権威を確立できないということになるのだろう。せめて誰かが八十五歳まで生きて睨みを利かせていたら、もう少し第一尚氏も長続きしたかもしれないし、有効な後見システムを作り上げることができていれば運命は違っただろう。その点、太上天皇制に始まり、摂関政治・院政・幕府政治と有効な後見システムが整備されていたことが、日本における天皇の長期存続に繋がった原因の一つかもしれない。

泰久は臨済宗に帰依し、南禅寺の芥隠承琥《かいいんしょうこ》を招いて多くの仏寺を建立した。また同じく来琉した渓隠安潜《けいいんあんせん》は有名な「万国津梁《ばんこくしんりょう》の鐘《かね》」の銘文を書いている。その銘文の「海洋貿易の力を万国の架け橋とする（舟楫を以て万国の津梁となす）」という一節は、海洋貿易国家としてのアイデンティティを宣言したものとして有名である。

しかしその二年後、泰久王は死去した。四十五歳であった。

その跡を尚徳《しょうとく》が継いだが、尚徳王はまだ若く、父の遺臣で御物城《おものぐすく》御鎖側官《おさすのそば》の金丸と意思の疎通を欠くようになった。その代表的な事例が尚徳による喜界島《きかいじま》遠征である。その遠征は成功したが、尚徳王と金丸の亀裂は決定的となり、尚徳王の死後、尚徳の王子たちは追放され、「財貨をもたらしてくれる方こそ我らが主君だ。内間御鎖《うちまうざし》（金丸）こそ我らが主君だ（物呉《ものく》ゆすど我御主《わがうすう》、内間御鎖ど我御主）」の掛け声と共に金丸は新たな王として推戴された。金丸は尚円と名乗って明の冊封《さくほう》を受け、第二尚氏王朝が始まる。実際には宮廷を舞台にした王朝交代のクーデターであろうと考えられている。ただ明に対する外聞から同じ尚氏を名乗っただけである。

日琉関係

日本と琉球の関係については、室町将軍から琉球国王に宛てられた国書が残存している。従来それらは政所のトップであった伊勢氏が作成した「御内書引付」や内談衆を務めた大館《おおだち》氏の作成した「御内書引付」に載せられていたため、しばしば「御内書」とされてきた。「御内書」とは将軍が発給した上意下達の文書形式である。しかし現在ではもっぱら「国書」と呼ばれているため、それに従う。

この国書はひらがなで書かれているため、かつては「同種同文意識」、つまり琉球を日本の内と見なしているとされてきた。しかし琉球国王から室町将軍宛て、あるいは管領細川氏と琉球の「王将軍」と呼ばれる琉球の重臣（当時「王相懐機」という人物がいたが、彼のことだろう）がやり取りした文書が発見され、それらはいずれも和風漢文で書かれていることが明らかになった。つまりは、国王同士の書状については相手側に合わせた書式にしていたわけである（黒嶋：二〇一二）。そもそもひらがな書きの御内書自体、ほとんど存在しない。日本の公式文書は和風漢文で書かれていた。

琉球国王は、室町幕府との関係では「よのぬし」と呼ばれていた。これは琉球国王が琉球国内で「代《よ》の主《ぬし》」と呼ばれていたことに起因する。足利将軍家と尚氏は、明の国際秩序においては「日本国王」

であり「琉球国王」であるが、それぞれの国内では「室町殿」「よのぬし」とそれぞれ呼ばれていたのである。したがって、琉球国王と名乗らずに「よのぬし」と名乗ること、呼ぶことには室町将軍家と琉球国よのぬしの間の上下関係を見出す必要はないが、黒嶋氏によると実際の対面儀礼も上下関係を可視化するような形であったという（黒嶋：二〇一二）。

日本と琉球の関係は、室町時代においては幕府と琉球国王の間で結ばれ、島津氏をはじめとする九州の勢力はそれほど関与していない。「万国津梁の鐘」には大内《おおうち》氏の影響があることが論じられているが、それは大内氏が幕府の九州方面担当者だったからである。

幕府と琉球の関係で触れておかなければならないのは、大覚寺《だいかくじ》義昭《ぎしょう》が日向国まで逃亡した時、義教の命令で義昭を殺害した島津氏に対して琉球を与えたという「琉球附庸説」が結構最近まで大真面目に論じられてきたことである。しかし、島津氏と当時の幕府や琉球との関係を考えれば、それが全くのデマでしかないことは明らかである。これは江戸時代になって琉球を支配領域に編入した島津氏が、その歴史的な正統性を主張するために作った説話である。

日本と東南アジアの関係

琉球王国が出現する前の話である。応永十五年（一四〇八）、若狭国小浜に「南蛮国」の「亜烈進卿」と称する勢力の船が入港し、象やクジャクなどを献上した。この「亜烈進卿」については、以前は「アラジン卿」と読まれることもあったが、現在は「アーリア進卿」と読むことになっている。「亜烈」は「アーリア」と読み、マジャパヒト王朝の官職であった。つまり「進卿」という人物がマジャパヒト王朝の「アーリア」だったのである。

その頃、パレンバン（旧港）にいたアーリアとして有名だったのが施進卿という人物であった。つまり小浜に入港してきた「南蛮船」は、パレンバンの有力者の施進卿の使者だったのである。名前から見てもわかるように、彼らは中国に出自を持つ華人商人であった。施進卿自身、明から旧港宣慰使に任ぜられている。

彼らは一四一〇年代末までは日本近海に姿を表すが、一四二〇年代に入る頃には全く姿を見せなくなる。その原因として大きいのは尚巴志による琉球統一事業の進行だろう。尚巴志は応永二十一年（一四一四）に足利義持へ使者を派遣している。尚巴志への足利義持の返書が、現在残る最も古い琉球国王宛ての国書である。この頃から東南アジアと日本の交易は琉球の尚巴志を仲介して行われるようになるのだろう。日本から明への輸出品に「胡椒」などの東南アジア産品と見られる品物があることから、東南アジアと日本の交易は琉球を介して続いていたものと思われる。

4　北アジア

後花園天皇による羽賀寺再建

永享七年（一四三五）、若狭国小浜にある羽賀寺《はがじ》が焼失した。元正《げんしょう》天皇の勅願による創建と伝えられる、天台宗青蓮院門跡《しょうれんいん》系列の寺院である。『羽賀寺縁起』によると、「奥州十三湊日之本将軍」が「檀越」（スポンサー）となり、後花園によって再建されたという。この「奥州十三湊日之本将軍」については『本浄山羽賀寺仮名縁起』に「奥州十三の湊日の本将軍安倍の康季朝臣」とあり、現在の青森県の十三湖《じゅうさんこ》の十三湊《とさみなと》（青森県五所川原市）を本拠とした下国康季《しもぐにやすすえ》が後花園による羽賀寺再建事業に関与していることがわかる。

十三湊の下国氏は、いわゆる「安東《あんどう》水軍」として知られる津軽安藤氏の室町時代の嫡流であり、十三湊を拠点としてアイヌと日本との交易によって繁栄していた。五代将軍足利義量《よしかず》の頃にラッコの皮をもたらしたのも「安藤陸奥守」こと下国康季である（秦野：二〇一八②）。

津軽安藤氏（鎌倉時代から室町時代前半は「安藤」・室町時代後半には「安東」表記が一般的なので本書でもそれに従う）は前九年の役で源頼義《よりよし》に討伐された安倍貞任《あべのさだとう》の子孫を自称する家で、鎌倉時代には得宗御内《とくそうみうち》人《びと》として陸奥国津軽地方の地頭職の代官をしていたと考えられ、「蝦夷管領」と呼ばれていた。室町時代には京都扶持衆として組織され、永享年間（一四二九～四一）には陸奥国糠部《ぬかのぶ》郡の南部氏と抗争し、永享四年（一四三二）には十三湊を追われている（秦野：二〇一八①）。

問題は、なぜ十三湊を追われている下国氏に、後花園が命令するのか、ということである。これについては、当時南部氏に比べて下国氏のほうが室町将軍家との主従関係が弱くなっており、室町将軍家の代わりに後花園を頼った、という見方もある（黒嶋：二〇一四）が、当時の後花園の権限は義教に代行されている段階であり、後花園が義教と異なる動きをすることは考えられない。実は、これは簡単な話であり、当時の小浜が禁裏領だったのである。したがって、羽賀寺の管轄も禁裏ゆえに後花園が表に出ていたのだろう。

下国氏がなぜ後花園から勅命を受けることができたのか。それは下国氏が小浜に北方交流の拠点を持っていたからだと考えられる。下国氏を継承した檜山《ひやま》安東氏は被官の関戸《せきど》氏を小浜に常駐させていた。当時、蝦夷地産の品物は日本海を通って小浜で陸揚げされ、京都に運ばれていた。後花園の実家の伏見宮家が昆布・干鮭《からさけ》の販売に関与していたことは第六章で述べたが、その昆布・干鮭は小浜から京都に運ばれていたのである。小浜と京都を結ぶ陸路は現在「鯖街道」と呼ばれている。厳密には現在の国道三六七号線沿いではなく、主として近江今津《いまづ》（滋賀県高島市）から琵琶湖の水運を使って大津（同大津市）まで運ばれ、そこから陸送されていた、と考えられている。

さらに言えばこのプロジェクトは、名目上の命令者は後花園だが、羽賀寺が青蓮院の関係寺院であることを考慮すれば、義教が主導し、禁裏領ということで後花園の威信向上のために後花園の勅命とした、ということも考えられる。ちなみに小浜は光厳天皇の置文《おきぶみ》などには入っておらず、南北朝時代には禁裏領ではなかった。これがいつ編入されるか、どのような経緯だったのか、というのはわからないが、『福井県史』によれば応永十九年(一四一二)には禁裏領になっていたらしい。

津軽安藤氏と室町幕府

後花園の羽賀寺再建プロジェクトに下国氏が参加できたのは、いったん南部氏に十三湊を追われた下国氏が足利義教の強力な介入で十三湊に復帰できたからだ、という見解が根強くあり、一般書には広く普及している。しかし、この見解は不適切な史料操作と恣意的な解釈によって辛うじて成り立っている見解であり、明らかに間違えている。かつて私は論文で批判した(秦野:二〇一八①)が、一般書によってこの十三湊に還住したという十三湊還住説が流布しているので、ここでひとまず正しておきたい。

まずは十三湊還住説に依拠した場合の歴史の流れを見ておこう。永享四年(一四三二)、下国康季は南部義政《よしまさ》の攻撃を受けて十三湊から蝦夷《えぞ》ヶ島《がしま》(北海道)に没落する。康季は足利義教に救援要請を行い、義教の御内書をもらうことに成功した。ここまでは『満済准后日記《まんさいじゅごうにっき》』に書かれていることなので、一次史料の裏づけもある。問題はこの続きである。

十三湊還住説に立つ論者によれば、下国氏と南部氏の抗争は次のような経過を辿った、という。下国氏は南部氏の攻撃によって北海道に没落し、室町幕府に救援を求めた。室町幕府では話し合いが持たれ、義教が南部氏に御内書を発給して和睦を強く勧めた。義教の強い姿勢に南部氏も譲歩し、康季は十三湊に帰還することができた。康季は焼かれた十三湊を再建し、羽賀寺の再建にも協力していたが、嘉吉の乱で庇護者の義教が暗殺されたために後ろ盾を失った。嘉吉二年（一四四二）に南部義政の攻撃を受けて再び十三湊が陥落、康季は十三湊回復を目指して戦うも戦死し、下国氏は断絶してしまう。

問題は下国氏の還住を証明する史料が存在しないどころか、そもそも南部氏が十三湊を二回攻撃したという史料自体も存在しない、ということである。どういうことか。

先ほどの下国氏が嘉吉二年に没落した、という記事の出どころは『新羅之記録《しんらのきろく》』という松前藩《まつまえ》の記録である。正保三年（一六四六）に松前藩の家老松前景広《かげひろ》によって編纂された。松前景広は函館の領主であった河野《こうの》氏を継承しており、河野氏の記録を持っていたはずであったが、火災によってすべて焼失し、景広の記憶を頼りに『新羅之記録』は執筆された（新藤：二〇〇九）。

問題は、『新羅之記録』では下国氏の蝦夷ヶ島没落は嘉吉二年であり、『満済准后日記』では永享四年と書かれていることである。この齟齬をどう考えるべきか。

普通に考えればどちらかが間違えている、ということになるだろう。そして当事者の一人である満済の書いたほうが正しいと考え、『新羅之記録』の年代が誤っている、と考えるのが普通の解釈である。

嘉吉二年（一四四二）に康季を追い落とした南部義政が、南部氏の系図では永享十二年（一四三九）に死去した、と書かれていることもそれを裏づける。

しかし、なぜか『新羅之記録』無謬説とでも言うべき現象が広がっている。それは『満済准后日記』との違いを埋めるために、下国氏はいったん没落したものの、義教と管領の畠山満家《はたけやまみついえ》の「もし南部が下国との和睦について承諾しないのであれば御内書を曲解していることになり、許されないことである。遠国のことについては昔からどのような成敗もしてきたのであり、今に限ったことではない。御内書を遣わすことに今更躊躇すべきではない」（榎森：二〇〇七）という強い意見に押されて南部氏も譲歩した、と解釈するものである。

しかしそのために、義教政権が津軽地方まで武力で威圧できる、という過大評価と、「南部が承引しなければ御内書が拒否されてつまらないことになるのではないか、という御懸念については、遠国については昔から上意は完徹しないものなので全く問題にはなりません（御内書を以て仰せ出さるる事、もし不承引申さば、御内書等の事その曲あるべからざるかの事、遠国の事、昔より何様ご成敗毎度の事の間、当御代に限らざるか、よって御内書をなし遣わさるべきの条、更に苦あるべからず）」と本来は解釈すべき言葉を、恣意的に変えてあたかも室町幕府の強い姿勢の結果、還住したかのように解釈してしまったのである。

もう一度確認しておくと、『満済准后日記』と『新羅之記録』のいずれにも還住説を直接証明する言葉はない。この両者の年号のズレを合理的に解釈するために無理やりひねり出された還住説は、そろそろ見直されるべきである。

では義教の御内書とは何だったのか。ここまで読んでいただいた方であれば、大和国の国人同士の争いに介入した義教の姿勢を思い出していただければわかっていただけるだろうが、義教は下手に介入してその実が上がらなければ外聞が悪い、という理由で口先介入すら拒否するのである。それに対して大和問題では万里小路時房《までのこうじときふさ》が、津軽問題では畠山満家が、それぞれ口先介入を主張するのである。当時の幕府が強力な武力を発動できるはずもなく、特に津軽まで武力を派遣することなど不可能だったのである。

『東北太平記』に出てくる後花園天皇

『東北太平記』という書物がある。八戸南部氏（遠野南部氏）の旧家臣であった福士長俊《ふくしながとし》によって著述され、江戸時代前半の成立と言われるが、定かではない。

この物語のアウトラインは、下北半島に逃れた護良《もりよし》親王の皇子の子孫が北部《きたべ》王家として残っていたが、その子孫を蠣崎信純《かきざきのぶずみ》という人物が殺害するという事件があり、その事件を平定するために八戸南部氏の南部政経《まさつね》が後花園の命令を受けて信純を打倒する、という話である。そのハイライトシーンが、上洛した政経が後花園に謁見を賜るシーンであるが、もちろん完全なフィクションである。そして蠣崎信純は蝦夷地に逃れて蠣崎氏の祖となった、という筋書きである。

この反乱に際して出された奥州探題大崎教兼挙状《おおさきのりかねきょじょう》というものが「八戸南部家文書」に伝来している。

これについて『青森県史』が詳しく説明しているが、それに従ってまとめると、享徳三年（一四五四）、下国氏滅亡時に捕らわれていた下国氏一門の安東師季《もろすえ》が下北半島から蝦夷地に脱出した、という事件に関連して八戸南部氏の動揺が起こり、それが平定されたのが康正三年（一四五七）になるという（『青森県史』通史編Ⅰ、柳原敏昭氏執筆）。

これについては基本的に従いたいが、少し気になるのは、この挙状をもたらした「太田光」という人物のことで、彼は幕府奉公衆の一人である。奉公衆が関わっているとすれば、これは単なる私闘ではない。安東師季の蝦夷地行から一連の「蠣崎蔵人の乱」とされる動乱には、幕府そのものが関わっていなければならない。

実はこの少し前から、幕府は鎌倉府と戦争状態に入っていた。次章で述べる享徳の乱である。東北の諸勢力にも鎌倉公方の足利成氏《しげうじ》を討伐するように足利義政からの命令が出されるが、この下北半島の一連の動乱も享徳の乱の一部だったのではないだろうか。さらにそれが蝦夷地南部におけるアイヌ蜂起の発端となったコシャマインの戦いにも繋がった、と考えられる。

『東日流外三郡誌』に出てくる後花園天皇

『東日流外三郡誌《つがるそとさんぐんし》』というのはいわゆる「超古代文献」の中でも最も有名なものの一つである。津軽に繁栄したアラハバキ族とその末裔である安東水軍の話であるが、その中に後花園が何回か出てくる。

内容は十三湊を攻撃された安東氏が後花園の「宣命《せんみょう》」をもらって南部氏と戦う、というものであり、内容は荒唐無稽としか言いようがないものである。現在では『東日流外三郡誌』自体が偽書と断定され、学問的価値は否定されている。しかし『東日流外三郡誌』が『市浦村史《しうら》』(現在は五所川原市に合併)に載せられ、安東水軍の話自体がオーソリティを獲得した、ということでも話題になった。問題なのは二〇二〇年二月現在でも函館市のサイトにある『函館市史』(通説編第1巻の第3編第1章「安東氏および蠣崎氏」第2節「安東氏の支配」の「安東盛季の渡来」)に『東日流外三郡誌』の中の「羽賀寺賛否書」に引用されていた「後花園天皇宣命」なるものが載せられていることである。当時、敵の討伐命令に宣命を使うことはない。治罰綸旨である。しかもその「宣命」が宣命体で書かれていないというおまけ付きである。なお『市浦村史』には「宣令」と書かれている。もちろん天皇の発給する文書に「宣令」というものは存在しない。

『函館市史』が編纂されたのがかなり昔(といっても一九八〇年)なので止むを得ない面もあるが、ホームページにそれを公開する場合には、現時点の研究を踏まえた何らかの注釈を施しておくべきだろう。

5　明

永楽の盛時と仁宣の治

「十四世紀の危機」の中で崩壊した元《げん》に代わって登場してきたのが明である。朱元璋《しゅげんしょう》は貧民から身を起こし、元を北に追って明を建国した。のちの太祖洪武帝《たいそこうぶてい》である。

洪武帝は建国後、早速倭寇鎮圧を要求するために、日本側の責任者を決める必要に迫られた。洪武帝の使者は太宰府に着いた。当時太宰府を押さえていたのは後醍醐の皇子で征西将軍宮《せいせいしょうぐんのみや》の懐良《かねよし》親王であった。もちろん征西将軍は日本国王たり得ないのだが、倭寇鎮圧の責任者は懐良以外いなかった。洪武帝は懐良を「日本国王」に冊封《さくほう》（国王に任命すること）し、懐良は朝貢の使者を送ってきた。しかし懐良を日本国王に冊封する冊封使が到着した時には、懐良は幕府の派遣した九州探題今川了俊《りょうしゅん》によって太宰府を追われており、洪武帝の使者は了俊によって捕縛され、京都に送られてしまった。京都では明の冊封を受けるべきかどうかが議論になったが、結局は明に使者を派遣することとなった。しかし「日本国征夷大将軍」では明に相手にしてもらえるはずもなかった。明は国王以外とは関係を結ばないのである。この体制を「海禁・華夷秩序体制」と呼ぶ。

結局、日明関係は洪武帝の時代にはうまくいかず、恵宗建文帝《けいそうけんぶんてい》の時に結ぶことに成功する。義満が日明関係の樹立に成功したのは、洪武帝の跡を継いだ孫の建文帝に対して、叔父の燕王朱棣《えんおうしゅたい》が立ち上がり、建文帝が危機に陥っていたからである。そのようなややこしい時期に日本国王がやって来れば、建文帝の威信も少しは回復しようというものである。

しかしその想いも叶わず、建文帝は打倒され、朱棣が皇帝に即位することとなる。三代目皇帝の成《せい》祖永楽帝《そえいらくてい》である。永楽帝が建文帝を打倒し、皇位を簒奪した事件を靖難《せいなん》の変という永楽帝にとって義満の遣使は渡りに船であった。クビライを目標にしていたらしい永楽帝にとって、クビライさえ実現できなかった日本の服属を、武力を一切使わずになしとげたのであるから。しかも明が何もしていないのに、日本から明の徳を慕ってやってきたのである。もっとも、義満は貿易の利益を確保するのが目的で、明の使者に対しては自らが皇帝であるかのように振る舞っていたのであるが。

しかしこれが朝貢貿易の内実でもある。朝貢する側は、貢物に対する回賜品のもたらす利益に期待して貢物を持っていくのである。貢物を受け取る側はその十倍程度の回賜品を与えるのだが、そもそも貢物を持ってきてもらうことにこそ意義があった。自らの威信が海外にまで及んでいる、と誇示できるからである。義満にとっても永楽帝にとってもウィンウィンの関係なのである。

ここに本来の王は出てこない。明が冊封した「日本国王」は天皇の臣下なのである。明の建前からすればこれだけでもアウトであるが、日明貿易はいわば日本国ぐるみの「偽使」だった、とさえ言い得るのである。

義持は日明貿易を中止するが、義教の代に復活するのは第六章で見た通りである。永楽帝の死後、その跡を継いだ仁宗洪熙帝《じんそうこうきてい》とさらにその後継者である宣宗宣徳帝《せんそうせんとくてい》の時代をそれぞれの廟号の一字を採って「仁宣の治」と呼ぶ。永楽帝の拡大膨張政策を改め、内政優先に転換したのであるが、それは幕府にとって貴重な収入源が細っていくことを意味していた。

土木の変

明にとって常に外的危機となったのは北方諸民族である。宣徳帝を継承した英宗正統帝《えいそうせいとうてい》はオイラトのエセン討伐を決定し、自ら出陣するが、エセンに敗北を喫したのみならず、エセンの捕虜となった。これを土木の変という（一四四九年）。翌年にはエセンと新たに皇帝となった弟の代宗景泰帝《だいそうけいたいてい》との間で講和が成立し、正統帝は帰還することができた。太上皇となった正統帝であるが、景泰帝の病死と共に正統帝は奪門の変を起こして皇帝に返り咲いた。二度目の皇帝時代を天順帝《てんじゅんてい》という。

この土木の変によって威信を大きく傷つけられた明は、これ以降の貿易に対してさらに消極的になっていく。

これは周辺諸国にとっては非常に切実な問題であった。例えば、北方では明の撤退によってパワーバランスの変動が起こり、結果的に北海道のアイヌが本州以南の「日本国」との関係を強めていき、さらに従属関係になっていくのは、明の収縮が大きな要因である。

日本にとっても、幕府財政の大きな切り札であり、また唐物文化を導入することで文化をもリードしてきた室町殿の文化戦略も変更を余儀なくされる。唐物から和物への転換は、国内での陶器製造を活発化させた（桜井：二〇〇九）。十五世紀後半に陶器出土量が急速に増え、東島氏が「V字回復」と評価する状況（東島：二〇一〇）が出現するのは、明の影響力後退という海域アジアでの大規模なパワーバランスの変化を背景としていたのである。

第四部❖後花園院政

第九章❖後花園院政の開始

1　後花園の譲位

糺河原の勧進猿楽

さしもの猛威を振るった飢饉も寛正四年（一四六三）には収束し、災害からの復興を始めた。そのような中、糺河原《ただすがわら》で鞍馬寺《くらまでら》のための勧進《かんじん》（チャリティー）を行うための大規模な勧進猿楽《さるがく》が挙行された。観世座《かんぜざ》の音阿弥《おんあみ》らが中心になって能楽・狂言が三日間にわたって行われ、その席には足利義政夫妻、御台所《みだいどころ》の兄日野勝光《ひのかつみつ》、関白二条持通《にじょうもちみち》、青蓮院尊応《そんおう》（二条持基《もちもと》の子）、梶井《かじい》門跡（三千院）義承《ぎしょう》（足利義満の子）ら門跡、諸大名らが参列し、「公方の勢威」を誇る場となった、という。田端泰子氏はこの興行を「人心の収攬をはかる一大文化政策」（田端：二〇一八）とする。

一方、東島誠氏はその桟敷での並び方に注目する。義政夫妻から日野・二条・青蓮院・梶井などの摂関あるいは足利家の門跡、そして諸大名が順に座り、一番末席に勧進聖《かんじんひじり》が座る桟敷の、一番上座の部分に「神の座敷」が設えられている。これについて東島氏は「空虚な中心点」、つまり天皇制を見出す。その「空虚な中心点」に天皇が着席すると仮想すれば、「どこに座るべきか」が問題になり、上下の身分秩序が再確認される、という（東島：二〇一〇）。このような構造がこの時代、まさに後花園天皇の時代に出現してきたのには理由がある。大きな枠組みで言えば、幕府が天皇の権威を支え、自らの支配に有用ならしめるシステムが足利義教までに形作られ、それを引き継いだ後花園が義教死後の激動を管領畠山持国《はたけやまもちくに》との協調の中で乗り切ったことによって存在感を増している、ということも挙げられよう。それゆえにこそ後花園が完成させた、幕府＝政治的権力を荘厳する観念的な権威としての天皇制は、その世俗的権力が落魄してしまった後々までも、「形骸化しつつも惰性的に想起されるシステムとしての天皇制」（東島：一九九九）に転生し得たのである。「後花園天皇の戦い」は天皇制というシステムを生み出した、とも評価し得よう。そして、天皇制が今日まで姿を変えつつ続いてきたのには、後花園の役割が極めて大きかったと言えるだろう。

相次ぐ親王宣下

後花園には皇子が一人しか生まれなかった。成仁《ふさひと》親王である。彼の母は下臈《げろう》の嘉楽門院《からくもんいん》藤原信子《のぶこ》である。彼女は地下《じげ》の楽人《がくにん》藤原長孝《ながたか》の娘であった。和気郷成《わけのさとなり》の養女を経て大炊御門信宗《おおいのみかどのぶむね》の養女として入内《じゅだい》している。ちなみに貞成《さだふさ》親王は『椿葉記《ちんようき》』に藤原長孝を琴の師範として重視すべしと記している。案外、彼女は貞成の伝手で入内したのかもしれない。信宗の姉妹も伏見宮に出入りしていた。

後花園には信子のほかに日野有光《ありみつ》の姪（有光の弟秀光の娘）郷子《さとこ》、三条実量《さんじょうさねかず》の娘冬子《ふゆこ》がいた。信子から安禅寺《あんぜんじ》の観心《かんしん》女王と成仁、郷子からは真乗寺宮《しんじょうじのみや》、それから生母が不明の大聖寺《だいしょうじ》門跡の照厳《しょうごん》女王が生まれている。皇子が複数いれば、外戚の強い皇子を皇位継承者とし、それ以外の皇子を門跡寺院に入れることで宗教ネットワークを掌握することもできるのだが、後花園の場合、門跡寺院に入室させるべき皇子を欠いていた。後花園の兄弟は伏見宮家を継承した貞常《さだつね》親王一人であり、同じく門跡になる人材はいなかった。つまり、崇光《すこう》皇統には門跡対策のための人材が枯渇していたのである。ちなみに貞常親王には多くの皇子が生まれ、門跡を多数輩出することになる。

門跡に入る人物の払底は以前から問題になっていた。後光厳《ごこうごん》天皇は多くの皇子を産み、彼らを門跡に入室させ、長らく後光厳の皇子が多くの門跡寺院に入っていたが、後円融《ごえんゆう》天皇が門跡に配置した皇子は一人、後小松《ごこまつ》天皇に至っては誰も出せなかった。後光厳皇子の代替わりに重宝されたのは木寺《きでらの》宮《みや》家および常盤井宮《ときわいのみや》家であった。

後小松は彼らを猶子《ゆうし》として親王宣下を行い、門跡寺院に送り込んでいたが、後小松を憎悪した義教によって後小松天皇猶子の門跡が逐電したりして人材不足が問題になった。後小松猶子で木寺宮家の明仁《みょうじん》法親王の逐電後、義教は伏見宮家に門跡に適した皇子がいないか、伏見宮家に問い合わせている。

しかし伏見宮家にもそのような皇子がいなかったので徳大寺《とくだいじ》家から出したのだが、これについて貞成は、天皇家から出せなかったのは残念であると書き残している。

宝徳元年（一四四九）に常盤井宮家の恒弘《こうごう》（勧修寺）が後花園の猶子として親王宣下を受けたのを皮切りに、享徳二年（一四五三）には木寺宮家の静覚《じょうかく》（御室）が同じく後花園猶子となって親王宣下を受けている。康正元年（一四五五）には静覚法親王の父木寺宮邦康《くにやすおう》王が貞成の猶子となっている。邦康王が後花園より年長であったためにこのような処置が取られたのだろう。寛正二年（一四六一）には恒弘法親王の兄弟の常盤井宮全明《またあきらおう》王に親王宣下が行われ、伏見宮家・常盤井宮家・木寺宮家と、天皇家を囲繞《いにょう》する宮家の整備がなされ、成仁親王登極への準備は整いつつあった。

成仁親王への訓戒

『後花園院御消息』という後花園から成仁へ贈った文章がある。寛正三年（一四六二）十月に記されたものである。そこには成仁に天皇としての心構えを述べているが、かなり辛辣でもある。後花園が「天皇」という地位に何を求めていたのか、というのが非常によく表れており、非常に厳格な姿勢で天皇としての地位・役割に臨んでいたことがうかがえる。例えば、

「お声は落ち着きがないように聞こえます。やわらかにのどやかにお話になるように（御こは色なにとやらんきふきふと聞え候、やはらかにのどやかに仰せ付けられ候べきにて候）」

「連歌の会の時に、他人の作品がいかに下手であろうが、安直に人の作品に難を付けることはよろしくありません（連歌の時人のいたし候句などいかにわろく候へばとて、そこつに難を入られ候事しかるべからずおぼへ候）」

「思い通りに育ったせいか、心遣いもそんなものかと思われることが多くあります。幼い年頃であればまだしも、成人している以上は、身を慎み、世の中から嘲られることのないようになさいませ（御心のままに御そだち候ゆへに、今に御心づかひもかやうに候かとおぼへ候、猶もおさなき御年にても候はばせめては罪さり所も候べきにて候、今にをきては御成身の事にて候、いかにもいかにも御身を謹まれ、世の欺けり候はぬやうに、御嗜候はんずるがかんようにて候）」

「近頃小鳥を集める趣味に熱中しているようですが、それもよろしくありません。このような無用なことに身をとらわれてしまっては大事なことが疎かになってしまうものです。子どもの頃はいざ知らず、今はすべてを差し置いて学問に打ち込むべき時です（此ちかごろ小鳥などあつめられ候て御すきのよしきき進らせ候、これまたしかるべからす候、なにとしてもかやうの無用なる事に心をうつし候へば、かんようさたし候べき事はそばになり候習ひにて候、そのうへかやうのなぐさみはおさなき時の事にて候、万事をさしをかれ候て御稽古をはげまされ候事にて候べく候）」

というような内容が述べられている。

特に他人への思いやりを繰り返し述べているところを見ると、後花園からは成仁が思いやりに欠けるように見えることが多かったのではないか。そして、その背景には余裕がなく、プレッシャーに弱い性格を見て取ることができる。連歌の才能は後花園も認めているところであるが、そのために他人の作品に厳しい批評を行って自らの才覚を誇示しようというところがあったのだろうか。後花園は、そのような他人を攻撃する性格は君主として改善すべきと考えていたのだろう。それは成仁にかける期待が極めて大きいことも表していた。後花園もまた成仁が立派な帝王になることを期待していたのである。

譲位

寛正五年（一四六四）七月十六日、後花園は一条東洞院にある伏見宮貞常の邸に行幸した。言うまでもなく成仁への譲位にあたって貞常邸を仙洞御所とするためである。伏見宮邸は、もともとは後小松の仙洞御所であったのを、義教が後小松の遺詔を反故にして伏見宮家に献上したものであった。禁闕の変後には後花園はそこに移り住み、土御門内裏再建後は再び伏見宮家の邸になっていたが、再びそこに住むことになるのである。その準備のために伏見宮邸に入ったのである。そして十九日、日野勝光邸に滞在していた成仁は内裏に入り、三種の神器も内裏に戻り、成仁の践祚《せんそ》（皇位を継承すること）は無事終了した。百三代の後土御門《ごつちみかど》天皇である。

当時は院政が常態であり、逆に後花園のように在位三十年以上というケースは少なくなっていた。二十九代欽明《きんめい》天皇から百二代後花園天皇までの在位年数を見ると後花園が一位である。ちなみに近現代までを含めても五位に入っている。四位は奇しくも後土御門である。

院政は院庁《いんのちょう》を設置し、院執事《いんのしつじ》を頂点とする院司《いんのつかさ》を置いて、院つまり上皇の政務の補佐をする。院は天皇家の家長であり、「治天《ちてん》の君《きみ》」と呼称される。「治天の君」が院なのが院政で、天皇なのが親政である。後小松が在世中は後小松が治天の君であり、称光《しょうこう》・後花園は政務をみることはなかった。後小松崩御後は後花園が治天の君となる親政が行われ、今回は後花園による院政が敷かれることになったのである。

院執事には今回、足利義政が就任した。これは後円融院政の院執事足利義満以来の伝統である。八月九日には太上天皇の尊号を受け、兵仗宣下《ひょうじょうせんげ》（随身を引き連れることの許可）があった。

翌寛正六年（一四六五）二月には飛鳥井雅親《あすかいまさちか》に勅撰集の院宣《いんぜん》を下し、後花園院政は順調にスタートしたかに見えた。自らの院政を寿ぐ勅撰集になるはずだったこの勅撰集は、結局完成することはなかった。

院別当足利義政

天皇は譲位し、太上天皇の尊号を受けると仙洞御所に入り、隠居生活に入ることとなっていた。太上天皇は持統《じとう》太上天皇に始まるが、発足当初は天皇大権を有し、天皇と並ぶ存在であった。そのシステムは、発足当初の奈良時代にはうまく機能した。持統太上天皇以降、元明《げんめい》太上天皇、元正《げんしょう》太上天皇と続き、聖武《しょうむ》太上天皇は孝謙《こうけん》天皇を後見し、孝謙太上天皇は淳仁《じゅんにん》天皇を後見した。しかし孝謙太上天皇と淳仁天皇およびその背後の藤原仲麻呂《なかまろ》の対立は恵美押勝《えみのおしかつ》の乱となり、また嵯峨《さが》天皇の時期の平城《へいぜい》太上天皇も薬子《くすこ》の変を引き起こすこととなった。嵯峨天皇以降、太上天皇号はあくまでも次の天皇から奉呈されるものとなり、さらに太上天皇は国政上影響力を行使しなくなる。ちなみに太上天皇を省略して上皇という。さらに出家した場合は法皇となる。

国政上権能を有しなくなる太上天皇であるが、その生活を行う隠居所である院を運営するための経済的な基盤を運営する機関が置かれた。それを院庁という。

譲位した後花園上皇の、院としての公務の始まりは、譲位した寛正六年八月の、院別当である左大臣足利義政邸への御幸であった。十二月には義政が院参し、その場で後花園は笙《しょう》の演奏を披露している。

その後も義政の院参はしばしば見られる。猿楽、蹴鞠という共通の趣味があった両者はかなり気が合ったようで、院という自由な立場になった後花園は趣味を通じて義政夫妻と強い関わりを持つようになる。この両者の交友は後花園の死去まで続いた。

2 足利義政政権の迷走

諸大名の内紛

院執事として、征夷大将軍として、左大臣として、国政のあらゆる面で頂点に君臨する足利義政であったが、資質に欠けるところがあった。しかもそれを自覚して政治から逃避する、という態度であれば問題はなかったかもしれない。しかし現代の我々が抱く一般的な義政に対するイメージとは裏腹に、義政は政治的意欲が強烈であった。その割に毅然たる対応を貫く胆力に欠けるところもあった。極言すれば、義政が政治から逃避して文化に耽溺してくれたほうが、幕府の衰退は避けられたかもしれないのである。

義政が初めて政治に関わったのは、彼がまだ十六歳の時である。斯波武衛《しばぶえい》家の当主義健《よしたけ》の尾張国守護代は織田久広《おだひさひろ》であったが、義政は乳母今参局《いままいりのつぼね》の推挙に従って兄の織田郷広《さとひろ》を復帰させた。郷広は万里小路時房《までのこうじときふさ》の所領を横領した廉で逐電していたが、今参局に働きかけ、復帰を図ったのである。義政は斯波家の守護代人事に介入したが、当時管領だった畠山持国と義政の母であった日野重子《しげこ》が抗議の嵯峨隠遁を決行したため、義政も折れて郷広の復帰を諦めた。最終的に義政の上意によって郷広は殺害されてしまった。

この一連の義政の動き、つまりお気に入りの言いなりになって自らの権力を振りかざすが、少しでも反発を食らうと手のひらを返し、今まで引き立てた人間をいとも簡単に見捨てる、というのは、このあとも繰り返され、取り返しのつかない惨禍を招くことになる。

件の今参局は義政の寵愛を笠に着て専横の振る舞いが多く、義政の養育先であった烏丸資任《からすまるすけとう》、側近の有馬元家《ありまもといえ》と並んで「三魔」と呼ばれた。しかし義政が正妻に日野富子《とみこ》を迎え、さらに富子と対立すると自害に追い込まれている。

義政のような、自らの権力を振りかざし、自らのお気に入りへの利益誘導に熱心で、しかも無定見な権力者にお墨付きを与えるのは、巻き添えを食らう危険な行為であるのだが、後花園にそれ以外の選択肢がないのは確かである。むしろ後花園は、義政の政治への意欲を好ましく感じ、進んでお墨付きを与えるようになっていった、とすら思える。

畠山氏の内紛では、畠山義就《よしひろ》が持国の後継者に収まったが、政久《まさひさ》を推す細川勝元《ほそかわかつもと》・山名宗全《やまなそうぜん》の動きは止まず、政久の死後は弟の政長《まさなが》を推して畠山氏の攪乱を続けた。長禄四年（一四六〇）には、ついに義就が義政に見限られ、河内国に走った。閏九月十七日に後花園の義就治罰綸旨が出されている（『大乗院寺社雑事記』）。

思えば、嘉吉の乱で足利義教を弑殺した赤松満祐《あかまつみつすけ》の治罰綸旨ですら、発給をめぐって朝廷内では議論があった。しかし嘉吉の乱・禁闕の変を綸旨発給で勝利に導いた後花園の朝廷内でのヘゲモニーが確立したこの段階では、綸旨発給に前のめりになる後花園を止めることのできる人物はいなかった。これは危険な兆候であった。とりわけ暴力性と無定見さを併せ持った足利義政という人物の決定に、何の疑問もなくお墨付きを与える行為は後花園の政治責任が問われる事態を招く危険性があった。また、後南朝を過剰に敵と見なして徹底的に介入する行為は、逆に後花園への対抗勢力として後南朝の有用性を認識させる危険もあった。その危険は現実のものとなって後花園に襲いかかるが、その落とし穴に後花園はまだ気づいていなかった。

寛正四年（一四六三）の十一月、日野重子の百箇日法要をきっかけに義就は赦免されたが、義就はなおも吉野の山奥に籠り続けた。同じ時に赦免されたのが斯波義敏《よしとし》であった。

享徳の乱への介入

斯波義敏も義政の犠牲者であった。斯波武衛家は、義健が若死にしたあとは一族の大野斯波氏から義敏が後継者となったが、武衛家を代々見てきた家宰の甲斐常治《かいじょうち》（俗名《ぞくみょう》を将久《ゆきひさ》という）と対立した。

その頃、関東では鎌倉公方となった足利成氏《しげうじ》と関東管領の上杉憲忠《うえすぎのりただ》の関係が悪化し、享徳三年（一四五五）に成氏が憲忠を暗殺するという事件が起こった。義政は激怒して成氏討伐を命じ、さらに長禄二年（一四五八）には庶兄で天龍《てんりゅう》寺《じ》香厳院《こうごんいん》に入っていた清久《せいきゅう》を還俗《げんぞく》させ、偏諱《へんき》を与えて足利政知《まさとも》と名乗らせたうえで新たに鎌倉公方に任命し、関東に向かわせた。その軍事力を補うために渋川義鏡《しぶかわよしあき》を執事に付けるが、渋川氏だけでは心許なく、義政は斯波義敏にも出兵を命じた。しかし義敏は常治との戦いにかまけて関東に出立しないため、義政は激怒し、義敏を排除して、寛正二年（一四六一）に義鏡の子義廉《よしかど》を斯波武衛家の家督に据えた。義政はおそらく自らの政治力に満足しただろう。新たな鎌倉公方の政知に斯波武衛家（越前・尾張・遠江の三ヶ国の守護）の武力を動員できるように仕向けたのだから。しかしこの方針も一貫しないと意味がない。そして義政は、一貫しないということだけは一貫しているのである。これが破滅的な結末を迎えるのは当然であった。

前述したように、享徳の乱で義政は、奉公衆の太田光《おおたひかる》を奥州探題大崎教兼《おおさきのりかね》のもとに下して南部氏を動員していた。南部氏は下北半島の蠣崎《かきざき》氏を蝦夷地に追い出し、大崎教兼から官途名乗りの挙状を発給されている。蝦夷地南部にまで義政の無定見な介入の余波が及んでいたのである。

文正の政変

寛正四年（一四六三）十一月、畠山義就と斯波義敏がそれぞれ重子百箇日法要の恩赦で赦免された。畠山義就は赦免後もしばらく吉野に引きこもっていたため、すぐに大きな影響は及ぼさなかったが、義敏は早速復帰し始めていた。それに伴い、義敏のライバルの斯波義廉の立場は急速に悪化した。義廉の実父の渋川義鏡が関東管領上杉持朝《もちとも》と対立の末に失脚すると、義廉ももはや義政にとっては不要の存在でしかなかった。

義政が義就と義敏の復帰を決めたのは、側近の伊勢貞親《いせさだちか》や季瓊真蘂《きけいしんずい》の進言によってであった。これは大崎教兼との関係構築に義廉が失敗したこと、教兼と従前から関係を持っていた義敏を復権させせようとしていた、とされる。

しかし義廉は山名宗全と組んで義敏の復権を阻もうとした。宗全は赤松一門出身の蔭涼軒主《いんりょうけんしゅ》である季瓊真蘂が赤松政則《まさのり》を登用することを快く思っていなかった。そこに宗全と姻戚関係にあり、二十年にわたる同盟関係を構築してきた細川勝元も加わり、宗全や勝元は義敏復権の背後にいる貞親・季瓊真蘂そして足利義政への反発を強めていくのである。

近衛政家《このえまさいえ》は義敏の動向に敏感に反応し、義敏の処遇が天下大乱に繋がることを危惧して、近衛家伝来の日記や文書などを洛北の岩倉に避難させている。義敏の問題の処置を誤れば天下大乱に繋がることは、当時二十歳を過ぎたばかりの青年貴族にもはっきり見えたのである。ユネスコの「世界の記憶」に登録されている『御堂関白記《みどうかんぱくき》』をはじめとした貴重な文化遺産が今日まで伝えられてきたのは、政家のおかげである。

結局、文正元年（一四六六）七月に義敏は武衛家家督に復帰し、さらに勝元と対立して幕府から追討命令を受けていた大内政弘《おおうちまさひろ》も赦免された。政弘は瀬戸内海の覇権をめぐって勝元と対立していたのである。ここに義政を中心とする側近勢力と、宗全・勝元を中心とする大名連合という対立図式ができあがった。

もう一つ問題点があった。寛正五年（一四六四）に義政は浄土寺《じょうどじ》に入っていた弟の義尋《ぎじん》を還俗させ、義視《よしみ》と名乗らせて後継者に据えていた。しかし翌六年には義政に待望の嫡男義尚《よしひさ》（幼名不明）が生まれる。母親は正室の富子であった。一般にはこれを捉えて、富子が義尚の将軍継承を狙って宗全に接近することが応仁の乱のきっかけと説明されるが、現在の研究では義政と富子は義視に将軍職を継承させたうえで義尚に譲る、場合によっては富子の妹良子《よしこ》が義視の正室だったので、義視の子の将軍職継承も視野に入れていたと考えられている（呉座：二〇一六）。したがって、富子を応仁の乱の原因とする見方は現在では否定するのが多数説である。家永遵嗣氏によれば、細川氏周辺によってのちに作成された『応仁記』の影響が大きいとされる（家永：二〇一四）。ただ、この『応仁記』の解釈については桜井英治氏による批判（桜井：二〇一九）と家永氏（家永：二〇二〇）の応答がある。

義視擁立に反発したのは富子よりもむしろ義尚の養育を担当していた政所執事の伊勢貞親であった。貞親は義勝を幼少時から養育し、義政も家督継承後は烏丸資任から伊勢貞親に養育先は代わり、貞親を父親代わりにしていた。義視による将軍職継承で一番不利益を被るのは貞親である。文正元年（一四六六）、貞親は義視に謀反の疑いありと義政に密告した。しかし義視は間一髪で脱出し、勝元のもとに逃げ込んで助けを求めた。もとより義政との対立を強めていた宗全は、これを機に義政を含めた将軍親裁勢力の一掃を目指して勝元と連携し、貞親と季瓊真蘂、赤松政則を追放することに成功した。これが文正の政変である。

後土御門天皇の大嘗会

文正の政変が義政の決定的な敗北に終わり、義政は伊勢貞親を中心とする側近層を失って政務能力を喪失した。勝元・宗全連合による幕政の掌握がなされ、慌ただしかった文正元年も暮れようとしていた。九月には斯波義廉が家督に返り咲いた。

安定を取り戻した京都では後土御門天皇の大嘗会《だいじょうえ》が挙行された。十月十五日、後土御門は仙洞御所の後花園を訪ね、翌日には舟遊びを挙行している。十月二十六日には御禊行幸《ごけいぎょうこう》が行われ、後花園も観覧している。十二月十三日には大嘗会に向けての清暑堂神宴拍子合《せいしょどうしんえんひょうしあわせ》があり、そこで後花園は箏の演奏を披露した。十二月十四日の太政官行幸には義政と義視が参加し、義視が供奉した。これで義視が義政の後継者であることがより一層明示されることとなった。義政も左大臣として様々な行事に関わっており、この点は義持・義教と一線を画している。義政は、政務担当能力はともかく、廷臣として儀式を遂行する能力はあったのである。室町期の摂関家にでも生まれていれば、人々の尊敬を集め、幸せな生涯を送れたかもしれない。しかし彼が生まれたのは足利家であった。日本の政治に責任を負う足利家を背負うには、義政の性格は明らかに適していなかった。

義政は今回、義視を後土御門に供奉させることで、後花園と義政の関係を、後土御門と義視の関係に再生産しようとしたのである。十二月十八日には無事に後土御門の大嘗会は終了し、一連の皇位継承儀式は完了した。後花園以下、天皇家の面々は天照大神をはじめとする祖神に皇位の継承を報告し、安堵したことだろう。そして皇位の安定的な継承と大嘗会をはじめとする朝儀の継承が、これからもなされることと思っていたに違いない。

しかし現実には、この大嘗会を最後に二百年以上大嘗会は途絶えてしまうのである。

第十章❖応仁の乱と後花園法皇

1 応仁の乱

畠山義就上洛と山名宗全のクーデター

文正の政変で伊勢貞親《いせさだちか》が失脚し、細川勝元《ほそかわかつもと》・山名宗全《やまなそうぜん》連合が幕政の主導権を掌握したかに見えた文正元年（一四六六）十二月、後土御門《ごつちみかど》天皇の大嘗会《だいじょうえ》が挙行され、後花園上皇がほっとしたのも束の間、大事件が起きた。

山名宗全が畠山義就《はたけやまよしひろ》に上洛を呼びかけ、それに応じた義就は二十四日に上洛を開始した。足利義政の許可を得ないままの上洛であった。細川勝元が一貫して畠山政長《まさなが》を支持してきたことを考えると、これは山名宗全と細川勝元の決裂を意味し、また室町の平和が破綻した瞬間でもあった。

宗全が二十年以上にわたる勝元との同盟関係を破壊した理由であるが、宗全にとっては勝元に協力して幕府のナンバー2を目指すのか、それとも反細川連合に身を投じて一気に幕政の主導権を握るか、という分かれ道で幕政の主導権を握ろうとしたのだろうと考えられている（末柄：二〇一三）。

十二月二十六日、畠山義就は入京し、千本釈迦堂《せんぼんしゃかどう》に陣を敷いた。義政は激怒し、文正二年（一四六七）正月一日には管領畠山政長が室町御所に参って垸飯《おうばん》を献じた。この段階では義政は政長を支持していたはずである。しかし翌日には政長邸への御成を中止し、御所で義就と対面した。義政はわずか一日で手のひらを返したのである。正月五日は畠山邸御成の日であったが、義政が向かったのは義就が借りた山名宗全邸であった。ここに義政は完全に義就を支持するということになったのである。この手のひら返しについて呉座勇一氏は「義就上洛によって山名方が軍事的優位に立ったから」（呉座：二〇一六）とする。義政は有利なほうにあっさりつく、という側面もあり、これがこの時代の不安定さの大きな要因となっていた。

十五日に勝元・政長らは御所巻《ごしょまき》を計画する。御所巻とは室町将軍の御所を大名が取り囲んで自らの要求を突きつける、というもので、義持・義教時代には大名が軍勢ではなく直接御所へ対面にやって来るという形で行われていた。

しかし御所巻の計画を察知した宗全は、軍勢を派遣して室町御所を占拠した。宗全によるクーデターは成功したのである。政長は完全に失脚した。

ここで政長は、宗全らの考えとは異なる動きをする。失脚した大名は自らの領国に下って謹慎するのがそれまでの流れであった。しかし政長は、十八日早朝に自邸を焼いたのち賀茂の河原を北上し、上御霊社《かみごりょうしゃ》に陣取り、勝元らと共に宗全の籠る室町御所を包囲する構えを見せたのである。

畠山政長治罰院宣

宗全は午後に入ってから後花園と後土御門の身柄を室町第に迎えとった。この時、後土御門、後花園、貞常《さだつね》の三人が同じ牛車で移動することになったが、天皇が牛車に乗るとは如何なものか、という議論があった。天皇は鳳輦《ほうれん》に乗るのが基本であったからである。これについては非常時には輿に乗った例があり、必ず鳳輦でなければならないといものではない、ということで先例に適っている、という結論になった。天皇が牛車に乗らないのは危険だから、という理由があったのだが、この場合そうも言っていられない、というほど緊迫した状態だったのだろう。

この緊迫した状況下で後花園と義政の対応は割れた。『公卿補任』には後花園が政長治罰の院宣《いんぜん》を下した、とある。宗全からの要求に応えたのだろうが、一方で皇威を過信する後花園は一気に戦乱を片づけたかった、という側面もあっただろう。一方の義政は勝元・宗全の両者に政長・義就への加担を禁止した。勝ったほうにつこうというのであり、ここでも無定見であることを貫いたのである。悪し様に言われることの多い義政の無定見さであり、実際ここまでの歴史ではその無定見さがこの事態を招いていることも事実であったが、この局面に限っては義政の無定見さには意味があった。そして後花園の果断な処置がすべてを破滅に追い込んだのである。

勝元は義政の命令に応じて政長に加担しなかった。しかし宗全は後花園の院宣に従い、義就に加担した。これは大きな禍根を残した。というのは、義就と政長が一対一で戦って政長が負けたのであれば勝元も結果を受け入れたであろうと考えられるからである。しかし勝元が加担しなかった一方で宗全が加担したことで勝元は政長を見捨てた、という評判が立ち、勝元としては何としても反撃しなければならなくなったのである。

もちろん院宣を下してややこしい状況を作り出した張本人の後花園は、そのような事情を思いもしなかっただろう。一月二十日午後には室町殿から仙洞御所に帰還した。自らの院宣の威力に意気揚々としていたのではないだろうか。

京都には平和が戻り、二月には義政が仙洞御所に参って猿楽が行われ、後花園と共に見物した。三月五日、文正二年は応仁と改元される。四月十日には内大臣の日野勝光《ひのかつみつ》邸に後花園、義政、義視らが招かれて当座和歌会が開催され、後花園が題を出し、後花園以下義政・義視・勝光らが和歌を詠んでいる。この時、そこにいた誰も大乱が起こることを予測していなかった。

応仁の乱勃発

応仁元年（一四六七）五月十六日、勝元の家臣池田充正《いけだみつまさ》が千人あまりの軍勢を率いて摂津から上洛した。物々しい雰囲気の中、十七日には仙洞御所と内裏の警備を強化している。

五月二十六日、勝元派の武田信賢《たけだのぶかた》らが宗全派の一色義直《いっしきよしなお》邸を攻撃し、両者は全面的な武力衝突に至った。二十八日には義政が両者に停戦命令を発し、いったんは小康状態になったものの、六月一日、勝元は宗全討伐の綸旨《りんじ》と将軍の牙旗《がき》を請求した。しかしこれは日野勝光の反対に遭う。勝光はこの戦闘を勝元と宗全の私闘であるとして牙旗の下賜に反対した。権大納言の近衛政家《まさいえ》によれば、勝光が宗全に通じていたからだという（『後法興院記』）。勝元の報復を恐れた勝光は最終的に室町第に留め置かれ、義政の庇護下に入ることになる。

勝光が宗全追討に反対したのは事実であるが、これについては今谷明氏が「珍しく正論を吐いて綸旨・牙旗下賜を蹴ってしまった」（今谷：一九九二）と書いており、今谷氏のこの論に従いたい。勝光にとってはあくまでも将軍家の家臣同士の争いであり、上皇を巻き込むべきではない、というのは「珍しく」かどうかはともかく、勝光の発言は正当である。勝光についても人物像は再考されるべきである。

義政は勝元の請求を受け入れ、牙旗を下すが、これは勝元の圧力もさることながら、義視の主張も大きかったとみられる。呉座勇一氏は、義視にとって宗全を倒すことが自らの権力基盤の確立に必須だと考えていたからだとする（呉座：二〇一六）。一方、後花園は、今回は勝元の要求を拒否したようである。安直に治罰院宣を乱発することの危険性を、身を以て思い知ったからだろう。しかしこれは、天皇が戦乱に巻き込まれるのを一時的に防ぐ効果はあったが、同時に後花園が西軍贔屓と受け取られる危険性も大いにあった。

ともあれ義政が東軍としての旗幟を鮮明にした以上は、義政に戦闘を止めることは期待できない。完全に当事者になってしまったのである。

後花園上皇の覚悟

そのような中、後花園は貞常に手紙を送っている。そこでは「今まで自分のやってきたことは何の意味もありませんでした（人間《じんかん》の交《まじわり》無益千万）」「一切を捨てて逃げ出したい気持ちです（捨世の本意をとげ候べき心中にて候）」と述べ、生まれ故郷の伏見への隠遁を示唆していた。言うまでもなく応仁の乱を招いた政治責任を痛感していたのである。後花園は、「このような戦乱を招いてしまったことは客観的にも、主観的にも面目ないこと（かやうの珍事出来し候事、人めしちもかたがためむぼくなき次第）」、「さらに戦乱がこじれた場合、自分の老後の恥ずかしさと言ったら悔しくて仕方がないでしょう（これよりまさるさまなる不思議など出来候てハ、いよいよ老後の恥辱も口惜しく覚候）」という言葉に、彼の人生への絶望が見られる。そのうえで「伏見の里は故郷なので、そこにでも隠遁しようと思っています（城南の事ハ故郷の事にても候へハ、さやうの在所なとに、かけをもかくし候へき歟と覚候）」、「万一漏れてしまって武家より止めに来れば困るので隠密に行ってください（万一漏脱の儀候てハ、武家より定て抑留申候ハんする口惜候、無上菩提の妨になり候ハぬ様に、いかにも御隠密候て、御了簡かんようにて候）」、「伏見への旅立ちは十七日、二十日あたりがいいでしょう（城南へ出候へき事、十七日・廿日など吉曜にて候）」というようなことが書かれている。単にうわべだけで責任を口にしたわけではなく、かなり具体性を持った隠遁（逃避）計画であったことがうかがえる。

この文章は、後花園の無念の思いと責任を一身に背負う覚悟が見られ、胸を打つ名文と呼ばれることも多い。しかしこの書状で最も強く主張されているのは、すべてを捨てて逃げ出したい、という無責任な逃避の思いである。この文章が胸を打つのは、後花園が自らの責任と向き合う姿が映し出されているからではない。自らが背負いこんだ責任の、あまりの重圧に押し潰された後花園の真実の内面が嘘偽りなく映し出されているからである。いわば彼の強さに胸を打たれるのではなく、彼の弱さにこそ胸を打つ面があるのではないだろうか。自らの政治責任に向き合い、その重圧に耐えきれず、逃避を考えた彼の脳裏に去来したのは十歳のあの夜、突然連れ出され、それ以降足を踏み入れていない生まれ故郷の伏見の山、里、川だったのだろう。

自らの生まれ育った故郷に帰りたい、という気持ちは確かに胸を打つ。しかしこれだけの大乱を勃発させた原因が後花園自身にもあるとすれば、この局面で逃避するのは無責任である。自らも関わった戦争から逃避するような行動が、そもそも許されるはずもなかった。後花園はそれ以降も戦乱の終結をライフワークとせざるを得なかったのである。

そして想像でしかないが、後花園の隠遁の意向を翻させたのは、この逃避計画を打ち明けられていた貞常ではないだろうか。貞常は兄の弱った気持ちを受け止め、説得して翻意させたのだろう。貞常のおかげで、後花園は無責任な逃避で晩節を汚さずに済んだのである。

2 後花園法皇最後の戦い

室町殿入り

七月六日、後花園は貞常と関白の一条兼良《いちじょうかねよし》を義政のもとに遣わし、講和を進めるよう求めた。義政自身は完全に東軍になってしまったため、第三者の立場からの和睦要請をしたのである。しかし山名宗全に何らかの打撃を与えない限り、細川勝元の体面が立たない。勝元は、後花園が畠山政長治罰院宣を出したのがすべて悪いと思っていたかもしれない。この段階に至っては細川が受け入れないだろう、と近衛政家は書いているが、当然だろう。後花園も勝元を大乱に押しやった責任者なのである。

義政と義視、さらには朝廷を取り込んだ勝元派は戦いを有利に進めた。しかし、瀬戸内の覇権を勝元と争う大内政弘《おおうちまさひろ》が大軍を率いて京都に迫りつつあった。勝元は斯波義廉邸を政弘の到着前に陥落させようとしたが間に合わず、政弘の率いる大軍は勝元派の抵抗を排除しながら八月二十三日、ついに京都へ入り、東寺《とうじ》に陣を敷いた。

これで形勢は大きく宗全方に傾いた。京都は室町殿の周辺を除いてほぼ西軍に制圧され、室町殿周辺の補給路は北側にわずかに開いているだけで、風前の灯となった。義政はとりあえず後花園と後土御門を室町第に移し、保護することを決定した。寝殿に後土御門、泉殿に後花園が居住することになった。一年のうちに二度も動座することについて、政家は「悲嘆のほかにはない」と嘆いている。天皇と上皇が同じ敷地に居続けるのも不都合であった。しかも仮の内裏では儀式もできない。戦乱が長引けば天皇の存続すら揺らぎかねない事態である。しかし京都のほぼ全域を宗全に制圧された以上は、彼らは勝元が築いた要塞の中に閉じ籠るしか選択肢はなかった。実際、その直前に宗全が土御門内裏に突入して「君を取り奉れ」と命じたことがあり、勝元は後花園と後土御門の身柄を室町殿に移した、という記述が『応仁記』に見られる。

同じ日、義視が伊勢に出奔した。理由については、どちらかと言えば宗全方に対しても目配りをしてきた義政に対し、自らの権力基盤を強化しようと西軍への強硬姿勢を貫いた義視が、政弘の上京を目前にして身の危険を回避しようとしたからだとする見方と、もともと山名宗全、斯波義廉との仲が深く、勝元に警戒されており、居場所を失ったとする見方がある。伊勢に逃亡した義視は北畠《きたばたけ》氏のもとへ寄寓することになった。『応仁別記』によれば、義視が前線から帰還しようとしたところ、東軍方の京極《きょうごく》氏の重臣多賀《たが》高忠《たかただ》に阻まれ、伊勢に落ち延びたともいう。

義視は西軍に対して強硬な姿勢を取ることで東軍の中でのプレゼンスを高めようとしたが、東軍の中で義視の存在感の高まりを警戒する勝元、あるいは西軍との関係改善を考えていた日野勝光、日野富子ら、さらにその背後にいる義政および後花園の両方の勢力から浮き上がることになってしまったのかもしれない。

大内政弘は東寺から北上して船岡山《ふなおかやま》に入り、大規模な戦闘が起こりそうな中、義政は宗全と義就に講和を持ちかける。しかし義就はそれを完全に無視し、空き家となった内裏・仙洞御所を占拠し、室町第に押し寄せ、矢を射込むという事件が起きた。九月十八日には南禅寺上生院《なんぜんじじょうしょういん》が炎上する東岩倉合戦があった。

出家

九月二十日、後花園は近衛房嗣《ふさつぐ》の子で政家の兄にあたる実相院増運《じっそういんぞううん》を戒師として突然出家した。政家自身もあとで聞いて驚いているので、極秘裡に進められたのだろう。烏丸資任と万里小路冬房《までのこうじふゆふさ》が共に出家した。法名を円満智《えんまんち》という。

しかしこの出家は、もはや世間からの逃避ではなかった。後花園法皇は、ここからより深くこの戦乱に主体的に関わっていく。出家の動機も世を儚《はかな》んだという理由ではないだろう。帝王不徳の責めを引き受けた、というのは一面の真実ではあろうが、それは出家して隠遁することではなく、この戦乱を終わらせるために帝王不徳の責めを、命をも捨てて背負う覚悟だったのではないか。当時は死ぬ前には出家をするのが習わしだった。あらかじめ死ぬ準備で出家を済ましておきたかったのだろう。

事実、この頃は室町第といえども安全ではなく、攻撃の対象となっていた。十月二日、宗全軍は攻勢に出て御所の東側の相国寺《しょうこくじ》に放火し、宗全が自ら室町第を取り囲み、宗全に内応する義政の近習によって室町第は半焼した。応仁の乱有数の激戦となる相国寺合戦である。その頃は室町第の中にも宗全派が混じっており、室町第にいても生命や身体の安全性は確保できなかった。

大内政弘が入京し、圧倒的な優位を宗全側が築いた段階で、後花園や義政には高次の立場から両者の調停を図るという選択肢は失われていたのである。宗全に完全に屈服するか、圧倒的な軍事力を誇る宗全軍に奇跡の逆転勝利を収めるか、しかなかった。義視はそれを見越して伊勢に逃亡した。しかし京都から離れるという選択肢のない後花園には、もはや退路は存在しなかったのである。

西軍討伐院宣

十月三日、相国寺合戦の最中、後花園は興福寺に対して忠節を尽くすよう命じる院宣を下す。この院宣については、より高次の立場から平和を求める内容であったが、勝元に宗全追討のために利用された、とする見方がある。しかし、もし後花園が勝元と宗全の両者から中立の立場で院宣を出したとすれば、後花園はあまりにも現状を見ていないことになる。勝元に擁立された状態の後花園に忠節を尽くす、ということは、勝元のために宗全と戦う、という意味でしかない。勝元がその後花園の院宣を宗全治罰と解釈して軍勢動員に利用した、とするならばそれは正しく院宣を読み取っている、ということである。

その契機としては、後花園と義政が居住する室町第への西軍による放火があるだろう。比較的西軍にも目配りをしてきた後花園と義政も、自分たちに対してあからさまな攻撃を仕掛けてきた西軍に配慮する必要性はもはやない。

皮肉なことに相国寺合戦以降は戦線は膠着し、大規模な合戦はしばらく行われなくなった。十月十七日、義政は連歌を後花園と共に楽しんでいる。二十一日には後土御門と後花園が比叡山《ひえいざん》に動座する計画が持ち上がるが、逆に危険なために見送られ、二十三日には後花園が畠山義就に勅使を遣わし、和平に動いた、という風聞も流れた。しかしそれは実現しなかった。

応仁二年（一四六八）、大乱勃発後初の正月を迎えた。しかし法皇・天皇共に内裏を離れて室町殿に避難しており、年始の儀式は一切行われなくなってしまった。多くの公家は宇治や奈良や地方の荘園に避難し始め、朝廷の崩壊は深刻化していった。

洛中での戦闘は膠着状態になった。市街戦は短期に決着がつくものだったが、京都も町のあちらこちらが要塞化し、さらに足軽と呼ばれる新たな戦闘集団が使われるようになっていったのである。その頃になると、戦闘は膠着化した洛中から京都近郊に広がっていった。補給路の争奪戦となっていったのである。足軽は敵の補給線に打撃を与えるために多用されたが、それは洛中の破壊が京都近郊にまで広がっていくことを意味していた。

そのような中、義視が伊勢から上洛するという風聞が何回も立った。その義視は九月二十二日、ついに上洛してきた。上洛してきた義視は義政周辺の「邪徒」三人を除くよう要求した。一人は御台所富子の兄日野勝光であった。その義視の提案を義政は拒否した。義政にとって義視の要求は呑めるものではなかった。義視の後見人の勝元は義視に出家を勧めざるを得なかった。

義政は伊勢貞親を復帰させることを決めたが、貞親は義視の排斥を狙って失脚した人物である。義視にとって貞親の復帰は到底容認できるものではなかった。

十一月十日、義視の側近有馬元家《ありまもといえ》が義政の命令で殺害された。身の危険を感じた義視は再び出奔すると、二十三日には西軍の陣に迎えられた。

十二月五日には義視以下西軍に入った十人の官位が剝奪され、義視治罰院宣が出された（『大乗院寺社雑事記』）。危険な存在となった義視は一刻も早く滅ぼされなければならなかった。後花園、義政の危惧は的中した。西軍は義視を将軍に擬し、義政を露骨に無視し始めた。宗全には、もはや義政も勝光も富子もいらなかったのである。

そのような緊迫した情勢の中、後花園は独吟百韻《どくぎんひゃくいん》を行っている。一人で百首の和歌を吟ずる後花園の脳裏には何が浮かんでいたのだろうか。平和が回復した暁には、やり残した自身二つ目の勅撰集のための和歌を作っていたのだろうか。

後南朝の蜂起

年が明けて応仁三年（一四六九）、四月に兵革《へいがく》によって文明に改元され、文明元年となるが、この年は戦闘が摂津・丹波に拡大していった。西軍が細川氏の本拠地を攻撃し始めたのである。

文明元年（一四六九）十月八日、興福寺大乗院《だいじょういん》門跡の尋尊《じんそん》は「禁裏・仙洞御所の御留守番衆は西軍から出している」という記事を書いている（『大乗院寺社雑事記』）。尋尊によると、彼らの名前は禁裏が葉室教忠《はむろのりただ》、阿野季遠《あのすえとお》、清水谷実久《しみずだにさねひさ》、西川房任《にしかわふさとう》、河鰭公益《かわばたきんます》、四条隆職《しじょうたかもと》で、仙洞が四辻実仲《よつつじさねなか》、阿野季賢《すえかた》であるという。この時期、後土御門と後花園は室町第に移住している。もぬけの殻となった内裏・仙洞御所は畠山義就に占拠されたが、改めて公家衆を西軍は配置したのである。なぜこの時期に突然公家衆を配置したのか、という問いへの答えはやがて明らかになる。

十月五日、尋尊は大和国の箸尾《はしお》氏から、南朝の皇胤《こういん》を越智家栄《おちいえひで》が迎えて上洛を企てている、という話を聞いた。そしてそれは西軍方の策謀だという。おそらく南朝の皇胤を後土御門・後花園に対抗する天皇の地位に担ぎ上げようという動きが、内裏を整備させることに繋がったのだろう。義視を推戴することで幕府を相対化した宗全だったが、ついに天皇をも相対化しようとしたのである。

十一月二十一日、尋尊は「南朝の皇胤が蜂起したという噂だ。兄弟の片方は吉野で、もう片方は熊野で年号を明応と定めたということだ」と書き残している。この動きは活発化し、文明二年（一四七〇）三月十六日には和泉国の大半が南朝方の手に落ちた、という情報を尋尊は記す。二十一日には畠山義就の被官が南朝皇胤を担ぎ上げ、二十五日には大乗院に出入りする商人の楠葉元次《くずはもとつぐ》（足利義満の代に渡来したイスラム商人の孫）から越智郷に南朝方が入ったという情報を得ている。五月十一日には、御留守番衆の公家たちが配置された理由が南朝の天皇を禁裏に入れるためだと書いている。ただ南朝の御料所が河内・紀伊となることを義就が嫌がって準備が遅れている、ということだったが、ここにきて話がまとまったという。尋尊は「この話が事実ならば朝廷は滅亡するだろう」と危機感をあらわにしている。

この危機に際して後花園も動いている。熊野本宮・新宮・那智大社に対して南朝方に加担しなかったことを賞し、後花園に忠節を尽くすように聖護院道興《しょうごいんどうこう》に対して院宣を出している（『若王子神社文書』）。聖護院門跡は修験道の総本山であった。また後花園は南朝側に属した勢力の官職を剥奪している。

このあたりの事情をもう少し詳しく書いているのが『公卿補任』応仁二年の項目である。そこには権中納言四辻実仲について「去年、室町殿に臨幸以来、空き家となった御所に出仕した。十二月に参るように後花園は仰せになったが、参らなかった。そこで敵軍に同意と見なして解任した（去年室町殿に臨幸以来、御留守の御所に候ず。十二月日参るべきのよし仰せらるるのところ参らず。よって敵軍同意に准じ解却）」とあり、清水谷実久、正親町三条公躬《おおぎまちさんじょうきんみ》、葉室教忠、阿野季遠、阿野公煕《きんひろ》、橋本公国《はしもときんくに》、西川房任、河鮱公益にも「解却子細同前」「解却《げきゃく》」と見える。彼らの事情について神田裕里氏は、日野勝光への対抗としている（神田：二〇一九）。足利義視に近かった三条公躬は勝光・富子からの圧迫があったようだ。

この南朝の皇胤については「小倉宮《おぐらのみや》」と記されるが、実際のところは不明である。彼は後花園死去後に入京を果たすが、東軍と西軍の和睦が進むと不要となり、追放され、最後には越後から越前に入った、という記事を最後に姿を消す。彼もまた戦乱に翻弄された犠牲者であった。

後花園法皇最後の日々

文明二年（一四七〇）三月、後花園は後土御門と共に宸筆《しんぴつ》の般若心経を伊勢神宮に奉納し、平和の到来を祈った。四月には先述したように聖護院を通じて熊野三山に対して院宣を下し、南朝との戦いを進めている。院宣を下したその日、後花園は後土御門と共に蹴鞠を楽しんでいる。天皇と法皇が並んで蹴鞠を行うということは近代にはなかった、と人々の目を惹いた。さらに後花園は琴の演奏も披露し、和やかな宴席であったようである。もちろん足利義政の差配である。

八月十日、後花園は院宣を興福寺に下し、後南朝討伐を命じている（『経覚私要抄』）。後深草《ごふかくさ》天皇と亀山《かめやま》天皇による皇統の分裂以来、分裂を重ねてきた皇統を一本化する後花園の戦いの最後のターゲットは西軍が擁立した後南朝であった。本当に南朝の皇胤かもわからない勢力であっても、後花園が作り上げた体制にとっては不俱戴天の敵であった。

十一月十五日、後花園はまたもや独吟五十首を詠じている。先の見えない戦乱の中で、平和の訪れと共に勅撰集の編纂を再開しようという執念がうかがえる。これらの歌について足利義政に合点《がってん》（批評）を頼んでいるのも目を惹く。後花園は政治家としての義政の世評はともかく、廷臣として、文化人として彼を評価していた。義政は伊勢貞親邸で養育されていた義勝とは異なり、将軍家後継者ではなく、門跡の候補者として後花園の側近であった烏丸資任の邸で養育されていたため、貴族的な素養は身につけており、また後花園は若き頃、資任から折に触れて自邸で養育されている幼き義政の話を聞かされていただろう。

十二月六日、南朝関係者の首が京都に届き、幕府から後花園のもとに届けられた（『親長卿記』）。これは文安五年（一四四八）に護聖院宮の円胤《えんいん》の首が届けられた時の先例を踏襲している。この首の主については『大乗院寺社雑事記』文明三年（一四七一）閏八月十六日条には「後醍醐《ごだいご》天皇の末裔で日尊《にっそん》という人物が活躍し、将軍になろうとしていた。昨年には殺害されたが、その怨霊のために後花園法皇は突然崩御した。しばしば現れたが、仏事を行い、慰霊すると現れなくなった。今、西軍にいる南朝天皇は日尊が取り立てた君である」という記述がある。この日尊についての詳しい事情や系譜は全く不明としか言いようがない。しかし、わざわざその首が後花園のもとに届けられている以上は、天皇家の一員であると幕府も後花園も考えていたのだろう。

十二月二十日、日野富子が内裏・仙洞番衆に対し、新造の風呂に入って疲れを癒すように言ってきたので各自風呂に入り、そのあとで食事が振る舞われた。甘露寺親長《かんろじちかなが》が「突然のことだった」と記しているので、富子による朝廷への慰労の意味合いがあったのだろう。あるいはその前日の富子への叙位のお礼という側面も見逃せまい。いずれにせよ、親長ら後花園の側近衆にとってはありがたいことであっただろう。

二十四日には御料所の年貢未進について細川勝元と交渉している。このような所領の管理も院としての重要な職務であった。

そして二十六日の午後十時頃、後花園は中風《ちゅうふう》で倒れ、翌二十七日午前六時頃、甘露寺親長に抱えられ、足利義政と日野富子らに看取られながら「崩御」した。死の直前まで親長に投薬や灸を指示し、生に執着しながらの死であった。後花園の「崩御」は、自らが引き起こしてしまった戦乱を終わらせる戦いの最中での壮絶な「戦死」であった。彼が当時としては異例なまでに生に執着したのは、自らの責任で始まってしまった戦乱を、自らの手で終わらせることのできなかった無念さのためだろう。

後花園の無念に関しては弟の貞常が詳しく書き記している。貞常が後花園の死去について記した『山賤記《やまがつき》』で白河《しらかわ》法皇と後花園の死にあたっての心境を論じている。そこでは白河について「御歳七十以上まで統治をなさっていて、天下は収まり、御心に残るものもなく、生きとし生けるものの命を救われた（御とし七そぢにおほくあまり物し給て、天下おさまり、御心にのこる事なく、いきとしいけるものの命をすくはれし）」と書いている。それに対して後花園については「五十二歳のご年齢、まだまだ未来があるはずなのに思い通りにならずお亡くなりになったので、君臣共に驚き戸惑うばかりである（五十あまり二とせの御よはひ、いまだ御行するゑもはるかなる御事のおもひあへず雲がくれたまへば、君も臣もたゞあきれまどへるばかりなり）」と書いている。まさに後花園の無念もそこにあっただろう。自らは「いきとしいけるものの命」を救うどころか、戦乱を惹起し、多くの命を奪ってしまった政治責任を負っている、という意識は兄弟で共有していたものと思われる。

葬儀

この頃、天皇家の葬儀は泉涌寺《せんにゅうじ》が行うことになっていたが、戦乱のため、泉涌寺には寺衆が一人も在京していないという状態であった、そこで百万遍知恩寺《ひゃくまんべんちおんじ》が念仏を唱え、葬礼については勅願寺であった元応寺《がんおうじ》の住持が坂本（滋賀県大津市）に移住していたのを呼び寄せ、執り行わせることとした。「素服の人々」、つまり葬儀に参加する人々を義政が決定している。甘露寺親長、東坊城顕長《ひがしぼうじょうあきなが》、町広光《まちひろみつ》、五辻泰仲《いつつじやすなか》が選ばれた。しかし「旧記」を持っている人がおらず、親長は「鬱々」と記している。親長自身は戦乱で家が焼け、その時に所有していた記録類も焼失したのである。

十二月二十八日には亡骸が聖寿寺《しょうじゅじ》に運び出されたが、先例の通りにはいかず、故法皇（後花園）の長女観心《かんしん》女王の板輿を借り、担ぎ手も手配できず相国寺塔頭の雲頂院《うんちょういん》と知恩寺の力者《りきしゃ》が一緒に担ぐことになった。二十九日には入棺、年が明けて文明三年（一四七一）正月二日に追号について議された。「後文徳院」と「後花園院」の候補を後花園の侍読《じどく》であった儒者の高辻継長《たかつじつぐなが》が提出し、そこから選ばれることとなった。親長を除く人々は「後文徳院」を推し、「後文徳院」と定まった。文道再興の聖徳を表すということで選ばれたのであった。彼らにとって故法皇は文化を再興した名君として意識されていた。逆に言えば、それ以前は文化の衰退期として位置づけられていた、ということになる。室町時代という、天皇家にとって苦難の多い時期に後花園という学問や諸芸に通じた天皇がいたことには大きな意味があったのである。

三日には葬儀が行われ、義政が参列した。悲田院《ひでんいん》（堀川紫明《ほりかわしめい》、現在の大應寺《だいおうじ》付近で後花園天皇火葬塚がある）で茶毘《だび》に付されたが、勝元は義政の参列には反対であった。当時、京都には御構《おんかまえ》という城郭が築かれ、東軍はその内部に押し込められており、御構の外部は西軍の勢力下にあった。特に悲田院へ行くには山名宗全邸の近くを通ることになり、義視を将軍に、後南朝を天皇に擬していた宗全が葬列を襲撃する恐れは多分にあった。しかし義政は勝元の反対を振り切って参加したという。雪の舞う中、悲田院の外から後花園の火葬を見守った義政が退出し、後花園の皇女、信子以下の女房衆が焼香した。

九日には拾骨《しゅうこつ》が行われた。この時、親長は四辻季春《よつつじすえはる》と同道したが、葬儀に参列した人による拾骨は認められない、と柳原資綱《やなぎはらすけつな》が主張して拾骨ができなかった。資綱は先例だとしたが、あとで親長が調べたらそのようなことはなく、参列した人が拾骨するのは当然だと書いてある、と不満を漏らしている。戦乱によって先例が失われ、混乱が生じていた様子を見ることができる。後花園の葬儀は一事が万事戦乱に振り回されてしまった。禁闕の変で生死の境をさまよった両人は最後の儀式に参列できず、親長は「無念無念」と記している。

御陵

二月五日、後花園は丹波国山国荘の常照寺《じょうしょうじ》（現、常照皇寺）に葬られることとなった。公卿はみな庭上に蹲踞《そんきょ》して後花園の遺骨を見送った。光厳《こうごん》天皇のもとに葬られたのである。山国《やまくにの》陵《みささぎ》という。もっとも、明治時代に南朝が正統として扱われ、北朝の天皇五代が皇統譜から削除された段階で、光厳天皇と後花園天皇の陵墓は別の扱いになり、現在は光厳天皇陵を山国陵、後花園天皇陵を後山《のちのやまくにの》国陵《みささぎ》と呼んでいる。

後花園天皇陵が他の多くの持明院統の天皇が葬られている深草《ふかくさのきたの》北陵《みささぎ》ではなく山国陵であるのはなぜなのか。崇光皇統と後光厳皇統を統一した後花園は、崇光皇統と後光厳皇統に分裂する以前の光厳と自らを対比したと考えられている（田村：二〇一八、久水：二〇二〇）。久水氏はそれに加えて崇光皇統と後光厳皇統による遺骨争奪を避けるため、という側面もあった、としている（久水：二〇二〇）。

山国陵に葬られている光厳は南朝の祖である後醍醐天皇に位を引きずり降ろされ、足利尊氏と共に後醍醐へのカウンターを成功させて北朝の始祖となった。後花園は崇光皇統と後光厳皇統を統一し、さらに南朝との戦いを強く勧め、南朝を滅亡の淵に追い込んでいった。後花園にとっては光厳と共に北朝の行く末を見守り続ける場所が山国陵だったのではないだろうか。人里離れた閑静な場所で永遠の眠りに就きたかったわけではないだろう。彼は死してなお「戦う天皇」だったのである。

現在京都市北区に編入された旧京北町の常照皇寺の裏手に山国陵と後山国陵が同一敷地内にあり、分骨所として般舟院《はんしゅういんの》陵《みささぎ》が京都市中京区にある。そして火葬塚が京都市北区の大応寺の北にある。

この般舟院陵は、もともとは後花園の遺骨を伏見の大光明寺に分骨したものを、後土御門が般舟三昧院を建立し、そこに移動させたものである。豊臣秀吉の伏見城普請のために現在地に移築されたもので、もともとは崇光皇統による後花園の分骨の動きだった、という（久水：二〇二〇）。

追号

一月二日に話し合って決められた「後文徳院」という追号について、一条兼良から反対意見が出された。諡号《しごう》に「後」を付けて追号にした例はない、というのである。

ここで諡号と追号について説明しておこう。諡号とは天皇の崩御後に生前の遺徳などにあやかって送られる名前である。我々に馴染みの深い漢字二字の諡号を漢風諡号といい、奈良時代に始まっている。平安時代に入ってしばらくすると事績の評価を含めた諡号をやめ、個人ゆかりの地名を名づけたり、個人の思いを付けたりする追号が一般的となる。しばらくは諡号と追号が並存しており、例えば光孝《こうこう》天皇の追号は小松帝と呼ばれていた。そして追号に「後」の字を加える加後号《かごごう》が摂関政治末期より始まる。後一条《ごいちじょう》、後朱雀《ごすざく》に始まり、後三条《ごさんじょう》、後白河《ごしらかわ》と続き、鎌倉時代以降には加後号が一般化する。その場合、あくまで追号に「後」の字を加えることが原則で、例えば後深草院というのは仁明《にんみょう》天皇の追号である深草に「後」を付け、後小松《ごこまつ》院は光孝天皇の追号である小松にあやかって付けられている。後仁明院や後光孝院とはならないわけである。

今回、「後文徳院」としたことに対する一条兼良からのクレームは、諡号に「後」の字を加えることは前例がない、ということであった。それを受けての一回目の議論の時に「後花園院」と「後文徳院」を比べて、三条公敦《きんあつ》は「後花園にはさしたる由緒もないし無理に変更しなくてもいいだろう」と言い、「文道再興・聖徳著明」ということで「後文徳院」を推し、ほかの多くもそれに従った。後花園の側近として長く仕えた親長のみが「後花園院」を推していたのは、親長が後花園の考えを理解していたからだろう。

しかし兼良のクレームを受けて再度議論が持たれた。そこでは諡号に「後」の字を付けることに問題はない、と兼良に真っ向から反対する意見が多く出されたが、親長一人が兼良の意見になびいた。親長が「後花園院」という追号に強くこだわっていた様が読み取れる。

三度目の議論では、二条持通《にじょうもちみち》があくまでも諡号と追号の区別はないことを力説するが、新たに出された「後近衛院」、「後土御門院」、「後花園院」の候補の中から「後土御門院」と「後花園院」が多数派となり、兼良が「後花園院」を推し、最終的に後土御門天皇の意思を仰ぐことになった。

二月十五日に後土御門天皇の裁可で「後花園院」が追号と決定した。

この「後花園院」という追号にも実は後花園本人の意思が表れているのではないか、と考える。後花園は若かりし頃に貞成《さだふさ》親王から、花園上皇が皇太子量仁《かずひと》親王（のちの光厳天皇）に送った『誡太子書《かいたいしのしょ》』を贈られている。第六章で述べたように、花園はそこで量仁に対して極めて厳しい言葉で、危機感を持って学問の必要性と天皇の危機について述べていた。そこで花園が嘆いたのが「媚びへつらうしか能のない愚人」による万世一系と日本の特殊性を褒め讃える言い方であり、花園は知的退廃を日本特殊論の中に見出していた。そしてその克服のためには天皇自身が儒学を学ぶことを説いていた。

貞成も儒学を中心とした学問の必要性を説き、さらに歴史に学ぶべきことを説いた。もともと天台宗の高僧だった足利義教は和歌や学問の重要性に鑑み、後花園の学問への精励をプロデュースした。

そのような教育を受けてきた後花園は、知性と教養が帝王として自らを守る道と考え、自らに、そして後土御門に高い規範を課してきたのである。幕府なしでは何もできない天皇が幕府の中で存在感を発揮し、天皇という地位を後の時代に残していくためには、天皇自身が高い知性と教養を持ち、文化をリードする存在でなければならなかった。「後文徳院」を推した公家たちもそれを理解していたからこそ、「文道聖徳」にあやかった「後文徳院」を推したのだろう。しかし惜しい、というほかはない。彼らは「花園」という言葉に込められた意味を理解しなかった。例えば三条公敦は「後花園にはさしたる由緒がない」と言い、勧修寺教秀《かんじゅじのりいえ》は「花園は優美な読みではあるが、今必要なのは現代の規範となる名前である」と言っている。彼らは「花園」に込められた「知性と教養」というメタファーを読み込むことはなかったのである。ちなみに、最初に「後文徳院」と「後花園院」を提出した高倉長継は後花園の侍読であり、徹頭徹尾「後花園」にこだわった甘露寺親長は少年の頃から長く後花園のそば近く仕えてきた。長継が「花園」に込めたメタファーを、親長が読み取ったのはさすがであったとしか言いようがない。そして「花園」に込められたメタファーを引き継いだ「後花園院」という追号は、天皇制にとって最も危機的な時代をまさに「知性と教養」で乗り切った後花園天皇にふさわしいものだったのである（秦野：二〇一九④）。

終章❖後花園の子孫たち――天皇はなぜ生き残ったのか

後土御門天皇

後花園亡きあと、後土御門《ごつちみかど》天皇は非常な困難に直面した。内裏は荒れ果て、室町第での滞在は十年に及んだ。朝儀は滞り、朝廷は崩壊に瀕していた。そのような中、後花園からその器を疑問視された後土御門であったが、この難局に際して懸命に対処しようとしていた。しかしなかなか思うに任せず、何回も退位をほのめかし、そのたびに慰留されていた。

後土御門天皇の退位の気持ちは文明三年（一四七一）には始まっていたようだが、有名なのは明応二年（一四九三）の明応の政変に際して五度目の退位を企てたことだろう。

明応の政変とは、十代将軍足利義稙《よしたね》（足利義視《よしみ》の子）が畠山政長《はたけやままさなが》と共に畠山基家《もといえ》（畠山義就《よしひろ》の子）の討伐に向かった折に、細川政元《ほそかわまさもと》（細川勝元《かつもと》の子）がクーデターを起こして政長を自害に追い込み、義稙を捕らえて将軍を廃し、従兄弟の足利義澄《よしずみ》を十一代将軍に据えた事件である。

この時、義稙と親しかった大名・公家・門跡寺院も破却され、後土御門の怒りに火を注いだ。後土御門は退位を表明しようとするが、政元への当てつけになりかねないことを考慮して反対意見が出され、最終的に甘露寺親長《かんろじちかなが》が「幕府の言い分についてはどのようなものであろうと従わなければならない」と後土御門を説得した（今谷：一九九二）。

後土御門が譲位できなかった大きな理由は財政難であった。文明十一年（一四七九）、後土御門は内裏の修築を企図するが、その修理費を出すべき修理職領の山国荘の代官烏丸資任《からすまるすけとう》がそれを怠っていた。内裏の修理すらままならない現状に後土御門は苛立ちを強め、譲位もほのめかしたが、資任の「代官職は普広院殿様（義教）からいただいたもので、解任されるいわれはない」との主張に折れて、義政は資任を解任しなかった。資任の死後、ようやく山国荘の禁裏領化が行われた。

後土御門と言えば文明十二年（一四八〇）の清浄華院《しょうじょうけいん》とのゴタゴタが象徴的である。清浄華院が正親町《おおぎまち》烏丸の禁裏御倉《おくら》となっていた土地の返還を要求したところ、激怒した後土御門が「後小松院・旧院（後花園）の時には申さずに、今このように申すのはこの御所（後土御門）のことを軽んじて、御倉もいらない、と思っているのか」と後花園へのコンプレックスをあらわにすることもあった、という。

また、後土御門は四十歳をきっかけに化粧をやめ、三条西実隆《さんじょうにしさねたか》に「父帝は譲位するまで化粧をしていたのに」とこぼされている（『実隆公記』）。

後土御門の名誉のために断っておくと、朝儀の復興に意を注いだ後土御門は、その過程で新たな宮廷文化を作り上げていくという大きな足跡を残している（久水・石原：二〇二〇）。また吉田兼倶《よしだかねとも》を重用し、宮廷に吉田神道を導入するきっかけともなっている（井上：二〇一三）。

後土御門の最大の災難は、その死後四十三日間にわたって葬儀を行えなかったことである。譲位を強く願っていた後土御門は譲位できないまま死去した（久水：二〇二〇）。在位年数は三十六年二ヶ月に及び、先代の後花園を抜いて歴代四位に上がっている。彼より上は近世後期の光格《こうかく》天皇、明治天皇、昭和天皇だけである。

後柏原天皇

後柏原《ごかしわばら》天皇は後土御門天皇の第一皇子で、寛正五年（一四六四）生まれなので、後花園天皇と重なる。母は庭田重有《にわたしげあり》の孫蒼玉門院朝子《そうぎょくもんいんあさこ》。諱《いみな》は勝仁《かつひと》という。

後柏原の悩みは即位式が挙げられなかったことである。後土御門の死去によって践祚《せんそ》したが、大々的な即位式の費用が出なかった。しかも細川政元から「即位礼は必要ない。私が王と認めていれば王なのである」と即位礼のための献金を集めることすら反対され、結局二十二年目にようやく即位式を挙げることができたのである。

またその頃から、頼みの綱であった禁裏領の山国荘では宇津《うつ》氏の押領《おうりょう》が始まり、天皇家の財政状況も悪化していった。

後奈良天皇

後奈良《ごなら》天皇は後柏原天皇の第一皇子で、母は勧修寺《かんじゅじ》教秀《のりひで》の娘豊楽門院藤子《ぶらくもんいんふじこ》、諱は知仁《ともひと》という。

後柏原の死去によって践祚したが、やはり即位式を挙げる費用に事欠いた。大内義隆《おおうちよしたか》の献金で践祚十年目にして即位式を挙げることができたのは幸運なことであった。義隆はこの献金以外にも多くの献金を行い、それによって官位を上昇させ、権威を高める方針を採っていたが、京都への出費が多く、重臣の陶隆房《すえたかふさ》に裏切られて殺害されたのは皮肉なことであった。この時に関白左大臣を務めた二条《にじょう》尹房《ただふさ》や左大臣を務めた三条公頼《さんじょうきんより》（武田信玄・細川晴元・本願寺顕如の妻の父）らも巻き込まれて殺害されている。

正親町天皇

正親町《おおぎまち》天皇は後奈良天皇の第一皇子で、諱は方仁《みちひと》。母は万里小路《までのこうじ》賢房《かたふさ》の娘吉徳門院栄子《きっとくもんいんひでこ》。

正親町天皇も、やはり後奈良天皇の死去を受けて践祚したが、正親町の場合、幸運だったのは毛利《もうり》元就《もとなり》の献金によって践祚後三年で即位式を挙行できたことである。また織田信長によって山国荘の回復なども成し遂げられ、信長からは譲位への道筋も付けられたが、タイミングが合わず、譲位直前に第一皇子の誠仁《さねひと》親王の死去という悲劇もあった。しかし豊臣秀吉の尽力で無事に孫の和仁《かずひと》親王（後陽《ごよう》成《ぜい》天皇）への譲位を行うことができた。

皇位の安定的継承

こうして戦国時代の天皇を見ると、意外なことに皇位は安定的に継承されていることがわかる。分裂することもなく、天皇を引きずり降ろそうという動きもない。また皇位継承に際して争いがあった、という記録もない。皇位継承は無風状態で行われていたのである。まさに惰性のように天皇は続き、断絶する可能性は全くなくなった。

これは、一面ではもはや天皇と朝廷に旨味がなくなっていたことを示しているのかもしれないが、それでも天皇には利用価値がある、と考え、支援する者もいたことは事実である。

大内義隆が欲しがったのが大宰大弐《だざいのだいに》であることは、当面の義隆の敵が大宰少弐《だざいのしょうに》を世襲していた少弐氏であり、大宰少弐の上に立つ大宰大弐の官途が有効である、と義隆は判断したのである。大内氏の例は極端であるが、官途が必要とされていたことは事実であり、その官途については幕府が実際には決定していたものの、形式的に天皇を経由することで官途名そのものに権威が付与された、ということは言えるだろう。

元号に関しても、十三代将軍足利義輝《よしてる》が三好長慶《みよしながよし》と対立して近江国に逃げている時に正親町天皇の代始改元があったが、義輝を無視して長慶と改元を行っている事例がある。これは、朝廷にとっては武家政権を通じてしか存続し得なかったこと、また武家政権にとっては自らを権威づけるには天皇という存在が非常に役立ったことを意味している。つまり天皇という制度は、それに価値を見出す勢力によって続いてきたのである。

禁中並公家諸法度

徳川家康が定めた「禁中並公家諸法度」の第一条は「天子諸芸能の事、第一は御学問也」であることは周知の事実である。これを以て「幕府は天皇を政治から完全に切り離し、学問の世界に閉じ込めた」と考えられることも多い。しかしこれは天皇存続の最大のポイントでもあった。後花園以降、歴代の天皇は学問諸芸に秀でていた。後土御門は後花園から心配されながらも連歌の世界でその足跡を残した。後柏原は管弦や書に優れており、後奈良は書や学問に長じていた。正親町も書に優れ、書の道は後柏原から後奈良を経て正親町に受け継がれた。

まさにこれこそが天皇という制度の中核だったのである。花園《はなぞの》が『誡太子書《かいたいしのしょ》』で光厳《こうごん》に伝えたかったことも、貞成《さだふさ》が後花園に『椿葉記《ちんようき》』で伝えたかったこともそこにある。

天皇の再生

「天皇制は中世後期の所産である」と東島誠氏は言う（東島：一九九九）。「〈天皇制〉を古代から〈実在した〉ものと見る旧い常識と、近代知によって〈構成された〉ものと見る新しい常識の、いずれの常識からも訣別」し、「天皇制」を中世後期に生み出されたものとした。

東島氏は「天皇」を「形骸化しつつも惰性的に想起されるシステム」「空虚な中心」としている。ここで東島氏が天皇制の始まりを求めた「中世後期」というのは、実は後花園の時代なのである。東島氏は貞和五年（一三四九）の田楽桟敷から寛正五年（一四六四）の糺《ただす》河原《がわら》勧進《かんじん》猿楽《さるがく》までの百年間の様変わりについて、「なんだ、天皇だけ来てないぜ！」から「臨席されないまでも、せめて席だけでも設えねば」となり、天皇が着席すると〈仮想〉すれば、次は「どういう順番に座るべきか」が問題となり、上下の身分秩序が再確認される、と説明する（東島：二〇一〇）。その背景には「簡単に飢えない都市京都が、異質な他者を多数抱え込んだこと」（東島：二〇一〇）があるのはその通りであり、それを契機とした身分秩序の強化の要が「もっとも高貴な血筋である天皇」ということになるだろう。

その天皇の扱われ方の変化に着目すると、この百年の間に「天皇だけ来てないぜ！」から「せめて席だけでも設えねば」という変化があったことになる。これは本書の冒頭で紹介した二人の天皇の逸話、つまり武士に矢を射かけられて侮辱される天皇と、漢詩で為政者を叱責して人々から賞賛される天皇、という逸話の変遷は、天皇の変化に対応している。

この間、天皇制に何があったのか。それは後花園という諸芸に通じた天皇が出現した、ということにほかならない。それは、後花園一人で成し得ることではもちろんない。後花園の諸芸の上達には、まずは花園が光厳に贈った『誡太子書』を含む書籍群が必要であった。そして、それを散逸の危機から守りきった光厳の奮戦がなければ、天皇を荘厳してきたレガリアは南北朝内乱の中で散逸し、天皇は大きな危機にさらされただろう。

後花園の君徳涵養には崇光《すこう》皇統に伝えられてきた書物がなければならなかった。それを効率的に供給できた管理者である実父の貞成《さだふさ》親王、さらには後花園に勅撰和歌集の仮名を行わせ、後花園の学びを差配し絵画や書物の集積を全面的にサポートした六代将軍足利義教《よしのり》による「天皇再生プログラム」があったのである。その背景に義教の後小松《ごこまつ》への復讐という個人的動機がなかったとは言えない。しかしその結果「天皇のずば抜けて高い君主の資質、そして史上最も円満な室町殿との信頼関係は、義教＋後花園が初めて達成した。それは日本を、往古から理想とした、《礼》をよく実践する国へと脱皮させた」（桃崎：二〇二〇）ことになった。

その体制自体は、嘉吉の乱による室町殿の権力の崩壊と、その後の混迷の果てに起こった応仁の乱で完全に破壊された。その大きな原因の一つは間違いなく後花園の失策である。後花園は自らの犯した過ちを何とかしようともがきながら無念の死を遂げた。そして、その後の長い戦乱の中で天皇の権威も地に落ちたかに見えた。しかし後花園が残した「諸芸に熟達した天皇」という形だけは戦国時代・

江戸時代を通じて残り続けた。

　江戸時代が終わり、朝廷というシステムを剝ぎ取られ、代わりに西洋的な「皇帝」の要素を取り入れ、さらに大日本帝国憲法で立憲君主に、国体明徴運動の中で現人神にして大元帥に、日本国憲法で日本国および日本国民統合の象徴に、と天皇の姿は変わり続けた。そこでも一貫していたのは「諸芸に熟達した天皇」という形だったのである。

　「禁中並公家諸法度」の「天子諸芸能の事、第一は御学問也」という条文は、もともと鎌倉時代の順徳《じゅんとく》上皇が著した『禁秘抄《きんぴしょう》』の一節である。これは徳川氏の押しつけなどではなく、天皇家にずっと受け継がれてきたものであった。その精神は時に忘れられそうになったが、『誡太子書』を著した花園、それを受け継ぎ、自らの権威性も剝ぎ取られていく中、嘲笑と侮蔑を浴びながらも天皇家に伝わる記録と宝物を南北朝内乱による散逸の危機から守り通した光厳、そしてそれらを受け継いで室町将軍の全面的なプロデュースを受けながら花咲かせた後花園、彼らによって天皇制は再生を遂げた。それを象徴するのが「漢詩で将軍を叱責する高邁な天皇」という逸話だったのである。

あとがき

私が極めて大きな影響を受けた今谷明氏の『室町の王権』の発行日である一九九〇年（平成二年）七月二十五日からちょうど三十年経った二〇二〇年（令和二年）七月に、私の本を出せるのは誠に幸運なことだと身の引きしまる思いである。思えば大学院のころの私は今谷氏を批判し続けていたため、今谷氏と面識のある人から「今谷先生はいい人よ」というアドバイスも受けていた。しかし私にとって自らの学問を進めるためには大きくそびえ立つ今谷説に全力でぶつかるしかなかった。いまなお今谷説は大きくそびえ立ち、研究を進める原動力となり続けている。

本書の主人公である後花園天皇との出会いは今谷明氏の『室町の王権』によってであった。私が大学の三回生の時に昭和から平成への代替わりがあり、天皇制についての議論が活発に交わされていた。平成に元号が変わった二年目、ちょうど大学院に進学したばかりの私は今谷明氏の著作を読みふけっていた。『室町の王権』を読み、後花園天皇を知り、室町の王権のその後を知りたくなった。その私の期待はすぐに叶えられた。今谷氏は『戦国大名と天皇』を出して、その後の天皇の歴史を叙述していった。その編集者の藤原清貴氏の名前が目に付いた。

年月が経ち、私は立命館アジア太平洋大学で「日本の歴史」という通史の講義を担当することになり、テーマを「天皇の歴史」に設定した。戦国時代の天皇について、もちろん今谷氏の業績も取り上げたが、今谷氏の研究に触発された天皇研究はかなりアップデートされていた。私が手に取ったのは渡邊大門氏の『戦国の貧乏天皇』だった。これは読みやすく手に入りやすかったので、参考文献にもよく挙げたものである。その編集者の小代渉氏の名前が目に付いた。

またまた年月が経ち、色々と苦しくなってきた頃、私はフェイスブックにエイプリルフールとして『『後花園天皇の生涯』という本を民明書房より出します」というネタを投稿した。それに反応してくださったのがフェイスブック友だちの渡邊大門氏で、「本を出しませんか？」と誘ってくださった。まさに「嘘から出たまこと」である。

渡邊氏から紹介された編集者が藤原清貴氏であった。同じ頃、渡邊氏の紹介で『戦国古文書入門』（東京堂出版）の分担執筆の仕事をいただいた。その編集者が小代渉氏であった。

事情があって、私のこの本の企画は東京堂出版から出版されることとなり、小代渉氏の担当となった。渡邊氏にはその時にもお骨折りをいただいた。結果的に私の最初の単著は、私の人生に大きな影響を与えた二人の編集者と一人の著者のお世話になることとなった。このお三方にはいくら感謝してもしすぎることはない。本当にありがとうございました。

独りよがりな私の文章を読みやすくするために粘り強い修正の作業と懇切なアドバイスを小代氏にしていただいた。重ねて感謝の意を表したい。

二〇二〇年六月

秦野裕介

参考文献

【史料】

史料集

『後花園天皇実録』後花園天皇の事績を史料を引きながら説明。後花園天皇研究の基礎的文献。歴代天皇の『実録』が存在する（ゆまに書房、二〇〇九年、初出一九三六年）

日記類

『花園天皇日記』花園天皇の日記（『史料纂集』『史料大成』）
『看聞日記』後花園天皇の実父貞成親王の日記（『続群書類従』補遺）
『椿葉記』貞成親王が後花園天皇に贈った書（『群書類従』帝王部、村田正志『證註椿葉記』〈『村田正志著作集』第四巻〉）
『満済准后日記』足利義持・足利義教の政治顧問であった醍醐寺三宝院門跡満済の日記（『続群書類従』補遺）
『建内記』武家伝奏を務め、後小松天皇の側近であった万里小路時房の日記（『大日本古記録』）
『薩戒記』武家伝奏を務め、足利義教の信頼が厚かった中山定親の日記（『大日本古記録』）
『師郷記』大外記を務めた中原師郷の日記（『史料纂集』）
『康富記』大外記を務めた中原康富の日記（『史料大成』）

『親長卿記』後花園天皇の側近甘露寺親長の日記。文明年間以前を欠く（『史料大成』『史料纂集』）
『後法興院記』近衛政家の日記（『史料大成』）
『大乗院寺社雑事記』興福寺大乗院門跡尋尊（一条兼良の子）の日記。後南朝関係の史料（『史料大成』）
『経覚私要抄』興福寺大乗院門跡経覚（九条経教の子）の日記（『史料纂集』）
『山賤記』後花園天皇の弟貞常親王が後花園の崩御から葬儀までを記す（『群書類従』帝王部）

軍記物など

『太平記』南北朝時代の軍記物。南朝寄りの視点で書かれている（『岩波文庫』『岩波古典文学体系』など）
『梅松論』南北朝時代の歴史書。室町幕府の視点で書かれている（『梅松論・源威集　新撰日本古典文庫』）
『新撰長禄寛正記』寛正の飢饉と畠山氏の内訌について記す（『群書類従』合戦部）
『文正記』文正の政変の顚末を記す（『群書類従』合戦部）
『応仁記』応仁の乱についての軍記物。日野富子悪玉説（『群書類従』合戦部）
『応仁別記』応仁の乱についての軍記物（『群書類従』合戦部）
『応仁略記』応仁の乱についての軍記物（『群書類従』合戦部）

記録類

「本朝皇胤紹運録」後小松上皇の命で編纂された天皇家の系図（『群書類従』系譜部）
「後花園院御消息」後花園天皇が儲君の成仁親王に送った消息（『群書類従』消息部）

「後崇光院御文類」貞成親王が後花園天皇に送った消息を含む（『宮内庁書陵部紀要』一九、一九六七年）
「後花園院御文類」後花園天皇が貞成親王に送った宸翰消息や貞常親王に宛てた消息を含む（前者は飯倉晴武『古文書入門ハンドブック』吉川弘文館、一九九三年、八〇、八一頁に写真と翻刻あり。後者は宮内庁『三の丸尚蔵館展覧会図録　書の美、文字の巧』二〇一六年に収録）

【図書・論文】

＊一般読者にも入手しやすい、比較的近年の単行本を中心に挙げた。論文については本書で挙げたものに限った。これ以外にも多くの著書、論文の学恩を蒙りながら、ここに載せ得なかったものも多い。ご海容を乞う。

青森県『青森県史』通史編1、資料編中世1〜4（〜二〇一八年）
赤坂恒明『「王」と呼ばれた皇族——古代・中世皇統の末流』（吉川弘文館、二〇二〇年）
アブー＝ルゴド・ジャネット・L『ヨーロッパ覇権以前——もうひとつの世界システム　上・下』（佐藤次高・斯波義信・高山博・三浦徹訳、岩波書店、二〇〇一年）
網野善彦『異形の王権』（平凡社ライブラリー、一九九三年、初出一九八六年）
飯倉晴武『地獄を二度も見た天皇　光厳院』（歴史文化ライブラリー、吉川弘文館、二〇〇二年）
家永遵嗣「足利義視と文正元年の政変」（『学習院大学文学部研究年報』六一号、二〇一四年）
家永遵嗣「光厳上皇の皇位継承戦略と室町幕府」（桃崎有一郎・山田邦和編『室町政権の首府構想と京都——室町・北山・東山』所収、文理閣、二〇一六年）

家永遵嗣「日野富子暗躍伝承は排除すべきである：桜井英治の論難に応える」（『歴史学研究』九九二号、二〇二〇年）
石田晴男『戦争の日本史9　応仁・文明の乱』（吉川弘文館、二〇〇八年）
石原比伊呂『室町時代の将軍家と天皇家』（勉誠出版、二〇一五年）
石原比伊呂『足利将軍と室町幕府――時代が求めたリーダー像』（戎光祥出版、二〇一八年）
市沢哲「『花園天皇日記』」（元木泰雄・松薗斉編『日記で読む日本中世史』ミネルヴァ書房、二〇一一年）
伊藤喜良『日本中世の王権と権威』（思文閣出版、一九九三年）
伊藤喜良『足利義持』（人物叢書、吉川弘文館、二〇〇八年）
井上智勝『吉田神道の四百年――神と葵の近世史』（講談社選書メチエ、二〇一三年）
今谷明『室町の王権――足利義満の王権簒奪計画』（中公新書、一九九〇年）
今谷明『天皇家はなぜ続いたか』（新人物往来社、一九九一年）
今谷明『戦国大名と天皇――室町幕府の解体と王権の逆襲』（講談社学術文庫、二〇〇一年、初出一九九二年）
今谷明『土民嗷々――一四四一年の社会史』（東京創元社、二〇〇一年、初出一九八八年）
今谷明『籤引き将軍足利義教』（講談社選書メチエ、二〇〇三年）
岩橋小弥太『花園天皇』（人物叢書、吉川弘文館、一九六二年）
榎原雅治・清水克行編『室町幕府将軍列伝』（戎光祥出版、二〇一七年）
榎森進『アイヌ民族の歴史』（草風館、二〇〇七年）
大石直正・高良倉吉・高橋公明『周縁から見た中世日本』（日本の歴史14、講談社学術文庫、二〇〇九年、初出二〇〇

〇一年）
小川剛生「伏見宮家の成立」（松岡心平編『看聞日記と中世文化』森話社、二〇〇九年）
小川剛生『足利義満――公武に君臨した室町将軍』（中公新書、二〇一二年）
亀田俊和『観応の擾乱――室町幕府を二つに裂いた足利尊氏・直義兄弟の戦い』（中公新書、二〇一七年）
神田裕里『朝廷の戦国時代――武家と公家の駆け引き』（吉川弘文館、二〇一九年）
黒嶋敏『中世の権力と列島』（高志書院、二〇一二年）
黒嶋敏「室町時代の境界意識」（『歴史評論』七六七号、二〇一四年）
河内祥輔・新田一郎『天皇と中世の武家』（天皇の歴史4、講談社学術文庫、二〇一七年、初出二〇一一年）
河内祥輔『中世の天皇観』（日本史リブレット、山川出版社、二〇〇三年）
小風真理子「山門使節と室町幕府」（『お茶の水史学』四四号、二〇〇〇年）
小風真理子「山門と伏見宮貞成」（松岡心平編『看聞日記と中世文化』森話社、二〇〇九年）
呉座勇一『戦争の日本中世史――「下剋上」は本当にあったのか』（新潮選書、二〇一四年）
呉座勇一『応仁の乱――戦国時代を生んだ大乱』（中公新書、二〇一六年）
呉座勇一『陰謀の日本中世史』（角川新書、二〇一八年）
小島毅『足利義満　消された日本国王』（光文社新書、二〇〇八年）
桜井英治『室町人の精神』（日本の歴史12、講談社学術文庫、二〇〇九年、初出二〇〇一年）
桜井英治『贈与の歴史学――儀礼と経済のあいだ』（中公新書、二〇一一年）
桜井英治「『応仁記』捏造説の収束に寄せて」（『歴史学研究』九八二号、二〇一九年）

新藤透『松前景広『新羅之記録』の史料的研究』思文閣出版、二〇〇九年）
新藤透『北海道戦国史と松前氏』（洋泉社歴史新書y、二〇一六年）
末柄豊「応仁・文明の乱」（『週刊新発見！日本の歴史24　応仁・文明の混迷と戦乱』朝日新聞出版、二〇一三年）
末柄豊『戦国時代の天皇』（日本史リブレット、山川出版社、二〇一八年）
瀬川拓郎『アイヌ・エコシステムの考古学』（北海道出版企画センター、二〇〇五年）
高岸輝・黒田智『乱世の王権と美術戦略　室町・戦国時代』（天皇の美術史3、吉川弘文館、二〇一七年）
高橋康夫『京都中世都市史研究』（思文閣出版、一九八三年）
高良倉吉『琉球王国』（岩波新書、一九九三年）
田端泰子『足利義政と日野富子――夫婦で担った室町将軍家』（日本史リブレット、山川出版社、二〇一一年）
田端泰子『室町将軍の御台所――日野康子・重子・富子』（歴史文化ライブラリー、吉川弘文館、二〇一八年）
田村航「西雲庵の素性」（『日本歴史』七三五号、二〇〇九年）
田村航「禁闕の変における日野有光」（『日本歴史』七五一号、二〇一〇年）
田村航「揺れる後花園天皇」（『日本歴史』八一八号、二〇一六年）
田村航「伏見宮貞成親王の尊号宣下」（『史学雑誌』一二七編一一号、二〇一八年）
ドナルド・キーン『足利義政――日本美の発見』（角地幸男訳、中央公論新社、二〇〇三年）
富田正弘「室町幕府における祈禱と公武統一政権」（日本史研究会史料研究部会編『中世日本の歴史像』創元社、一九七八年）
砥山洸一「一条兼良の三種神器論をめぐる若干の考察」（『神道史研究』五七巻一号、二〇〇九年）

豊永聡美『天皇の音楽史――古代・中世の帝王学』（歴史文化ライブラリー、吉川弘文館、二〇一七年）
二藤京「『日本書紀纂疏』の「三種神器」論」（『国語と国文学』八四巻三号、二〇〇七年）
日本史史料研究会監修、神田裕理編『ここまでわかった 戦国時代の天皇と公家衆たち――天皇制度は存亡の危機だったのか？』（洋泉社歴史新書y、二〇一五年）
日本史史料研究会監修、呉座勇一編『南朝研究の最前線――ここまでわかった「建武政権」から後南朝まで』（洋泉社歴史新書y、二〇一六年）
日本史史料研究会監修、神田裕理編『伝奏と呼ばれた人々――公武交渉人の七百年史』（ミネルヴァ書房、二〇一七年）
日本史史料研究会監修、亀田俊和編『初期室町幕府研究の最前線――ここまでわかった南北朝期の幕府体制』（洋泉社歴史新書y、二〇一八年）
日本史史料研究会監修、平野明夫編『室町幕府全将軍・管領列伝』（星海社新書、二〇一八年）
野村朋弘『諡――天皇の呼び名』（中央公論新社、二〇一九年）
橋本雄『中華幻想――唐物と外交の室町時代史』（勉誠出版、二〇一一年）
秦野裕介「『満済准后日記』における下国安藤氏没落記事の検討」（『研究論集　歴史と文化』三号、二〇一八年①）
秦野裕介「中世ラッコ関係史料の基礎的考察」（『十六世紀史論叢』一〇号、二〇一八年②）
秦野裕介「室町時代における天皇論」（『日本思想史研究会会報』三五号、二〇一九年①）
秦野裕介「禁闕の変再考」（『十六世紀史論叢』一一号、二〇一九年②）
秦野裕介「伏見宮家領における鮭昆布公事についての基礎的考察」（『研究論集　歴史と文化』四号、二〇一九年③）

秦野裕介「室町・戦国時代における天皇の追号」（渡邊大門編『戦国・織豊期の政治と経済』（歴史と文化の研究所、二〇一九年④）
秦野裕介「後花園天皇と貞成親王の関係についての基礎的考察」（研究論集　歴史と文化』五号、二〇一九年⑤）
秦野裕介「実は「信頼関係」で結ばれていた信長と天皇」（渡邊大門編『虚像の織田信長――覆された九つの定説』柏書房、二〇二〇年）
早島大祐『室町幕府論』（講談社選書メチエ、二〇一〇年）
早島大祐『足軽の誕生――室町時代の光と影』（朝日選書、二〇一二年）
早島大祐『徳政令――なぜ借金は返さなければならないのか』（講談社現代新書、二〇一八年）
東島誠『公共圏の歴史的創造――江湖の思想へ』（東京大学出版会、一九九九年）
東島誠『自由にしてケシカラン人々の世紀』（選書日本中世史2、講談社選書メチエ、二〇一〇年）
東島誠『〈つながり〉の精神史』（講談社現代新書、二〇一二年）
東島誠・與那覇潤『日本の起源』（太田出版、二〇一三年）
久水俊和『室町期の朝廷公事と公武関係』（岩田書院、二〇一一年）
久水俊和「後花園天皇をめぐる皇統解釈の基礎的考察」（『年報中世史研究』四二号、二〇一七年）
久水俊和『中世天皇葬礼史』（戎光祥出版、二〇二〇年）
久水俊和・石原比伊呂『室町・戦国天皇列伝――後醍醐天皇から後陽成天皇まで』（戎光祥出版、二〇二〇年）
深津睦夫『光厳天皇――をさまらぬ世のための身ぞうれはしき』（ミネルヴァ書房、二〇一四年）
藤木久志『飢餓と戦争の戦国を行く』（読みなおす日本史、吉川弘文館、二〇一八年、初出二〇〇一年）

本郷和人『人物を読む日本中世史――頼朝から信長へ』（講談社選書メチエ、二〇〇六年）
本郷和人『天皇の思想――闘う貴族北畠親房の思惑』（山川出版社、二〇一〇年）
前田雅之『書物と権力――中世文化の政治学』（歴史文化ライブラリー、吉川弘文館、二〇一八年）
松薗斉『日記に魅入られた人々――王朝貴族と中世公家』（日記で読む日本史13、臨川書店、二〇一七年）
松薗斉『中世禁裏女房の研究』（思文閣出版、二〇一八年）
松本郁代「夢想にみる持明院統と崇光院流の皇統」（荒木浩編『夢見る日本文化のパラダイム』法藏館、二〇一五年）
丸山裕之『図説 室町時代』（戎光祥出版、二〇一八年）
三島暁子『天皇・将軍・地下楽人の室町音楽史』（思文閣出版、二〇一二年）
水野智之『室町時代公武関係の研究』（吉川弘文館、二〇〇五年）
水野智之「動乱期の公武関係を支えた公家たち」（日本史史料研究会監修、神田裕里編『伝奏と呼ばれた人々――公武交渉人の七百年史』ミネルヴァ書房、二〇一七年）
村田正志『村田正志著作集』第一巻〜第七巻（思文閣出版、一九八三〜一九八四年、第二巻に「後小松院の御遺詔」初出一九四四年、「伏見宮栄仁親王の二皇子に関する史実」初出一九五三年、第四巻に『證註椿葉記』初出一九五四年）
桃木至朗編『海域アジア史研究入門』（岩波書店、二〇〇八年）
桃崎有一郎『室町の覇者　足利義満――朝廷と幕府はいかに統一されたか』（ちくま新書、二〇二〇年）
森茂暁『皇子たちの南北朝――後醍醐天皇の分身』（中公文庫、二〇〇七年、初出一九八八年）
森茂暁『満済――天下の義者、公方ことに御周章』（ミネルヴァ書房、二〇〇四年）
森茂暁『南朝全史――大覚寺統から後南朝へ』（講談社学術文庫、二〇二〇年、初出二〇〇五年）

森茂暁『闇の歴史、後南朝――後醍醐流の抵抗と終焉』（角川ソフィア文庫、二〇一三年、初出一九九七年）
森茂暁『室町幕府崩壊』（角川ソフィア文庫、二〇一七年、初出二〇一一年）
盛本昌広『贈答と宴会の中世史』（歴史文化ライブラリー、吉川弘文館、二〇〇八年）
安田歩「室町前期の院宣・綸旨」（『古文書研究』五五号、二〇〇二年）
横井清『室町時代の一皇族の生涯――『看聞日記』の世界』（講談社学術文庫、二〇〇二年、初出一九七九年）
横井清『東山文化――その背景と基層』（平凡社ライブラリー、一九九四年、初出一九七九年）
吉田賢治『足利義持――累葉の武将を継ぎ、一朝の重臣たり』（ミネルヴァ書房、二〇一七年）
渡邊大門『戦国誕生――中世日本が終焉するとき』（講談社現代新書、二〇一一年）
渡邊大門『戦国の貧乏天皇』（柏書房、二〇一二年）
渡邊大門『奪われた「三種の神器」――皇位継承の中世史』（草思社文庫、二〇一九年、初出二〇〇九年）

【著者略歴】
秦野裕介（はたの・ゆうすけ）
1966年京都府生まれ。
1990年立命館大学文学部卒業。
1995年立命館大学大学院文学研究科博士課程単位取得退学。
立命館アジア太平洋大学非常勤講師などを経て、現在、立命館大学授業担当講師。

主な業績
「明智光秀と京都支配」（渡邊大門編『考証 明智光秀』東京堂出版、2020年）
「クビライ・カアンと後嵯峨院政の外交交渉」（『立命館文学』624号、2012年）
「「倭寇」と海洋史観」（『立命館大学人文科学研究紀要』81号、2002年）

乱世《らんせい》の天皇《てんのう》――観応《かんのう》の擾乱《じょうらん》から応仁《おうにん》の乱《らん》まで

2020年７月30日　初版印刷
2020年８月10日　初版発行

著　者　　秦野裕介
発行者　　大橋信夫
発行所　　株式会社 東京堂出版
〒101-0051　東京都千代田区神田神保町1-17
電話　03-3233-3741
http://www.tokyodoshuppan.com/

装　丁　　常松靖史［TUNE］
組　版　　有限会社 一企画
印刷・製本　　中央精版印刷株式会社

ISBN978-4-490-21035-4 C1021